VERLAG TORSTEN LOW

Das Buch:

1926 A.D.: Grässliche Ungeheuer suchen England heim. Zwei Jahre vor Randolph Carters endgültigem Verschwinden erhält Jeremy Stafford eine Botschaft seines Freundes und macht sich auf die Suche. Die GROSSEN ALTEN haben Carter verschleppt, und ihre Dienerkreaturen hinterlassen überall Spuren. Löcher im Boden, zerschmetterte Fischerboote und zurückkehrende Tote, die einen merkwürdigen Gestank verströmen.

Stafford folgt der Spur Carters in ein Abenteuer, das die Grenzen des menschlichen Verstandes überschreitet und zur Bedrohung für die ganze Menschheit wird.

66 Jahre später ist es der Journalist Mc Moughin, der in die fantastische Welt eintaucht, in der Cthulhu regiert und in der das Grauen Alltag ist. McMoughin begegnet Cthuga, dem Feurigen, dem Jüngsten der GROSSEN ALTEN, die einst von den ÄLTEREN GÖTTERN in die Tiefen der Erdkruste verbannt wurden und dort für alle Zeiten gefangen sein sollen …

Was vor 132 Jahren begann, findet im Jahr 2058 seinen Abschluss. Die GROSSEN ALTEN schicken sich an, ihr Millionen Jahre altes Erbe über die Erde und alle ihre Kreaturen anzutreten. Ihr Diener Randolph Carter führt ihre Pläne aus. Hinter ihm steht eine Armee aus Protoplasmawesen, den Shoggoten.

Aus der Reihe »Auf den Spuren H. P. Lovecrafts«:

Metamorphosen
Die Klabauterkatze
Verbotene Bücher
Stadt unter dem Meer

In den Fängen der GROSSEN ALTEN

von

Arndt Ellmer

Besuchen Sie uns im Internet
www.verlag-torsten-low.de

Der Verlag Torsten Low ist Fördermitglied bei
PAN – dem Autorennetzwerk.
Mehr Informationen finden Sie hier:
www.phantastik-autoren.net

Umschlaggestaltung: Detlef Klewer

Lektorat und Korrektorat:
T. Low

Satz: T. Low
Druck und Verarbeitung: Winterwork, Borsdorf
Printed in Germany

ISBN 978-3-96629-010-4

Inhalt

Die Saat der GROSSEN ALTEN

Es war der erste Nebelmorgen im beginnenden Herbst. Der Kalender zeigte den vierundzwanzigsten September, und draußen huschten statt der üblichen Passanten bizarre Schatten durch die Straßen und verschwanden, kaum dass sie aufgetaucht waren. Die Geräusche der Pferdehufe und der Kutschenräder klangen anders als den Sommer über, so völlig anders. Dumpf hallten sie zu den Fenstern empor, als befände sich nicht mehr das Straßenpflaster unter ihnen, sondern eine teigige, zähe Masse, die sie am Vorwärtskommen hinderte. Wer jetzt nicht hinaus musste, dankte dem Schicksal und war froh. So manche Kindernase drückte sich am Fenster platt, um draußen wenigstens etwas zu erkennen.

Aber da war nur das Leichentuch, das sich über die Stadt gelegt hatte und alles an den Boden drückte, was nicht aus Fels bestand.

Jeremy Stafford schrak aus seinem Grübeln auf, als drunten im Hauseingang schwere Schritte erklangen. Das Zittern der Dielen war bis herauf zu hören, und wenige Atemzüge später polterten Stiefel die Holztreppe empor auf das Büro zu. Hickton Barclays Keuchen klang auf, der dicke Kanzleibote schnaufte in der Art einer Lokomotive und stürmte auf die Tür seines Arbeitgebers zu. Er riss sie auf und fiel beinahe in das Zimmer.

»Sir!«, ächzte er. Er stapfte auf den Schreibtisch los. Die Tür hinter sich ließ er offen stehen, eine nicht auszutreibende Unart von ihm. Gewöhnlich wies der Advokat ihn sofort darauf hin, diesmal unterließ er es. Stafford betrachtete mit gerunzelter Stirn die Schweißperlen im Gesichts seines Angestellten.

»Was in aller Welt ist los?«, fragte er.

»Sir!«, brach es erneut aus dem Mann hervor. Er hielt ein Papier in der Hand, an das er sich wie ein Ertrinkender an einen Rettungsring klammerte. »Mister Carter ist spurlos verschwunden!«

Stafford sprang auf. Er wunderte sich selbst ein wenig über die Behändigkeit, mit der er es tat. Eine unsichtbare Kraft zog ihn einfach aus dem Sessel empor. Er taumelte gegen die Schreibtischkante und stützte sich hastig ab.

»Carter!«, murmelte er dumpf. »Es kann nicht sein!«

»Fragen Sie Parks, Sir!«, rief Barclay. Er zog ein großes weißes Tuch aus der Rocktasche und wischte sich den Schweiß vom Gesicht. »Der alte Butler ist völlig außer sich. Er weiß nicht, was er tun soll.«

»Her damit!« Stafford riss dem Angestellten das Papier aus der Hand und hielt es hoch, damit das Licht der Deckenlampe auf die Zeilen fiel.

»Hochverehrter Mister Stafford!«, las er. »Lieber Freund! Wenn Sie diese Notiz in Händen halten, dann wird es mich nicht mehr geben. Ich werde vom Angesicht dieser Welt getilgt sein, als habe ich nie auf ihr gelebt. Bitte zweifeln Sie nicht. Ich werde keine Spur hinterlassen, so als habe ich mich in Luft aufgelöst. Die Nachwelt wird meinen Tod nie aufklären, und die Menschen werden die Warnung vergessen, die ich ihnen in meinen vielen Büchern zu übermitteln versuchte. Nur Sie kennen einen Teil der Hintergründe und damit der Wahrheit, verehrter Bridge-Partner, aber man wird Ihnen nicht glauben. Versuchen Sie erst gar nicht, mit Ihrem Wissen an die Öffentlichkeit zu treten. Man würde Sie nur auslachen!

Und denken Sie nicht, dass noch etwas zu ändern wäre. Das Verderben kommt und nähert sich meinem Haus. Ich spüre es fast schon körperlich, wie es herankriecht und schmatzt und zischt. Es will mich in die Dunkelheit ziehen, dorthin, wo Wesen wie wir keine Überlebenschance haben, oder wenn, dann in einer anderen fürchterlichen

Existenzform, die ich keinem von uns wünsche. Wenn es jemals geschähe, dass ich zu einem solchen Monstrum würde, dann wünsche ich der Menschheit, dass ich niemals zurückkehren möge.

Mehr habe ich Ihnen nicht zu sagen, hochverehrter Freund. Sie kennen einen Teil meines Wissens, haben viele Einzelheiten zu einem furchtbaren Geheimnis erfahren. Sie werden verstehen, dass sich jetzt in dieser Stunde meine schlimmsten Albträume bewahrheiten. Sie haben mich gefunden und werden mich zu ihrem Werkzeug machen.

Tun Sie nichts, was Ihnen ein ähnliches Schicksal bescheren könnte, teurer Jeremy. Bezähmen Sie Ihre Neugier, ich beschwöre Sie bei allem, was mir heilig ist. Lassen Sie ruhen, was ruhen soll. Gehen Sie nicht den Weg, auf dem es keine Rückkehr gibt. Ihr sehr ergebener Randolph Carter.«

Der Anwalt ließ das Papier sinken. Aus seinem edelmütig geschnittenen Gesicht war alles Blut gewichen. Er starrte seinen Gehilfen an und stützte sich schwer auf die Tischplatte.

»Was haben Sie Parks geraten, Barclay?«

»Er soll warten. Nicht die Polizei verständigen. Es ist nicht das erste Mal, dass Mr. Carter für eine Weile verschwindet. Genau das habe ich dem Butler gesagt!«

»Es ist gut, das ist sehr gut. Sie haben umsichtig gehandelt, Hickton!«

Der Bote warf seinem Brotherrn einen überraschten Blick zu. Mr. Stafford war ein Herr von äußerst guten Manieren und hoher Bildung. Er wahrte in jeder Lebenslage die Etikette. Wenn er ihn jetzt bei seinem Vornamen nannte, dann verstand der Angestellte es als das, was es sein sollte: als Lob.

»Hat Parks Ihnen den Zettel gegeben?«, forschte Stafford weiter. Barclay schüttelte den Kopf.

»Ich fand ihn in der Bibliothek unter der Schreibtischauflage. Parks hatte keine Ahnung, dass der Brief existierte. Verzeihen Sie, Mister Stafford, natürlich hätte ich mir eine solche Einmischung in die Angelegenheiten von Mister Carter nie erlaubt, wenn ich nicht ab und zu Zeuge der Gespräche gewesen wäre, die Sie an vielen Bridgeabenden mit Mister Carter führten. Ich ahnte Schlimmes und begann mich sofort nach einem Hinweis umzusehen. Parks war übrigens nicht in der Lage, auf mein Klopfen zu öffnen. Vermutlich ist er auf sein Alter halb taub geworden. Ich betrat das Haus durch die halb offene Hintertür!«

Stafford senkte das Kinn auf die Brust. Er hatte Barclay mit einer Einladung zum Tee losgeschickt, die dieser nicht mehr hatte an den Mann bringen können. Wie es aussah, war es auch für lange Zeit die letzte mögliche Einladung an Randolph Carter gewesen.

»Sir! Mister Stafford!«

Der Anwalt hob ruckartig den Kopf.

»Ja, ja«, sagte er. »Ich überlege gerade, wie wir am besten ...«

»Auf dem Holzboden in der Halle fand ich merkwürdige Spuren von eingetrocknetem Schleim, ziemlich dick«, platzte Barclay heraus. »So, als sei dort eine riesige Schnecke entlanggekrochen!«

»Es muss schlimmer sein, viel schlimmer«, murmelte Stafford und blickte durch den Dicken hindurch. Das Papier löste sich wie ein eigenständiges Wesen aus seinen Fingern, trieb in der von der Lampe erzeugten Warmluft auf und ab und sank schließlich unter den Schreibtisch. Er bückte sich, nahm es auf und starrte aus geweiteten Augen auf das leere Blatt. Die Buchstaben hatten sich aufgelöst, das Papier sah aus, als sei es noch nie benutzt worden. Jetzt entdeckte der Anwalt auch die winzigen Kritzel auf der Rückseite. Es handelte sich ebenfalls um Randolph Carters Handschrift, aber kleiner und krakeliger, ein Zeichen der Hektik und der Angst, in der der Schreiber sich zu diesem Zeitpunkt befunden hatte.

»GEHEN SIE NICHT ZU DEN FELSEN AUF DER ANDEREN SEITE DER BUCHT. BLEIBEN SIE AUF DIESEM UFER, DAS SIE KENNEN!«, lautete der Text. Er entlockte Stafford ein leises Stöhnen.

»Dort also!«, murmelte er. »Langsam begreife ich!«

»Soll ich jetzt die Polizei benachrichtigen?«, erkundigte sich Barclay.

»Nein. Sie weiß ebenso wie wir, dass Carter manchmal über Nacht verschwand und erst nach Monaten wieder von seinen Auslandsreisen zurückkehrte. Und womit sollen wir unseren Verdacht begründen?« Er hielt dem Angestellten die leere Vorderseite des Blattes vor die Augen. »Nein. Wir gehen anders vor.« Er ließ sich langsam in den schweren Sessel zurücksinken. Seine Lippen bewegten sich lautlos, und Barclay beseitigte derweil den Schweiß, der noch immer aus allen Poren in sein Gesicht drängte. Dabei beobachtete er seinen Chef aufmerksam.

»Rufen Sie eine Kutsche, Barclay!«, verkündete Jeremy Stafford. »Wir machen gemeinsam einen Besuch bei Mister Carter!«

***

Wenig später fuhr eine Kutsche zum Norton Square und die Washington Avenue hinab, bog einmal nach links, dann nach rechts und wieder nach links ein und folgte der von Blauzedern gesäumten Chaussee in Richtung Norden.

Schließlich verschwand sie in einer schmalen Seitenstraße und hielt vor einem Haus, das sich hinter mächtige Haselnussbüsche duckte, als müsse es sich verstecken. Stafford entlohnte den Kutscher und schickte ihn in die Stadt zurück. Er folgte Barclay, der vorausgegangen war und ihn durch den Garten hinter das Haus und durch die noch immer offene Tür in das Innere des Gebäudes führte. Diesen Weg war Stafford noch nie gegangen, er kam ihm merkwürdig fremd vor. Auch das Betreten des Hauses von der falschen Seite löste ein ganz seltsames Gefühl in ihm aus. Der Anwalt schnupperte. Ein seltsamer Geruch lag in den Räumen, er erinnerte ein wenig an einen verwesenden Kadaver. Parks tauchte unter der Tür zum Salon auf und breitete hilflos die Arme aus.

»Guten Morgen, Mister Stafford!«, sagte er. »Es ist mir unerklärlich. Ich habe nichts gehört, kein Geräusch, rein gar nichts. Ich weiß nicht, was ich denken soll. Es wird doch besser sein, wenn ich die Polizei …«

»Das werde ich für Sie übernehmen«, nickte der Anwalt. »Auf dem Rückweg in die Stadt werde ich alles Nötige veranlassen. Doch jetzt wollen wir erst einmal sehen, was wir finden!«

Ein wenig wunderte er sich über seine Worte. Er glaubte nicht, etwas zu finden außer dem, was Barclay ihm bereits berichtet hatte.

Sie durchsuchten die beiden Stockwerke und danach den Dachboden und den Keller. Der fürchterliche Gestank beschränkte sich auf das Erdgeschoß und auf das Obergeschoß. In den anderen Etagen roch es frisch und ein wenig feucht, denn der Nebel drängte durch jede Ritze und setzte sich in jede Fuge.

Stafford nahm einen Küchenhandschuh und einen nassen Lappen und untersuchte die Schleimspuren am Fußboden. Sie bestätigten seine geheimen Befürchtungen, die er sofort gehabt hatte, als Barclay in das Büro geplatzt war. Es handelte sich nicht um Schneckenschleim, sondern um etwas anderes, Furchtbares.

»Kommen Sie, Hickton«, murmelte er. Sie kehrten zur Bibliothek zurück, und Stafford blieb auf der Schwelle des Raumes stehen.

»Kein Wort«, hauchte er. »Da ist etwas!«

Er vermochte es nicht in Worte zu fassen, was er spürte. Langsam und tastend streckte er einen Arm aus, so als erwarte er ein unsichtbares Hindernis. Dann, als seine Fingerspitzen keinen Widerstand spürten, machte er vorsichtig einen Schritt in den Raum hinein. Hatte Barclay nichts bemerkt, als er hiergewesen war und den Zettel gefunden hatte?

In dem Augenblick, in dem er die Schwelle übertrat, legte sich ein fürchterlicher Druck auf sein Gemüt und seinen Geist. Die Augen begannen ihn zu schmerzen, und er musste sich zusammennehmen, um nicht schnellstens kehrt zu machen. Der Gestank, der die unteren Räume des Hauses durchzog, nahm unversehens an Intensität zu.

Der angesehene Bostoner Anwalt blieb stehen und rührte sich nicht vom Fleck. Nur seine Augen bewegten sich, und sie nahmen alles in sich auf, was sich in dem Zimmer befand. Nicht die kleinste Kleinigkeit entging ihnen, und Jeremy Stafford prägte sich selbst die Stellung einzelner Bücher in den Bücherregalen ein, merkte sich Farbe und Aufschrift jener, die ein wenig vorstanden oder kleiner waren und zwischen den mächtigen Folianten kaum zu sehen waren.

Der Druck auf das Innere seines Kopfes schien ein wenig nachzulassen, oder es war einfach so, dass er sich daran gewöhnte. Einen Fuß vor den anderen setzend durchmaß er den Raum, umschritt den Büchertisch und ließ seine Hände über die Tischfläche gleiten. Hastig zog er sie zurück. Die Tischfläche war heiß, als handle es sich um eine Ofenplatte.

Stafford durchschritt die Bibliothek bis zu den Fenstern. Vorsichtshalber nahm er das Taschentuch hervor, wickelte es um den Fenstergriff und drehte ihn. Mit einem Ruck zog er den Fensterflügel auf, und ein gewaltiger Luftstoß jagte hinaus ins Freie und riss den Gestank mit. Hätte er einen Hut getragen, hätte der Luftzug ihn sicherlich mitgerissen.

Der Druck in seinem Kopf ließ nach, und er holte ein paarmal tief Luft, ehe er in den Raum zurückkehrte und vor dem Schreibtisch stehen blieb.

»Kommen Sie herein!«, sagte er. »Die Luft ist jetzt buchstäblich rein!«

Parks und Barclay kamen herbei, und Stafford ließ sich von seinem Angestellten genau beschreiben, wie er den Zettel gefunden hatte, von dem Parks erst jetzt erfuhr.

»Ihre Befürchtungen haben sich als außerordentlich berechtigt erwiesen, Parks«, sagte der Anwalt. »Einen solchen Brief hätte Carter nicht geschrieben, wenn er nicht mit dem Schlimmsten gerechnet hätte. Ich weiß leider nicht genug über ihn, seine Reisen und Erkenntnisse, um es genau beurteilen zu können. Und vor allem bin ich kein Mensch mit Erfahrungen in den Bereichen des Übersinnlichen!«

Er berührte die Lehne des Sessels und die Fläche des Schreibtisches. Sie waren kalt, und Stafford kehrte zum Büchertisch zurück. Die Oberfläche besaß nichts von der Hitze mehr, die er bei der ersten Berührung gespürt hatte. Brandspuren waren keine zu erkennen, und Staffords Gesicht wirkte ausgesprochen hart, als er sagte: »Ich weiß, unter welchen Gesichtspunkten Randolph Carter seine vielen

Forschungsreisen betrieben hat. Aber dass es Magie wirklich gibt, dass unheimliche Kräfte wirken können, die alle uns bekannten physikalischen Gegebenheiten auf den Kopf stellen, das ist mir erst jetzt klar, seit ich dieses Zimmer betreten habe. Haben Sie beiden nichts gespürt, als Sie unter die Tür traten?«

Barclay und Parks schüttelten den Kopf, der Anwaltsgehilfe mit einer energischen Bewegung, die einen Wulst an seinem Hals bildete, der Butler langsam und matt.

»Ich weiß nichts, gar nichts, Sir«, beteuerte Parks. »Mister Carter hat es sich Ihnen gegenüber sicherlich nicht anmerken lassen, aber er war in den letzten Wochen sehr nachdenklich und gedrückt, so als rechne er damit, dass bald etwas Schlimmes geschehen könnte.«

»Womit er vermutlich Recht behalten hat«, nickte Stafford. Er setzte sich an den Tisch und musterte die Briefe und Notizen, die säuberlich geordnet in mehreren Stapeln auf der Unterlage ruhten. Er hob sie empor und blickte darunter, entdeckte aber nichts, was zusätzlichen Aufschluss zu dem Zettel gegeben hätte.

Wer bist du, Randolph Carter?, fragte er sich. Was ist deine Bestimmung hier auf Erden? Stafford wusste einiges über seinen Bridge-Partner, aber das war in einer solchen Situation viel zu wenig.

Randolph Carter nannte sich einen Mystiker, einen unruhigen Geist, einen Suchenden nach der Wahrheit und nach dem Bösen. Sein ganzes Leben lang trachtete er schon danach, hinter die Langeweile und die Beschränkungen der vordergründigen Realität zu blicken und die Dinge zu sehen, die sich dahinter befanden. Er selbst hatte immer in Boston gelebt, aber seine Vorfahren stammten aus den wilden und heimgesuchten Bergen hinter dem altersgrauen und hexenverfluchten Arkham. In jenen Regionen, von denen Carter oftmals als von den kryptisch brütenden Felsbastionen gesprochen hatte, sollte es seit vielen Jahrhunderten zu allen möglichen schrecklichen Ereignissen gekommen sein.

Zumindest eines davon hatte sich in diesem Jahrhundert abgespielt, und es war nur wenige Jahre her und stand in engem Zusammenhang mit dem Namen Harley Warren. Stafford hatte an langen Kaminabenden erfahren, was aus jenem Mystiker aus South Carolina geworden war, der in einer nebelwahnsinnigen, fürchterlichen Nacht auf einem alten Friedhof in eine salpetrige Gruft hinabgestiegen war, um nicht wieder heraufzukommen. Carter hatte nach ihm gerufen, bis er den klobigen, stinkenden Schatten wahrnahm, der den kalten modrig-feuchten Fels heraufkroch und ihm zuschrie, dass Warren tot war. Hier hatten Carters Nerven versagt, und er hatte die Flucht ergriffen.

Stafford stützte den Kopf in die Hände und schloss die Augen. Die beiden Männer im Hintergrund gaben keinen Laut von sich, und der Anwalt presste die Lippen aufeinander und formulierte lautlos seine Frage.

Du hast dein Leben lang nach der Erkenntnis der Welt hinter der Welt geforscht, Randolph Carter. Hast du sie jetzt endgültig gefunden? Bist du ein Teil von ihr geworden? Hast du das mit deinen Zeilen gemeint?

Als er sich erhob, leuchteten seine Augen in einem ganz merkwürdigen Glanz, und seine Wangen hatten sich gerötet. Sein ganzes Gesicht glühte wie im Fieber, und er eilte mit raschen Schritten zur Tür, blieb er plötzlich stehen und fuhr herum. Er starrte einen der Bücherschränke an, in dem alte und uralte Folianten standen. Seine Blicke schienen die Bücher durchbohren zu wollen, und seine Hände fuhren nach vorn, als zögen die Bücher sie magnetisch an. Dann jedoch riss er sich innerlich los und stürmte hinaus zur Treppe.

»Kommen Sie, kommen Sie!«, rief er. »Wir dürfen jetzt wirklich keine Zeit mehr verlieren!«

Unter der Haustür traf Stafford mit dem Butler hastig ein paar Absprachen, dann eilten die beiden Männer die Straße hinauf zur Avenue, wo ihnen das Glück in Form einer leeren Kutsche entgegenkam. Eine gute Viertelstunde später erreichten sie die Hauptwache, und Jeremy Stafford erstattete Bericht und informierte die Beamten vom Verschwinden Mister Randolph Carters.

Danach kehrten sie zur Kanzlei zurück, und der Anwalt machte seinem Angestellten Dampf.

»Bitte erledigen Sie alle noch anstehenden Botengänge. Und sagen Sie mein Diner im Juristenclub ab. Sehen Sie zu, dass Sie bis zum Nachmittag mit allem fertig sind.«

»Ja, Mister Stafford, wird sofort erledigt«, murmelte Barclay verwirrt. Er ahnte, dass sein Chef sich zu einer ganz ungewöhnlichen Entscheidung durchgerungen hatte.

»Und malen Sie ein Schild«, fügte Stafford hinzu. »Die Kanzlei bleibt die nächsten sechs Wochen geschlossen.«

»Sir!« Der dicke Mann atmete übertrieben heftig. »Sie werden doch nicht etwa allein die Spur ...«

»Natürlich. Was haben Sie sich gedacht? Bezeichnen Sie es, wie Sie es wollen. Etwas wie Abenteuerlust hat mich gepackt, der Drang, ebenfalls hinter die Dinge zu sehen wie Randolph Carter.«

»Tut mir leid, Sir, aber in einem solchen Fall kann ich Sie unmöglich allein gehen lassen!«

Stafford fuhr herum und verlor beinahe sein Gleichgewicht.

»Was ist? Habe ich mich verhört?

»Nein, Sir. Ich habe genau wie Sie keine Frau und keine Kinder. Was also wundert es Sie, dass ich Sie begleiten werde?«

»Ich kann es nicht verantworten, Hickton!« Der Anwalt legte seinem Angestellten die Hand auf die Schulter. »Ich kann es vor meinem Gewissen nicht verantworten, andere Menschen in eine Angelegenheit mit hineinzuziehen, die ja nicht einmal mich etwas angeht, wenn man den Worten Carters Glauben schenkt.«

»Dennoch werde ich mitgehen. Ich habe mich entschieden. Nehmen Sie mich mit, Mister Stafford!«

Jeremy Stafford gab keine Antwort, aber in seinem Gesicht war abzulesen, dass er dem Drängen von Hickton Barclay nachgeben würde.

***

Barclay trug seinen unvermeidlichen schwarzen Sonntagshut und den Rucksack, in dem sie Frischproviant einschließlich Wasser sowie Konserven verstaut hatten. Stafford führte seinen Stockdegen mit sich, den Trommelrevolver, ein Fläschchen mit Weihwasser und den silbernen Dolch, den Carter ihm Weihnachten vor vier Jahren geschenkt hatte. In der linken Rocktasche steckte zusätzlich eine Batterielampe. Nebeneinander schritten die beiden Männer den staubigen Weg zwischen den Feldern entlang, der sich nach einer Weile nach unten senkte und zur Bucht hinabführte. Sie erreichten das Meer oberhalb der Fähre und hatten Glück. Das flache Wasserfahrzeug lag am Ufer, und sie bezahlten die Passage und ließen sich von dem mürrischen Schiffer hinüber auf die andere Seite bringen, wo die steilen Felswände aufragten und die Natur einen krassen Kontrast zur blühenden Natur auf dieser Seite der Bucht geschaffen hatte. Nichts wuchs dort, höchstens ab und zu ein Farn oder ein Krüppelgewächs, dessen Samen der Wind in einen der Schründe getragen hatte.

Oberhalb der Anlegestelle blieb Jeremy Stafford stehen. Seine dunklen Augen blickten ernst und wehmütig zugleich hinüber zu den Zinnen und den Kirchtürmen, deren Geläut über die Bucht herüber bis an ihre Ohren drang. Es war Abend geworden, die Sonne stand tief über dem Horizont und schickte sich an, ins Meer zu versinken. Die vergangenen Stunden waren dem Anwalt wie eine Ewigkeit vorgekommen. Eine innere Stimme trieb und drängte ihn und erfüllte ihn bis in die Haarspitzen mit Unrast und dem Bedürfnis nach Eile. Jetzt, am Fuß der Felsen und mit der Feuchtigkeit im Nacken, lief ein Zittern durch seinen Körper.

»Barclay!«, flüsterte er heiser. »Die Fähre ist noch in Hörweite. Sie haben jetzt Gelegenheit umzukehren. Ich hindere Sie nicht, wenn Sie es tun wollen. Ich lege es Ihnen sogar nahe. Ich werde allein weitergehen, in den aufkommenden Nebel und die Nacht hinein!«

»Sir, ich habe mich doch längst entschieden. Ich bin niemandem Rechenschaft über mein Tun schuldig außer dem Höchsten!« Er deutete mit den Augen zum Himmel hinauf. »Ich werde unser Land auch in der Fremde würdig vertreten.«

Stafford stieß ein heiseres, fremdartiges Lachen aus.

»Dort, wo wir hingehen, werden sich die Bewohner einen Dreck um unsere Herkunft scheren«, gab er zur Antwort und setzte sich in Bewegung. Unweit des Ufers mit seiner einschläfernden Brandung stiegen die Felsen steil empor, bildeten in der Höhe terrassenförmige Überhänge und bucklige Wölbungen. Dazwischen zogen sich schmale Rinnen entlang, der Aufstieg in dieses Massiv erschien unmöglich. Bei näherem Hinsehen jedoch erkannten sie die Pfade und Stufen, die hinauf zu den Terrassen führten und weiter hinein in die Klüfte, immer höher hinauf und weiter fort, wo sie sich dem menschlichen Auge entzogen. Stafford steuerte auf eine der natürlichen Treppen zu, die die Erosion geschaffen hatte. Am Ufer hinter ihrem Rücken bildete sich mit enormer Geschwindigkeit der erste Nebel und legte sich über das Wasser. Es wurde merklich kühler, und die Fähre verschwand hinter dem milchigen Vorhang.

Aber auch von den Felsen kroch die sich kondensierende Feuchtigkeit zu ihnen herab, und als der Anwalt den Fuß auf die erste Stufe der Naturtreppe setzte, da schlug der undurchdringliche Wall über ihm zusammen und verschluckte ihn. Er hatte Mühe, Barclays massige Gestalt hinter sich zu erkennen.

»Ich will mich wiederholen, Hickton«, sagte er. »Noch können Sie umkehren und die Fähre zurückrufen!«

»Der Fährmann würde es überhören. Der Nebel lässt keinen Ruf mehr durch. Ich glaube auch kaum, dass der Fährmann jetzt noch umkehren würde. Er ist froh, wenn er in den Hafen zurückgelangt, ohne in einer der gefährlichen Untiefen zu stranden.«

Schweigend setzten sie ihren Weg fort, stiegen beharrlich Stufe für Stufe empor und folgten dem gewundenen Pfad, der immer wieder seine Richtung änderte, als läge es in seiner Absicht, sie die Orientierung verlieren zu lassen. Der Nebel tat ein Übriges, und bald vermochten sie nicht mehr zu sagen, wo sich die Himmelsrichtungen befanden. Sie unterschieden allein noch zwischen dem Abgrund hinter sich und der Steilwand vor sich und hatten selbst da ihre Schwierigkeiten.

Gleichzeitig mit ihrem Aufstieg brach die Nacht herein. Der Nebel verschluckte den Zeitraum der Dämmerung, die Dunkelheit kam innerhalb weniger Minuten und verwehrte ihnen die Sicht.

Stafford tastete nach der Taschenlampe, die er in seiner Rocktasche trug, entschied sich dann aber gegen sie. Er ließ sich einen Kienspan aus dem Rucksack geben, eines dieser schmalen, pechgetränkten Hölzer, das lange brannte. Er entzündete ihn, und die Flamme schoss grell empor und fiel dann in sich zusammen, um mit verminderter Leuchtstärke weiterzubrennen. Der Nebel loderte in diesem flackernden Licht und tat alles, um es zu ersticken.

In der Felsbastion verging die Zeit rasend schnell. Bald zeigte die Uhr des Anwalts eine Stunde seit dem Beginn des Aufstiegs an, ohne dass sie das Ende der gewundenen Treppe erreicht hätten. Barclay kämpfte sich tapfer bergauf und schwitzte garantiert den letzten Tropfen Wasser aus, den sein Körper besaß. Doch beide Männer legten keinen Wert auf eine Rast, beharrlich folgten sie dem Pfad im Fels. Das Knirschen unter ihren Schuhsohlen hatte aufgehört, nach über zwölfhundert Stufen erfolgte der Schnitt. Die Treppe bestand hier oben aus künstlich in das Gestein gehauenen Vertiefungen, ohne eine Spur von Erosion oder Geröll. Blank lagen sie unter ihnen, als habe jemand gerade den Samstagsputz hinter sich gebracht. Der von der Bucht aus natürlich anzusehende Fels schimmerte hier oben nunmehr wie künstlicher, schwarzer Basalt, an dem ein Bildhauer sich ausgetobt hatte. Schatten ragten wie Gesichter auf die beiden Männer herab und regten ihre Phantasie an.

»Zweitausend!«, sagte Jeremy Stafford irgendwann. »Und noch immer ist kein Ende abzusehen. Gehen wir nicht schon die halbe Nacht?«

Die Uhr an seinem Handgelenk belehrte ihn, dass sie erst zwei Stunden in der Wand waren.

»Vielleicht bewegen wir uns im Kreis!«, schnaufte Barclay. »Langsam gehen meine Kräfte zu Ende. Ich werde wochenlangen Muskelkater in den Beinen davontragen und kaum laufen können!«

Über das Gesicht des Anwalts glitt ein Grinsen.

»Ich kann Sie trösten, Hickton. Das Gegenteil wird eintreten. Sie werden nichts von den Anstrengungen spüren!«

»Mir ist nicht nach Scherzen zumute!«

»Ich scherze nicht!«

Stafford hielt an und lehnte sich gegen das feuchte Gestein.

»Carter hat mir viel erzählt. Er berichtete von magischen Riten und magischen Wirkungen. Er schilderte, wie er persönlich das Vorhandensein solcher übersinnlichen Kräfte empfand und welche Schlüsse er daraus ableitete. Er berichtete, dass es möglich war, einen Menschen mit magischer Energie vollzupumpen und ihm im anderen Fall jede Energie aus der Psyche und aus dem Körper zu saugen wie mit einer Pumpe und mit dem Ergebnis, dass dieser Mensch tot umfiel, ohne dass ersichtlich war, woran er gestorben war. Carter nannte Beispiele von Vorgängen, deren Zeuge er gewesen war. Er ging in unseren abendlichen Kamingesprächen nie ins Detail, und manchmal gewann ich den Eindruck, als hielte er sich bedeckt, weil zu viel Wissen mich belasten musste. Oder weil er fürchtete, dass ich als Mitwisser einer Gefahr ausgesetzt wäre, die er für sich selbst sah. Er erzählte mir von steinernen Fragmente aus früher Urzeit, Überlieferungen eines Wissens, mit dem ein einziger Mensch sich die Erde untertan machen könnte um den Preis der Vernichtung jeden anderen Lebens. Er hat mir nie gesagt, wie er es anstellte, dass die Bewohner der Wüste ihn in jene tiefen Felshöhlen führten und ihm die Inschriften zeigten, die vor vielen Jahrhunderten von einem arabischen Dichter gefunden, übersetzt und in einem Bucht aufgeschrieben worden waren, das Al Azif genannt wurde. An einem Sonntagnachmittag, als wir gemeinsam an der Bucht entlangspazierten, zeigte er auf die Felsen und fragte mich, ob ich mir vorstellen könne, dass sie magische Energie ausstrahlen. Ich verneinte, und er lachte wie ein Schuljunge. Sie laden jeden Menschenkörper auf, der in ihre Nähe kommt, fuhr er fort. Sie gleichen den körperlichen Energieverbrauch sofort aus, dafür nehmen die Felsen ein wenig von der psychischen Substanz des Menschen in sich auf.

Das ist es, was mir Sorgen macht. Kommen Sie, Hickton, beeilen wir uns!«

Sie hasteten aufwärts, und irgendwann erlosch der pechgetränkte Kienspan. Zuvor warf Stafford noch einen Blick auf seine Taschenuhr, und er erstarrte. Wortlos zeigte er Barclay das Zifferblatt. Während er das von Carter erhaltene Wissen weitergegeben hatte, waren drei Stunden vergangen.

Drei Stunden für ein paar Worte.

»Wir haben Grund anzunehmen, dass Randolph Carter die Wahrheit gesagt hat«, erklärte der Anwalt mit sarkastischer Stimme und tastete sich im Dunkeln voran. Jetzt erst spürte er die Kälte der Nacht, die gegen die Felswand prallte und in seine Glieder kroch. Das Steigen strengte ihn übergangslos an, ein Zeichen, dass die magische Ausstrahlung der Felsbastion hier zu Ende war.

Die Felswand wich unter ihren tastenden Händen zurück, und Stafford entdeckte ein winziges Licht, das in der Finsternis glomm. Es flackerte im Wind, und er versuchte, die Entfernung zu schätzen. Es gelang ihm nicht, aber der fahle Schein reichte aus, die beiden Wanderer den Weg erkennen zu lassen. Die Treppe endete, ein schmaler Pfad führte in einen Felseinschnitt und auf eine Hochfläche hinauf. Je näher sie kamen, desto deutlicher wuchsen die Konturen dessen vor ihnen auf, was sie erwartete.

»Ein Haus!«, zischte der Anwalt. »Bei Gott! Carter hat ein solches Haus mit den lanzengleichen Zinnen und der schwarzen Kugel in der Mitte des Daches erwähnt, aber nie auch nur Andeutungen gemacht, wo es sich befinden könnte. Ich bin sicher, das ist dieses Haus, von dem er gesprochen hat!«

Auf der Anhöhe, keine zwanzig Yards von dem Gebäude entfernt, blieben sie stehen. Sie sahen hinaus über die Bucht zum gegenüberliegenden Ufer. Von der Stadt mit ihren vielen Lichtern war nichts zu sehen. In der Welt, in der sich die beiden Männer befanden, gab es sie nicht. Sie hatte vermutlich dort aufgehört zu existieren, wo die künstlich behauenen Stufen begannen.

Leise näherten sie sich dem Gebäude aus dunklen, algenüberzogenen Quadern, deren Kantenlänge ungefähr mit der Armeslänge eines Erwachsenen übereinstimmte. Unter der flackernden Laterne blieben sie stehen und musterten die mit rostigen Eisenblechen beschlagene Tür. Der Türklopfer, den Stafford anfasste, war glitschig, und seine Hand rutschte ab. Er warf einen Seitenblick auf die helle Einkerbung im steinernen Türrahmen, die ihm beim ersten Hinsehen nicht aufgefallen war. Sie enthielt ein Namensschildchen aus Messing, und er las die geschwungene Schrift und ließ langsam den Arm sinken.

Randolph Carter stand darauf zu lesen, und Barclay, der ebenfalls aufmerksam wurde, stieß einen unterdrückten Ruf aus.

»Er wohnt hier!«, flüsterte er. »Er hat uns genarrt! Er ist gar nicht verschwunden!«

Stafford schüttelte energisch den Kopf und griff erneut zum Türklopfer. Dumpf hallten die beiden Schläge durch das Haus. Es hörte sich an, als sei das Gebäude innen vollkommen hohl.

»Vielleicht steht auf dem Schild immer der Name dessen, der als letzter durch die Tür ging«, prophezeite er düster.

Die Funzel über ihren Köpfen wurde ein wenig heller, und nach kurzer Zeit klapperte irgendwo ein Fenster. Schlurfende Schritte näherten sich, ein Schlüssel kreischte im Schloss. Es knirschte, als jemand mehrere Riegel beiseiteschob und die Tür aufzog.

Die beiden Männer blickten in ein bleiches, ausgemergeltes Gesicht. Der Greis, der ihnen öffnete, musste weit über hundert Jahre alt sein. Sein Gang wirkte schleppend, sein Gesicht besaß eine wächserne Blässe. In seinem Körper schien sich kein einziger Blutstropfen zu befinden.

»Guten Tag!«, krähte er. »Sie wollen auch an der Expedition teilnehmen? Ach, wie spät ist es eigentlich? Nach meiner Uhr haben wir Tag, aber das hat nichts zu bedeuten. Hier ist es immer Tag. Kommen Sie nur herein. Was kann ich für Sie tun?«

»Wir möchten zu Mister Carter!« Mehr fiel Stafford beim Anblick des verhutzelten Männchens nicht ein.

»Die Zeit!«, kreischte der Alte aus seinem zahnlosen Mund. »Wieviel Zeit ist es?«

Jeremy Stafford erkannte den fordernden und warnenden Unterton in der Stimme. Seine Gedanken jagten sich. Es fiel ihm nur ein einziger Bezugspunkt ein, um die Frage zu beantworten.

»Es ist Reisezeit«, erwiderte er. »Wir möchten die Expedition begleiten, von der Sie gesprochen haben!«

Der Alte machte den Weg frei.

»Herein, immer nur herein. Es ist gemütlich bei uns, ja, ja!«

Sie traten ein, und die Tür fiel mit einem genüsslichen Schmatzen hinter ihnen ins Schloss. Durch die Fenster, die sie vor Augenblicken noch von draußen gesehen hatten, fiel Tageslicht herein und erhellte das Haus.

»Wenn Sie einen Augenblick warten wollen!«, knarrte das Hutzelmännchen und riss einen Bückling, der grotesk anmutete. Dann eilte es durch eine der dicken Holzbohlentüren davon.

Stafford fuhr herum. Er vermochte nicht genau zu sagen, wieso er es tat. Er fasste die Türklinke der Haustür und zog daran. Die Tür klemmte ein wenig, aber dann gab sie mit einem hässlichen Ratschen den Blick hinaus in die Dunkelheit frei. Stafford beugte sich zur Seite und warf einen Blick auf das Messingschild.

Es war, wie er es sich gedacht hatte.

Auf dem Schild stand der Name dessen, der das Haus zuletzt betreten hatte.

Hickton Barclay.

Der Anwalt ließ sich nicht anmerken, welche Gedanken ihn in diesem Augenblick beschäftigten. Er richtete sich auf, trat in das Haus zurück und schob die Tür wieder zu. Er gesellte sich zu seinem Angestellten, der die Halle durchquerte und die geschnitzten Verzierungen über verschiedenen Türen betrachtete. Es handelte sich um Symbolzeichen und um Fratzen und Körper von Wesen, fürchterlichen Wesen, wie sie sich die menschliche Phantasie nicht ausmalen konnte. Jeremy Stafford rann ein Schauder über den Rücken, als er dem ausgestreckten Arm Barclays folgte und das Gemälde sah, dass in einer Nische am hinteren Ende der Halle hing, eingerahmt von einer Rosette aus Gips.

Das Bild glänzte in einer Orgie aus roten, blauen und schwarzen Farbtönen, und die Linien verschwammen und veränderten sich, wenn der Betrachter sich auch nur ein wenig bewegte. Monstren kämpften gegen Monstren, alle

Ausgeburten der Hölle hatten sich auf diesen zwei Quadratmetern Leinwand oder Mauerwerk versammelt. Die wenigen Menschen, die sich zwischen ihnen wanden, wirkten hilflos in ihrer Winzigkeit, und sie trugen Köpfe von Stieren oder Unterkörper von Fischen. Sie besaßen keine Möglichkeiten, den Klauen und Tentakeln der Monster zu entkommen, und Stafford beobachtete schaudernd, wie eines dieser Wesen seine messerscharfen Krallen in den schmächtigen Körper schlug, unter dessen Haut sich die Rippen abzeichneten. Ein stechender Schmerz durchfuhr ihn, und er stolperte mit einem Aufschrei zurück.

»Das Bild besitzt einen magischen Bann«, rief er aus. »Es wirkt hypnotisch!«

»Man könnte bei dem Anblick in der Tat Angst bekommen«, bestätigte Barclay arglos. »Was ist mit Ihnen, Sir?«

Stafford schwankte. Er fasste sich mit der Hand an die Stirn, mit der anderen wehrte er den hilfsbereiten Hickton ab. Übergangslos war er sich der Tatsache bewusst, dass sein Begleiter nichts von dem magischen Einfluss des Bildes spürte, während es auf ihn selbst mit ungeheurer Macht wirkte. Er begann sich Fragen zu stellen, auf die er auch nach langer Zeit noch keine Antwort fand. Er steuerte auf die Sitzecke unter einem der Fenster neben dem Eingang zu und ließ sich in den nächstbesten Sessel fallen.

»Kommen Sie, Hickton!«, flüsterte er rau. »Wer weiß, wie lange der Alte uns warten lässt!«

Eine innere Stimme sagte ihm, dass sich Carter nicht mehr hier befand. Es stand jedoch fest, dass der Mystiker in diesem Haus gewesen war. Der Alte hatte ihrem Wunsch, zu Mister Carter zu wollen, nicht widersprochen.

Nach einer Stunde des Wartens wurde es Jeremy Stafford aber doch zu bunt. Er fuhr auf und steuerte auf die erste der Türen zur linken Seite zu. Er öffnete sie und warf einen

Blick in den dahinter liegenden Raum. Es handelte sich um eine Küche, in der vermutlich noch nie Essen zubereitet worden war. Die Töpfe und Pfannen hingen neu und unbenutzt an der Wand, und das Geschirr stand im Schrank, deutlich sichtbar von Staub und Spinnweben überzogen.

Hinter der nächsten Tür fand Jeremy Stafford eine Toilette, daneben ein Bad, und anschließend folgte der Salon. Dann kam der Winkel mit dem fürchterlichen Bild, rechts daneben die Tür, durch die der Alte verschwunden war.

Hickton Barclay tat es seinem Brötchengeber nach und begutachtete die Zimmer auf der rechten Seite. Es handelte sich um mehrere Gästezimmer mit Baldachinbetten und einem zweiten Bad.

»Keine Gäste da«, stellte er fest. »Ich habe kein einziges benutztes Bett gesehen. Wir sind die einzigen!«

Jeremy Stafford klopfte leise an der Tür, durch die der Alte verschwunden war. Er hörte keine Antwort, nickte seinem Begleiter zu und trat ein. Er hatte ein weitläufiges Wohnzimmer vor sich, das die gesamte Ostseite des Hauses in Anspruch nahm. Dicker Teppichboden dämpfte die Schritte der beiden Männer und ließ sie unhörbar werden. Stafford hatte den Eindruck, als schaukele der Teppichboden unter seinen Füßen.

Ein merkwürdiger Geruch drang in seine Nase, und der Anwalt verharrte und rieb sich mit dem Zeigefinger über die Nasenlöcher.

»Der Gestank!«, murmelte er. »Es ist genau derselbe Gestank wie in Carters Haus.«

»Ich rieche ihn auch. Sie haben recht, Sir!«, stellte Barclay fest.

Nebeneinander traten sie an die Fensterfront und warfen einen Blick hinaus auf die Welt. Sie sahen das Meer und die Schiffe, die entlang der Küste fuhren. Noch immer war es draußen taghell, und die Schiffe fuhren mit unvorstellbar hoher Geschwindigkeit. Auf der rechten Seite verschwanden sie im Nichts hinter der Krümmung des Horizonts, um gleichzeitig auf der linken Seite zurückzukehren und ihre Fahrt von neuem zu beginnen. Sie kamen sich vor wie im Bilderkino, in dem immer ein und dasselbe Bild gezeigt wurde.

Stafford wandte sich abrupt zur Tür.

»Wir sollten so schnell wie möglich aus diesem Haus verschwinden«, sagte er. »Selbst wenn wir eine Spur Carters finden, was können wir mit ihr anfangen?«

»Ich kann es auch nicht sagen. Ich bleibe an Ihrer Seite, Sir!«, gab der Dicke zur Antwort. »Egal, was kommt!«

Stafford sah sich noch einmal um und entdeckte die schmale Treppe neben dem Kamin. Sie führte hinauf in das obere Stockwerk. Er ließ von der Tür ab und steuerte darauf zu. Die Treppe bestand aus dem schwarzen Basalt, den sie bereits kannten. Noch immer hing der Geruch nach Aas in der Luft, der ihnen ein starkes Gefühl der Beklemmung bescherte.

»Alter Mann, wo sind Sie?«, rief der Advokat hinauf. Er fasste den Stockdegen fester und fixierte das obere Ende der Treppe. Sie mündete in einen Korridor mit einer einzigen Tür. Sie befand sich ihnen gegenüber am anderen Ende.

Jeremy Stafford wollte in diesem Augenblick erneut umkehren. Langsam schien er sich bewusst zu werden, auf welches irrwitzige Abenteuer er sich da eingelassen hatte.

Er tat es nicht und scheuchte seine inneren Bedenken zur Seite. Etwas hatte von seinem Bewusstsein Besitz ergriffen, etwas, das ein Feuer in ihm entfachte und nicht mehr erlöschen ließ. Die Faszination von Carters Erzählungen, sein Geschick, die Phantasie des Zuhörers mit Andeutungen wachzuhalten und zu beschäftigen, jetzt zahlten sie sich auf diese Weise aus.

Der Gedanke, dass es sich um ein Spiel mit dem Schicksal und dem Tod handelte, kam Stafford in diesem Augenblick nicht.

Seiner Armbanduhr nach graute draußen in der wirklichen Welt der Morgen, und er durcheilte den Korridor, drückte die Klinke nieder und stieß die Tür auf.

Der Alte saß in einem Schaukelstuhl, einen Teppich über den Beinen und döste vor sich hin. Zumindest tat er so, als schliefe er. Seine Stimme klang jedoch völlig klar, als er sagte:

»Kommen Sie nur herein! Es ist zwar die falsche Tür, aber Sie machen nur einen kleinen Umweg. Also, kommen Sie schon!«

Draußen vor dem Fenster lag ein Garten mit hohen Bäumen und Büschen. Stafford und Barclay sahen Blumenwiesen, und durch den offenen Fensterflügel drang der würzige Geschmack der Natur zu ihnen herein.

»Ein Abschiedsgruß«, krächzte der Alte. Er schnellte sich aus dem Schaukelstuhl empor und verschränkte die Arme.

Fenster und Tür schlugen gleichzeitig zu. Barclay fuhr herum, Stafford aber zuckte lediglich mit den Augenlidern. Er hatte in diesen Sekunden etwas erwartet, das ihrem Hiersein eine Bedeutung geben würde. Es war soweit.

»Sie lassen wohl alle Türen offen stehen!«, bellte das Hutzelmännchen Barclay an. »Schöne Grüße von Mister Carter! Die Tür, die Sie suchen, befindet sich hier im Schrank!«

Die Augen des Alten lachten, aber sein Mund blieb ernst. Die Nase bildete ein paar Runzeln, die dem Gesicht das Aussehen eines Clowns verliehen.

»Sie wollten doch zu Mister Carter, oder habe ich das falsch verstanden?«

»Wir suchen ihn. Ich wusste, dass wir ihn nicht in diesem Haus finden würden. Er kam vor uns und ist weitergereist!«

Dicht gefolgt von Barclay trat er auf den Schrank zu und öffnete die Tür. Das Innere war leer, die Rückwand fehlte. An ihrer Stelle blickten die beiden Männer in eine weite Halle unter einem kuppelförmigen Dach, und mitten in der Halle stand eine Gestalt und winkte zu ihnen herüber.

»Er wird sich freuen!«, grunzte der Alte hinter ihrem Rücken. »Tun Sie ihm den Gefallen!«

Stafford warf einen Blick über die Schulter zurück. Etwas an dem Alten irritierte ihn, und er benötigte Sekunden, um festzustellen, dass es die Augen waren. Er war sicher, dass er diese Augen kannte und dem Mann schon einmal begegnet war. Doch so sehr er auch grübelte, er kam nicht darauf, wann und wo es gewesen sein konnte.

Er starrte erneut nach vorn, wo die Gestalt winkte. Ja, es war zweifellos Carter, und sein Winken war hektisch und unkontrolliert. Carter war allein, aber das konnte auch eine Täuschung sein.

Stafford fasste den Stockdegen fester. Dann trat er nach vorn, machte den entscheidenden Schritt durch den Schrank und verlor den Boden unter den Füßen. Ein Sog erfasste ihn und Barclay und riss sie davon. Der Schrank hinter ihnen wurde zu einem schwarzen Oval, an dessen Rand grünes Feuer glühte.

Dann erlosch das Feuer, und Dunkelheit hüllte sie ein.

***

Die schier unerträgliche Hitze peinigte ihn. Er wälzte sich herum, versuchte, mit den Augen irgendetwas zu erkennen. Es gelang ihm nicht. Auf seiner Haut brannten die Tentakel des Monsters, das ihn aus seinem Haus geholt hatte. Er hatte sich nicht gewehrt, es wäre zwecklos gewesen.

Er spürte das Wanken und Schwanken des Shoggoten, der ihn von allen Seiten umklammert hielt und seinen Körper zudeckte. Das Wesen bewegte sich holprig fort, es hatte sichtlich Mühe, sich auf dem festen Land zu orientieren.

Dann jedoch drang ein Plätschern an Randolph Carters Ohren. Eine Luftblase baute sich um ihn herum auf, die Bewegungen des Monsters wurden fließend und gingen in ein beständiges Gleiten über. Es wurde kühler, der bestialische Gestank nahm ein wenig ab.

Carter atmete flach. Er wusste, dass sein Leben davon abhing, dass er mit der Atemluft in der Blase sparsam umging. Mit keinem Gedanken vermochte er abzuschätzen, wie lange die Reise durch das Wasser dauern würde, wie tief sie hinabführen würde. Wie ein Geschoß schwamm das Monster durch den Ozean – ja, Carter hegte keinen Zweifel, dass er in das Meer entführt worden war.

Eine dieser Dienerkreaturen hatte ihn endlich gefunden, ihn, den sie seit Jahren und Jahrzehnten jagten, von dessen Neugier sie wussten.

War es die Bestimmung seines Schicksals, in einer Weise zu enden, wie er sie sich nie gewünscht hätte?

Sein Verschwinden würde entdeckt, und irgendwann würde auch der Zettel gefunden, den er Jeremy Stafford hinterlassen hatte.

Carter hoffte insgeheim darauf, dass der Zettel bald zur Kenntnis des Anwalts gelangen würde. Aber er verbarg diese seine Gedanken tief in seinem Innern, denn er traute ihnen nicht und hatte keine Ahnung, ob das Monster nicht etwa in seinen Gedanken las oder diese zumindest aufbewahrte für jene, die sie zu ergründen in der Lage waren.

Nach langer Zeit, in der er mehrmals geschlafen hatte, wurde es wärmer. Das einlullende Gleiten wich dem bekannten holprigen Gang, und dann entließ der Shoggote ihn aus der Luftblase, die er mit seinen Hautfalten gebildet hatte. Wieder betäubte der fürchterliche Gestank des Monsters ihn fast, und er raffte sich mühsam auf und wich hastig zu der Wand zurück, die er im Dämmerlicht ausgemacht hatte. Ein Sog erfasste ihn und zog ihn durch eine Öffnung, riss ihn in einer Kammer hinein, in der grelles Licht auf ihn herabflutete und bewirkte, dass ihm sofort am ganzen Körper der Schweiß ausbrach.

Knechte empfingen ihn und rissen ihn mit sich. Sie besaßen menschenähnliche Gestalt mit schuppiger Haut und Kiemen am Halsansatz. Sie murmelten unverständliche Worte vor sich hin, und ihre einzige Aufgabe schien es, ihn so rücksichtlos wie möglich an einen anderen Ort zu bringen. Er verlor einen Fingernagel, weil sich seine Hand in der Kleidung eines des Wesen verfing.

Sklaven von Yith! durchzuckte ihn ein Gedanke. Sie leben noch, und vermutlich vegetieren sie irgendwo unter dem Meeresgrund dahin.

Sie stießen ihn durch eine Tür und zogen sich hastig zurück. Ihre einzige Aufgabe schien es gewesen, ihn von dem Shoggoten in Empfang zu nehmen. Für alles andere waren sie nicht zu gebrauchen oder hatten nichts damit zu tun.

Was er jetzt in diesem blankgeleckten, nach einem sterilen Operationssaal aussehenden Raum zu Gesicht bekam, übertraf all das, was er sich in seinen schlimmsten Alpträumen ausgemalt hatte.

Riesige Kröten streckten gierig ihre Klauen mit den Knopfenden nach ihm aus. Sie zerrten an seinen Beinen und Armen, als wollten sie ihn in Stücke reißen. Dann warfen sie ihn achtlos in eine Ecke, wo er benommen liegen blieb und froh war, dass er sich beim Aufprall nicht den Hals gebrochen hatte.

»Wasser!«, ächzte er. »Ich brauche Wasser!«

Sie reagierten nicht. Einer von ihnen fuhr eine dünne, lange Zunge aus. Sie schnellte über die Distanz von gut drei Yards auf ihn zu und hinterließ eine blutrote Spur an seinem Hals. Von da an zog er es vor, zu schweigen und die Ecke nicht zu verlassen.

Er zählte nicht die Stunden, die vergingen. Seine Taschenuhr lief zuverlässig, aber sie sagte nichts darüber aus, wieviel Zeit in dieser Welt verstrich, in die sie ihn verschleppt hatten.

Stafford, war er schon unterwegs? Klappte der Plan? Ging das psychologisch haarfein erstellte Kalkül auf, oder machten ihm äußere Umstände einen Strich durch die Rechnung? Und vor allem, was erwartete ihn, wenn er nicht in dieser Ecke verhungern und verdursten wollte?

Randolph Carter wurde klar, dass er ein Wagnis einging, wie es noch nie vor ihm ein Mensch getan hatte. Er setzte nicht nur sein Leben aufs Spiel. Er riskierte die Existenz der gesamten Menschenwelt, und er wusste das. Er hatte seit Jahren diesen Zeitpunkt herannahen gesehen, und jetzt gab es kein Zurück mehr.

Was war der Preis? Sein eigenes Leben? Wieviel konnte er bewirken, ohne den Planeten zu zerstören? Und welche überraschenden tektonischen Vorgänge konnten es schaffen, seinen Plan zunichte zu machen?

Während er in der Ecke kauerte, stinkende Brühe trank und halb verschimmelte Backwaren aß, erkannte er, dass er den Zeitpunkt nur hinauszögerte, nicht aber verhinderte, dass die GROSSEN ALTEN ihre Tentakel erneut nach diesem Planeten ausstreckten, unter dessen Felsenkruste sie einst von den ÄLTEREN GÖTTERN gebannt worden waren, ein Gefängnis auf ewig für jene, die nicht sterben konnten.

Carter hätte die Macht und die Mittel gesucht, Sternkonstellationen zu verändern, wenn es ihm dadurch gelungen wäre, diese Entwicklung aufzuhalten. Er tat es nicht, ein kleiner schwacher Mensch lebte diesen Sieg in seinen Gedanken aus und musste den grünlichen Speichel über sich ergehen lassen, mit dem die Kröten ihn bespuckten.

Zehn Mahlzeiten vergingen, zwanzig und dreißig, und er hielt es in seinem eigenen Kot nicht mehr aus. Als sie ihn allein ließen, da nutzte er die Gelegenheit und badete in dem großen Becken, aus dem sie gewöhnlich tranken. Er ließ ihnen den ganzen Schmutz darin und wusch sogar seine Leibwäsche, die in der Hitze rasch trocknete, die die Wände abstrahlten.

Lange Hungertage später kehrten sie zurück. Sie trugen Lanzen in den Klauen, und Randolph Carter wusste, dass jetzt die Zeit gekommen war. Gehorsam ließ er sich von den Ra 'Sssythech abführen.

Es gab nur einen einzigen Grund, warum sie ihn bewacht transportierten. Der Befehl kam aus einer Region, der sie absoluten Gehorsam schuldig waren. Dass der Shoggote ihn hierher gebracht hatte, konnte nur eines bedeuten.

Dies war eine Stadt unter dem Ozean. Eine der alten Festungen, die mehr Gefängnissen denn einer Wohnstatt glichen.

Nur einen einzigen Weg gab es für gewöhnlich hinaus.

Ein Tor.

Und jener, der dieses Tor im direkten Sinne verkörperte, trug einen Namen.

Randolph Carter schrie diesen Namen mehrmals, während sie ihn durch das Gebäude führten, ihn zur Hinrichtung brachten.

YOG-SOTHOTH!

***

Der Anwalt fiel auf den Hintern und ertastete mit der freien Hand eine Rundung, die ihn umgab. Es war ein Schacht, in dem sie sich befanden, ein dunkler, finsterer Schlund, der schräg hinab in die Tiefe führte. Von der Halle mit der Kuppel war nichts mehr zu sehen. Hinter Stafford klang die Stimme seines Begleiters auf.

»Vorsicht, ich komme!« Dass es ein Fehler war, einem Dicken nicht den Vortritt zu lassen, merkte Jeremy Stafford Sekunden später. Hickton Barclay beschleunigte schneller als er und vermochte nicht, seine Rutschpartie abzubremsen. Er prallte gegen ihn, und Stafford hatte das Gefühl, als würden ihm sämtliche Knochen aus dem Leib gedrückt. Er stieß die Luft aus und ruderte mit den Armen. Barclays Beine verfingen sich unter seinen Armen, und der Dicke stieß einen Schrei aus.

»Bremsen!«, keuchte Stafford und spreizte Arme und Unterschenkel. »Erzeugen Sie Reibung!«

Der Hohlraum um sie herum war zu groß, als dass sie eine sichtbare Wirkung erzeugt hätten. Sie rasten mit unvermindertem Tempo abwärts, und ihre Hintern erwärmten sich zunehmend.

»Hickton!«, ächzte der Anwalt. »Versuchen Sie, sich auf den Bauch zu legen! Bremsen Sie mit den Handflächen, dem Bauch und den Schenkeln!«

Wieder erhielt er einen Schlag, dann trat der dicke Angestellte ihn ins Kreuz.

»Es tut mir leid, Sir!«, rief er aus. »Aber es geht nicht anders!«

Ein Schuh fand auf Staffords Schulter Halt, der andere legte sich mitten auf sein Gesicht. Er hob eine Hand, um ihn wegzudrücken, aber in diesem Augenblick machte der Schacht eine Krümmung. Der Körper des Anwalts wurde herumgerissen, der Druck des Dicken schwand abrupt. Es krachte, als Barclay mit Schwung gegen die Wandung prallte, auf den Rucksack fiel und mit kläglicher Stimme nach seinem Hut rief.

Staffords Handflächen erhitzten sich stark. Der Untergrund wurde rauer, und er winkelte hastig die Beine an und bremste mit den Schuhsohlen. Gleichzeitig warnte er seinen Begleiter, und Barclay antwortete mit einem Stoßseufzer.

Wollte die Talfahrt noch immer nicht aufhören? In der absoluten Dunkelheit ging das Zeit- und Raumgefühl verloren, und der Advokat fand keine Gelegenheit, seine Lampe aus der Tasche zu ziehen. Es hätte ihm ergehen können wie Barclay mit seinem Hut, und dann wäre die Lampe vielleicht für immer verloren gewesen.

Ein Luftzug entstand, und er breitete instinktiv die Arme aus und begann zu rudern. Der Boden wich unter seinem Hintern, und er raste irgendwo in die Leere hinaus und kippte nach vorn. Er stieß sich schmerzhaft die Knie, prallte mit der linken Schulter an einen harten Widerstand, bekam Boden unter die Füße und drehte sich zur Seite. Noch immer herrschte absolute Finsternis um ihn herum, und alles, was er mit den Händen ertasten konnte, war feuchter Felsboden.

Neben ihm tat es einen Schlag, als Hickton Barclay sich mit seinem Hintern schwer auf den Untergrund setzte wie ein Luftschiff, dessen Gondel bei einer stürmischen Landung in Mitleidenschaft gezogen wurde. Der Dicke stieß pfeifend die Luft aus. Stafford zog hastig die Lampe aus der Tasche und schaltete sie ein. Der Lichtblitz durchdrang die Höhlung, und im Schein des Strahls erkannten sie die Gestalt der Umgebung. Sie befanden sich in einer kleinen Kaverne mit glatten Wänden, ohne Anzeichen von Verwitterung oder Unregelmäßigkeit. Der Hohlraum war künstlich geschaffen, daran bestand für Jeremy Stafford kein Zweifel. Er war vollkommen leer, es befand sich niemand hier, nicht einmal eine Maus oder eine Ratte. Hinter dem Rücken der beiden Männer mündete einen Yard über dem Boden der Schacht, durch den sie gerutscht waren. Anhaltspunkte für eine genaue Zeit- und Entfernungsbestimmung fehlten ihm noch immer, er konnte nur schätzen, dass sie ungefähr zweihundert Yards unter dem Haus angelangt waren.

»Nein, nein!«, stieß der Dicke hervor, nachdem er sich eingehend betastet und festgestellt hatte, dass alle seine Knochen heil geblieben waren. »Noch nie in meinem Leben habe ich so etwas erlebt. Sir, glauben Sie, dass wir träumen? Dass wir uns noch immer in Mister Carters Haus befinden und uns der merkwürdige Geruch die Sinne benebelt und in das Reich der Illusion entführt?«

»Pscht!«, machte Stafford. »Keinen Laut!«

Er bildete sich ein, einen Ruf gehört zu haben, doch jetzt, als Stille eintrat, erkannte er, dass es ein Flüstern war, das an seine Ohren drang. Leise und eindringlich klang es von überall her, und je aufmerksamer er lauschte, desto intensiver wurde es.

Ein schreckliches Bild entstand vor seinen Augen. Er stellte sich merkwürdige Wesen vor mit großen Augen, die in der Dunkelheit sahen, ein ganzes Heer von ihnen. Sie blickten ihn an und flüsterten sich Bemerkungen zu.

»Wer ist da?«, fragte er halblaut und schalt sich gleichzeitig einen Narren. Seine Phantasie wollte ihm Dinge vorgaukeln, die nicht vorhanden waren. Er erhielt keine Antwort auf seine Frage, doch das Flüstern blieb und jagte ihm einen eiskalten Schauer über den Rücken.

»Hören Sie das, Hickton?«, raunte der Anwalt. »Können Sie feststellen, woher es kommt?«

Der dicke Junggeselle legte den Kopf schief und versuchte, geräuschlos zu atmen.

»Jemand flüstert mit uns«, stellte er nach einer Weile fest. »Es kommt von oben!«

Stafford runzelte die Stirn. »Ich höre es aus allen Richtungen!«, antwortete er.

Er erhob sich von dem feuchten Untergrund, schritt die Kaverne ab und leuchtete über den Boden. Es gab nicht einmal einen winzigen Haarriss im glatten Gestein. Die einzige Unregelmäßigkeit der Kaverne bestand aus einem Felsbrocken auf der rechten Seite der Wand.

Barclay machte sich indessen an die Untersuchung des Rucksacks. Ein paar Konservendosen waren verbeult, ansonsten hatte es keine Schäden gegeben.

Das Flüstern war noch immer gegenwärtig. Unheimlich und eindringlich drang es von allen Seiten auf sie ein, lockte und machte ihnen gleichzeitig deutlich, dass es auf Dauer nicht zum Aushalten war. Es war da, und es sprach mit ihnen. Doch was war es? Hörte es sich nicht wie Kinderstimmen an, die pausenlos auf sie einredeten?

Staffords Lampe wanderte wieder an den glatten Wänden entlang und leuchtete in die Winkel der Kaverne.

Da war nichts und niemand.

Sie waren zu zweit und völlig allein.

Stafford näherte sich dem Felsbrocken, der einzigen Unebenheit hier unten. Das Flüstern wurde lauter, um seinen

Kopf herum wisperte und zischte es, und er klemmte sich die Lampe unter den Arm und schlug die Handflächen auf die Ohren.

»Aufhören!«, schrie er laut. »Was ist das?«

Das Wispern wurde leiser, als habe jemand seinen Ruf verstanden. Er nahm die Hände von den Ohren und legte sie gegen den Felsblock.

»Helfen Sie mir, Hickton!« Er stemmte sich mit der Schulter gegen den Block und drückte. Barclays massige Gestalt legte sich schwer neben ihn, und gemeinsam versuchten sie, den Felsen von der Stelle zu bewegen. Es gelang ihnen nicht, den Brocken auch nur ein winziges Stück zu bewegen, und nach einer Weile gaben sie es auf. Barclay musterte den Block, als habe er ein Ungeheuer vor sich, dann bückte er sich und untersuchte den Boden.

»Wir müssen in die andere Richtung schieben«, sagte er. »Zum Schacht hin!«

Gleichzeitig mit diesen Worten nahm das Flüstern erneut zu und ließ ihre Gehörnerven vibrieren. Stafford presste die Lippen zusammen und drückte. Der Stein erbebte, wankte leicht und drehte sich von der Öffnung weg, die sich vor ihnen auftat.

Stafford begann zu schreien. Das Wispern und Flüstern stach in seinem Kopf. Seine Augen begannen zu schmerzen, in seinen Ohren entstand ein schrilles Singen. Seine Sinne rebellierten vor Qual.

»Aufhören!«, wiederholte er, doch diesmal klang das Geflüster nicht ab.

Aus zusammengekniffenen Augen starrte der Anwalt in den Tunnel von knapp einem Yard Durchmesser, gerade groß genug, um einen Mann und seinen Rucksack durchzulassen. Ein Luftzug strich um sein Gesicht, ein deutliches Zeichen, dass der Tunnel ins Freie führte.

Erleichterung und Enttäuschung zugleich machten sich in ihm breit. Er ahnte, wo sie ans Tageslicht gelangen würden: Irgendwo am Fuß der Felsen, dort, wo der Ozean an den Klippen leckte. Dort würden sie Carters Spur verlieren oder seine vom Wasser angeschwemmte Leiche finden. Wenn die Spur tatsächlich am Meer endete, dann war es so gut wie ausgeschlossen, dass sie ihr weiter folgen konnten. Sie würden Randolph Carter nicht lebend wiedersehen.

Barclay stand noch drüben am Schacht, durch den sie herabgekommen waren. Er tastete nach seinem Hut, aber dieser war nicht unten angekommen. Er musste ihn abschreiben und tat es denn auch mit einer Miene, als habe er in eine erntefrische Zitrone gebissen.

»Hier kommt man nicht aufwärts«, murrte er. »Da hat der Teufel seine Hand im Spiel!«

Und dennoch musste es eine Möglichkeit geben. Stafford glaubte fest daran. Vielleicht nahmen sie sie mit ihren menschlichen Sinnen nur nicht wahr.

Er seufzte vor Schmerz. Das Wispern in seinen Ohren und seinem Gehirn nahm weiter an Intensität zu und trieb ihn an den Rand des Wahnsinns. Lange, so wusste er, würde er das nicht mehr aushalten.

Er ließ sich nieder und robbte eilig in den Tunnel hinein. Der Dicke folgte ihm. Barclay wusste nicht, ob er den Rucksack mit dem Proviant vor sich herschieben oder hinter sich herziehen sollte. Schließlich entschied er sich für das Schieben, so konnte er den Inhalt wenigstens nicht verlieren.

»Ich sehe Licht!«, flüsterte Stafford nach wenigen Yards. »Es kommt von oben. Ist es ein Lichtschacht?«

Einen Augenblick spielte er mit den Gedanken, dass es sich um eine Sinnestäuschung handelte, hervorgerufen durch das schmerzhafte Flüstern, das sich einen Weg durch seine Ohren bis hinein in sein Gehirn gesucht hatte. Die Kopfschmerzen wurden immer schlimmer, und er stöhnte mehrmals und besaß keine Kraft mehr, auch nur eine einzige Bewegung zu machen. Dennoch drängte alles in ihm danach, diesen Ort so schnell wie möglich zu verlassen.

Und dann, von einem Augenblick auf den anderen, verschwand das Flüstern, erstarb das Wispern in seinem Kopf und machte einer nicht zu beschreibenden Erleichterung Platz. Er öffnete die Augen und sah im Licht von oben, dass er in einem runden Kamin steckte, durch den Tageslicht herabdrang. Er schaltete die Lampe aus und steckte sie in die Tasche zurück, deutete wortlos auf die metallenen Sprossen der Leiter, die in die Wand des Kamins eingelassen war, dieses aus behauenen Basaltquadern errichteten Ungetüms, durch dessen Öffnung ein wolkenverhangener Himmel zu ihnen herabschien. Barclay hatte seine Arme in die Riemen des Rucksacks verstrickt und zerrte daran herum. Er murmelte etwas von bösartigen Felsengeistern und riss sich einen Manschettenknopf ab. Missmutig trat er ihn in den weichen Untergrund und stellte sich neben die Leiter.

»Warten Sie, bis ich oben bin, Hickton!«, sagte Stafford. »Wir wissen nicht, ob die Leiter uns beide gleichzeitig trägt!«

Er griff in die Sprossen und machte sich an den Aufstieg. Behände kletterte er empor an das Licht. Die Lähmung war von ihm abgefallen, als habe es sie nie gegeben. Vierzig Sprossen zählte er, dann blieb er dicht unter dem Kranz des Kamins hängen und lauschte.

Da war nichts. Er hörte keinen einzigen Laut, und das war ebenso unnatürlich wie das tödliche Wispern in der Kaverne und dem Tunnel.

Vorsichtig schob Stafford den Kopf über den Rand hinaus und warf einen Blick auf die Umgebung. Und erstarrte.

Sein ganzer Körper verkrampfte sich. Er hielt die Luft an und lief rot an. Mühsam bewahrte er sich vor dem Absturz, klammerte sich an die Sprossen und schob sich dann langsam empor über den Mauerkranz. Er rollte sich über die Quader und brachte seine Füße hinaus auf den Boden. Mit einer fahrigen Bewegung machte er seinem Begleiter Zeichen, ebenfalls heraufzukommen. Er selbst sank außerhalb des Mauerwerks zu Boden und schüttelte stumm den Kopf. Irgendwo in seinem Kopf kreisten die Gedanken um ganz bestimmte Themen und Aussagen, die er in den nächtlichen Kamingesprächen mit Randolph Carter aufgeschnappt hatte.

Was er sah, war unglaublich und unvorstellbar, und doch konnte es sich nicht um eine Illusion handeln, sondern um die Wirklichkeit. Es war ebenso real wie das Mauerwerk, an dem er lehnte.

Hinter ihm schnaufte Barclay an die Oberfläche. Es war dasselbe Schnaufen, mit dem er die Meldung vom Verschwinden Carters überbracht hatte. War das wirklich erst am Vortag gewesen? Das Schnaufen verstummte abrupt, der Rucksack fiel über die Brüstung und schlug Stafford gegen den Oberschenkel.

»Was ...«, gurgelte Hickton. »Was in aller Welt ... wo sind ...«

»Ich weiß es nicht.« Jeremy Stafford seufzte. »Aber ich denke, wir werden es herausfinden. Sehen Sie die Menschen dort? Sie gehen über die Straße, überqueren den Platz und tun, als seien wir gar nicht vorhanden. Strecken Sie die Hand aus. Der Kerl, der auf uns zukommt, geht dicht an uns vorbei. Er schaut durch uns hindurch!«

Barclay ließ sich neben ihn plumpsen und hielt den Arm nach vorn. Ein Mann unbestimmbaren Alters in einem netzartigen Umhang kam auf sie zu, würdigte sie keines Blickes und eilte dicht an ihnen vorbei auf eines der Häuser zu, die sich hinter ihrem Rücken befanden.

Die beiden Männer fröstelten. Bei genauerem Hinsehen waren die Wesen nur menschenähnlich. Sie besaßen eine Schuppenhaut, die in den Regenbogenfarben schillerte, und am Hals leuchteten links und rechts eine dunkelrote Narbe.

Stafford legte die Hände an die Schläfen, als könne er dadurch mehr Klarheit in seinen Wahrnehmungen erlangen.

Sie befanden sich in einer Stadt, auf einem Platz in einer Stadt, und was sie für einen Kamin gehalten hatten, entpuppte sich als Schacht, durch den sie aus dem Innern der Erde emporgestiegen waren. Die Stadt war nicht Boston, sie gehörte überhaupt nicht an die Küste, die sie kannten, und vermutlich gab es nicht einmal ein Meer in der Nähe.

Langsam und traumwandlerisch erhob sich der Anwalt und beugte sich über den gemauerten Rand. Seine Augen verfolgten die Sprossen der metallenen Leiter, die hinabführte. Er sammelte Speichel hinter den Lippen und spuckte aus. Es gab ein klatschendes Geräusch, als der Speichel in gut vier Yards Tiefe auf die Wasseroberfläche des Brunnens traf. Kleine Wellen breiteten sich nach allen Seiten aus.

Sie waren aus einem Brunnen gestiegen und hatten nicht bemerkt, dass er Wasser enthielt. Oder er war leer gewesen und führte das Wasser erst jetzt, seit wenigen Sekunden.

Stafford spürte Blicke in seinem Rücken und wandte sich langsam um. Es war nicht Barclay, der ihn ansah. Drüben, auf der anderen Seite des Platzes, stand eine Gruppe von Kindern mit hellen Schuppengesichtern. Sie blickten böse zu ihnen herüber, als hätten sie etwas Schlimmes getan. Dann wandten sie sich um und verschwanden im Schatten neben einem Haus.

Der Anwalt half seinem Begleiter auf. Auch Barclay warf einen Blick in den Brunnen und presste die Lippen zusammen.

»Magie!«, sagte er kaum hörbar. »Wir sind Gefangene von außersinnlichen Wahrnehmungen!«

»Die wir aus unserer Welt nicht kennen«, fügte Stafford hinzu. »Sie sind stark, und wir sind ihnen ausgeliefert. Wir besitzen nichts, was wir diesen Kräften entgegensetzen könn...« Er brach ab und fügte dann hinzu: »Außer unserer Andersartigkeit. Hickton, haben Sie sich schon einmal mit den Theorien von Parallelwelten auseinandergesetzt? Gehört haben Sie sicher davon. Vielleicht ist dies eine dieser Welten, in die man als Mensch nur an ganz bestimmten Stellen gelangen kann. War Randolph Carter hier? Kennt er diese Stadt?«

Barclay kannte seinen Chef gut genug, um zu wissen, wann Stafford rhetorische Fragen stellte, auf die er keine Antwort erwartete. Dies war so ein Fall. Hätte er die Antwort gewusst, hätte Stafford zurecht vermutet, dass er mit dem Teufel im Bund steckte oder von jenen Mächten beeinflusst war, von denen Randolph Carter sich bedroht fühlte.

»Kommen Sie!« Stafford setzte sich in Bewegung und schritt über den Platz davon. Barclay nahm den Rucksack und schloss sich ihm hastig an. Nebeneinander steuerten sie auf eine der Gassen zu, die sich zwischen den Häusern abzeichneten.

***

Die engen und schmutzigen Gassen waren wie leergefegt. Die Stadt wirkte verlassen, doch die beiden einsamen Wanderer wurden den Gedanken nicht los, dass sie hinter den Fenstern und den Türen heimliche Blicke verfolgten.

Die Bewohner wussten über jeden ihrer Schritte Bescheid.

Nur ganz zu Beginn hatten sie sie nicht wahrgenommen. Die Anpassung, wie auch immer sie geartet war, hatte sich erst später vollzogen. Von dem Augenblick an, in dem das Wasser im Brunnenschacht existiert hatte, waren sie für die Bewohner Bestandteil ihrer Welt geworden.

Stafford fragte sich, was und wo sie dann vorher gewesen waren, drunten in der Kaverne. Wo lag jene Welt, aus der sie gekommen waren? Und wo waren sie hier?

Er warf den Kopf in den Nacken und schaute hinauf, wo zwischen den spitzen Metallstreben der Giebelabschlüsse die Wolkendecke ein wenig aufriss und eine weißliche und große Scheibe hindurchschien. Die Sonne?

»Sir!« Barclays Stimme riss aus seinen Gedanken. Der Dicke deutete nach vorn in eine Seitengasse hinein. Ein Schatten bewegte sich dort, eine Gestalt in einem kapuzenähnlichen Gewand. Es flatterte hin und her, und Stafford hatte den Eindruck, als winke sie ihnen zu. Er beschleunigte seine Schritte.

»Hallo!«, rief er. »Verstehen Sie mich? Wir sind Amerikaner!«

Der Schatten wallte heftig auf, das Bündel Stoff wogte hin und her. Die Gestalt darin ergriff die Flucht und hetzte in langen Sprüngen in das Halbdunkel hinein. Von einem Augenblick auf den anderen verschwand sie spurlos.

Die beiden Männer setzten ihren Weg fort. Sie erreichten einen großen Platz und entschieden sich für die Straße, die nach links führte. Sie folgten ihr, bis sie an einer hohen

Mauer endete. Enttäuscht kehrten sie um, bogen in eine Gasse ein und gelangten nach einer Viertelstunde erneut an eine Mauer. Die Häuser schlossen überall fest mit dem Mauerwerk ab, es gab keine Durchgänge und keine sichtbaren Öffnungen.

Das Umherirren ermüdete. Stundenlang wanderten sie durch die Straßen und engen Gassen, ohne einen Ausgang aus der Stadt zu finden. Ein paarmal stellten sie fest, dass sie offenbar im Kreis gegangen waren, und so kristallisierte sich für sie das Bild einer Stadt mit ovalem oder gar rundem Grundriss heraus, deren einziger Zugang oder Ausgang ein mit Wasser gefüllter Brunnen zu sein schien.

Jeremy Stafford wäre jedoch nicht Jeremy Stafford gewesen, wenn er sich mit dieser Erkenntnis zufriedengegeben hätte. Er gestand sich freimütig ein, dass er in dieser Beziehung ganz sicherlich Randolph Carter nacheiferte, der sich nicht anders verhalten hätte.

Sie erreichten einen Hof und betraten ihn durch ein schmiedeeisernes Tor. Sie hatten dieses Tor von der gegenüberliegenden Seite des Platzes schon einmal gesehen und konnten sich ungefähr ausrechnen, dass sie sich hier im Zentrum der fremden Stadt befanden. Alle Türen, die sie probiert hatten, waren verschlossen gewesen. Sie hatten kein einziges Geräusch gehört, und die Gestalt in ihrem Gewand war nicht mehr aufgetaucht.

Stafford sah zum wiederholten Mal auf seine Uhr, sie zeigte die dritte Nachmittagsstunde an. Somit befanden sie sich seit dem Vorabend fast ununterbrochen unterwegs, und es war kein Wunder, dass ihre Mägen rebellierten und wie eine Horde wilder Hunde knurrten. Seit kurz vor ihrem Aufbruch aus Boston hatten sie nichts mehr zu sich genommen mit Ausnahme von ein paar Schluck Wasser aus der Feldflasche.

Der Advokat steuerte auf ein schattiges Plätzchen an der Hauswand des vor ihnen liegenden Gebäudes zu und ließ sich auf den Pflastersteinen nieder.

»Was gibt es zum Lunch?«, fragte er.

Barclay plumpste neben ihn, öffnete den Rucksack und nahm heraus, was sie an frischen Waren eingepackt hatten: Brot und Wurst, ein wenig Obst und eine Kanne mit Tee. Sie begannen zu essen und zu trinken, und während sie ihre knurrenden Mägen besänftigten, verdunkelte sich der Himmel über der Stadt. Schwarze Wolken zogen auf, in weiter Entfernung peitschten erste Blitze über das Firmament. Der Donner rollte herüber in die Stadt. Wind kam auf, die Wolken begannen über den Himmel zu rasen und berührten dabei fast die Dächer der Häuser. Die beiden Männer beeilten sich, ihre Mahlzeit zu beenden und die Reste einzupacken. Als Barclay den Rucksack schloss, krachte es dicht über den Dächern, und eine grelle Entladung fuhr quer über den Ausschnitt des Himmels, der in ihrem Blickfeld lag. Geblendet schlossen sie die Augen und warteten. Sie zählten auf dreißig, doch der Donner kam nicht. Irgendwo in der Ferne grollte es dumpf.

Stafford nahm es mit einem Schulterzucken zur Kenntnis. Die physikalischen Gesetze, wie sie sie kannten, hatten hier sowieso keine Geltung.

Es begann zu regnen. Dunkle, große Tropfen stürzten herab, erst einzeln, dann in Gruppen. Keine zwei Minuten vergingen, bis der Platzregen einsetzte und sich rasch in einen fürchterlichen Wolkenbruch verstärkte.

Der Anwalt zog seinen Begleiter unter das Hausdach, wo sie einigermaßen gegen das Wasser geschützt waren. Er schaute sich um, und seine Augen entdeckten etwas, was so ungewöhnlich war, dass er sofort misstrauisch wurde. Die Tür, die sich keine acht Yards von ihnen entfernt befand, stand ein kleines Stück offen. Sie lud regelrecht zum Eintreten ein. Er machte Barclay darauf aufmerksam, fasste den Stockdegen fester und eilte auf Zehenspitzen auf die Öffnung zu. Jetzt krachte über ihren Köpfen der Donner und die Mauern des Gebäudes erzitterten. Ein Schwall Wasser peitschte ihnen entgegen, und eine Windböe warf sie gegen die Hauswand. Mit einem Sprung retteten sie sich in das Innere des Hauses, und Stafford schloss die Tür, weil Barclay es wieder einmal vergaß.

Angenehme Wärme schlug ihnen entgegen. Überall brannten Fackeln an den Wänden. Die gesamte untere Etage bestand aus einem einzigen Raum, der mit großmaschigen Netzen in etwa gleich große Bereiche unterteilt war. In der Mitte des Raumes stand auf einem schwarzen Gestell eine Metallschüssel, in der ein kleines Feuer glomm.

Aus den Augenwinkeln heraus nahm der Anwalt einen Schatten wahr, der sich im Hintergrund bewegte. Er wanderte an der Mauer entlang, zog durch die Nischen und Wölbungen an den Fenstern und verharrte drohend neben einer der schwarzen Säulen, die das Dach stützten.

»Hallo!«, rief Stafford laut. »Wir sind Fremde und bitten um Aufnahme!«

Der Schatten schnellte durch den Raum auf ihn zu, und er wich unwillkürlich unter den Türrahmen zurück.

»Fremde!«, donnerte eine Stimme von überall her. »Lachhaft. Es gibt hier keine Fremden. Ihr kommt aus der Vorstadt!«

Der Schatten näherte sich erneut, diesmal langsamer. Von der rechten Seite trat eine Gestalt aus der Dunkelheit heraus, und sie erkannten das weite Gewand mit der Kapuze. War es das Wesen, dem sie in einer der Gassen begegnet waren?

»Wir kennen die Vorstadt nicht. Wir kommen aus dem Haus über der Felswand. Wir sind Bewohner der Stadt Boston!«, fügte Barclay hinzu. »Und wie heißen Sie?«

Ein Kichern klang auf. Die Gestalt machte eine einladende Geste.

»Ich werde es euch erklären. Bitte folgt mir in den Wohnraum!«

Sie setzten sich in Bewegung und streiften einen Teil des Netzvorhanges zur Seite. Dicht hintereinander schritten sie auf den Unheimlichen zu, dessen Gesicht nach wie vor im Schatten lag.

Stafford blieb so plötzlich stehen, dass sein Begleiter gegen ihn prallte. Er riss den Stockdegen aus seiner Scheide und schlug einen Kreuzhieb in das Nichts. Etwas quietschte, es klang nach einer Ratte.

»Zurück, Hickton!«, schrie er. Der Dicke machte einen Satz nach hinten in Richtung der Tür. Stafford brach in die Knie, seine Hände tasteten nach den Windungen der Schlange, die ihn einschnürte. Der Stockdegen entglitt seiner Hand. Er stürzte zu Boden, rollte sich herum, bekam einen Arm frei und riss an dem Ding, das wie eine Klette an ihm klebte.

Barclay brachte sich mit einem zweiten Satz endgültig in Sicherheit, setzte den Rucksack ab und zog das Brotmesser hervor.

»Bleiben Sie, wo Sie sind, Hickton!«, schrie der Anwalt, diesmal dumpfer. Er keuchte. Mühsam gelang es ihm, mit der freien Hand seine Rocktasche zu erreichen und hineinzugreifen. Er spürte das kalte Metall, packte den Griff und riss den Silberdolch heraus. Er begann auf die Windungen einzustechen, die sich immer enger um seinen Körper legten und ihm die Luft aus den Lungen trieben. Vor seinen Augen verschwamm die Umgebung, und er nahm es kaum wahr, dass er den schmierigen Körper an mehreren Stellen durchtrennte und das Ungeheuer von ihm abfiel. Er packte den Dolch fester und ließ sich auf den Rücken sinken, um besser Luft zu bekommen.

Die Gestalt tauchte neben ihm auf, lautlos. Der Schatten fiel über sein Gesicht. Etwas traf sein Handgelenk, stechender Schmerz jagte durch seinen Arm. Der Dolch polterte zu Boden, und als er danach greifen wollte, war die Stelle leer. So schnell es ging, erhob er sich und sah sich um. Der Netzvorhang schlug nach ihm, und er zuckte heftig zurück. Er verlor das Gleichgewicht und stürzte zu Boden zurück. Ein Teil dessen, was er bisher für ein Fischernetz und einen Raumteiler gehalten hatte, löste sich aus seiner Halterung und fiel ihm entgegen. Irgendwo im Hintergrund erklang das schrille, scheppernde Lachen des Unheimlichen.

»Bei Yogh, dies ist wahrhaftig ein kleiner, schwacher Mensch. Wie kommt er hierher? Er sollte wissen, dass er verloren ist! He, Fremder! Wie lautet dein Name?«

Stafford hatte keine Zeit, sich von den Worten ablenken zu lassen. Er nahm sie nur am Rande wahr. Er warf sich mit aller ihm zur Verfügung stehenden Kraft zur Seite, entging dem peitschenden Schlag einer Schnur, die eine glühende Kerbe im Fußboden hinterließ, und rollte sich zur Seite. Dicht neben ihm klatschte das Netz zu Boden, und Jeremy sprang hastig auf. Er achtete nicht auf das zuckende Gitterwerk am Boden und richtete seine Aufmerksamkeit weiter nach oben.

Vermutlich rettete ihm dies das Leben.

Aus der Dachkonstruktion fiel ein schwerer Balken auf ihn herab, und noch während er fiel, tauchte oben im Halbdunkel ein neuer Balken auf und ersetzte den herabfallenden.

Er hätte den Anwalt getroffen und auf der Stelle getötet. Aber Stafford täuschte mit dem linken Arm einen Angriff an und sprang gleichzeitig mit einem gewaltigen Vier-Yard-Satz nach rechts. Der Balken drehte sich, streifte ihn nicht einmal und stürzte auf das sich soeben aufbäumende Netz. Das Netz begann den Balken anzusengen und wurde durch ihn gleichzeitig in seiner Bewegungsfähigkeit gehemmt.

Magie, die sich selbst außer Gefecht setzte! Das war der Gedanke, der ihm durch den Kopf ging, während er wie ein Karnickel zwei Haken schlug, den Stockdegen an sich riss und sich in Sicherheit brachte.

Wieder klang das Lachen auf. Etwas zischte, eine Wand schoss aus dem Boden empor und versperrte ihm den Fluchtweg. Stafford fuhr herum und sah, dass Barclay noch immer auf den Fliesen an der Tür stand.

»Rühren Sie sich um Gottes Willen nicht von der Stelle, Hickton!«, rief er ihm zu. »Und sollte ich das hier nicht überleben, dann schauen Sie, dass Sie in den Brunnen kommen. Es muss einen Weg zurück in das Haus geben, hören Sie?«

»Ja, Sir. Soll ich ein Feuer machen?«

»Keine schlechte Idee. Wir rücken dem Zeug mit seinen eigenen Waffen zu Leibe. Zünden Sie das Netz an, aber kommen Sie ihm nicht zu nahe!«

Er wich nach rechts aus und fixierte das Geflecht, das sich weiterhin über und neben ihm befand. Es zuckte hin und her, und am Boden begann der Balken zu dampfen und zu rauchen. Der betroffene Teil des Netzes verlor gleichzeitig mit der entstehenden Hitze seine Kraft. Es fiel in sich zusammen und zerbröckelte.

Irgendwo im Hintergrund zuckte ein Blitz auf oder ein Lichtstrahl. Rotes Feuer hing übergangslos im Innern des

Hauses, und Stafford erkannte die Gestalt, die erneut ihre Position gewechselt hatte.

»Was willst du mit deiner Lampe tun?«, meckerte sie. »Dummkopf!«

»Natürlich, Menschen sind dumm, zumindest die meisten. Hast du das nicht gewusst?«

Er gab Barclay einen Wink. Dieser entzündete einen Kienspan und ließ ihn hell auflodern. Dann schritt er langsam auf das Netz zu.

Die Gestalt stieß einen spitzen Schrei aus.

»Ich werde euch beide töten, wenn ihr dieses Haus vernichtet!«, donnerte sie. »Ihr versündigt euch gegen die Götter, die über diese Welt wachen!«

»Du hast bereits versucht, uns umzubringen«, stellte Stafford nüchtern fest. »Jetzt drehen wir den Spieß um. Oder willst du an unsere Menschlichkeit appellieren, an die vielgeschätzte?«

»Nein!«

Etwas geschah, womit Stafford nicht rechnete, weil er die Zusammenhängen nicht einschätzen konnte. Barclay trat gerade an das Netz und entzündete es mit Hilfe des Kienspans. Das Netz schlug nach ihm, aber er befand sich außerhalb der Reichweite.

Das Netz begann zu brennen, und gleichzeitig raste die Gestalt in ihrem wehenden Gewand los. Sie durchquerte den Raum und sprang über den glimmenden Balken hinweg. Keine vier Yards neben Stafford kam sie zur Ruhe.

»Ich biete euch alles, was ihr wollt, wenn ihr das Haus verschont!«, zischte die Stimme. Jetzt, wo sie sich bemühte, freundlich zu klingen, hörte sie sich ausgesprochen hässlich an. »Nennt mir eure Wünsche!«

»Gib mir den Dolch zurück!« Verlangend streckte der Anwalt die Hand aus.

»Nein, nicht den Dolch. Er ist ein Schatz. Er gehört dir nicht, er hat niemandem gehört. Er wurde vor langer Zeit gestohlen!«

»Ich nenne dir meine Bedingungen!«, entgegnete Stafford. »Den Dolch, einen Führer aus dieser Stadt und die Rückkehr in unsere eigene Welt. Ferner Gewissheit über das Schicksal Randolph Carters!«

Bei der Nennung des Namens zuckte die Gestalt wie unter einem starken elektrischen Schlag zusammen.

»Carter?«, ächzte sie. »Ist der Pesthauch wieder unterwegs? Sucht er uns wieder? Und ihr seid seiner Spur gefolgt?«

»Ja. Wir sind ihm gefolgt. Und jetzt wollen wir wissen, was aus ihm geworden ist. Ich warte!«

Er warf einen flüchtigen Blick hinüber zu dem glimmenden Netz. Es zuckte hin und her, als empfände es Schmerzen, und Stafford kam der Gedanke, dass es sich um eine unbekannte Lebensform handelte, nicht um ein gewöhnliches Netzwerk, dem ein Zauberer gefährliches Leben eingehaucht hatte. Sein Arm schoss zur Seite, die Hand deutete auf das Geflecht.

»Wie heißt es?«, fragte er. »Sage mir den Namen!«

»Es ist ein Teil von YIG, dem Vater der Schlangen. Hast du das nicht gewusst?«

»Ich bin kein Magier, ich kenne nicht die alten Bücher. Ich weiß nur das, was Carter ab und zu erzählt hat.«

Die Gestalt wogte hin und her, und noch immer gelang es Jeremy Stafford nicht, Einzelheiten zu erkennen. Dort, wo sich unter der Kapuze das Gesicht befand, gähnte eine dunkle Höhle, und ab und zu glommen in ihr zwei grüne Punkte auf.

»Dann hat er dir ziemlich viel erzählt, nicht wahr? Löscht das Feuer. Verschont Yig-Draseth und das Leben, das in ihm pulsiert!«

»Ich kann dieses Wesen nicht retten. Es sei denn, du gibst mir den Dolch und willigst in meine anderen Forderungen ein.«

Er gab Hickton einen Wink. Der Dicke trat erneut an das Netz und entzündete eine zweite Fläche. Die Gestalt zuckte dabei wie unter Krämpfen zusammen. Ein schrilles Singen drang aus ihrem Körper.

»Du machst einen Fehler«, kreischte sie. »Du wirst es bereuen!«

»Erfüllst du die Forderungen?«

»Ja, ja! Ich verspreche es dir bei Yogh, der Stadt, und YOG-SOTHOTH, dem Alles-In-Einem. Aber hüte dich, IHM zu nahe zu kommen, denn er ist der Wächter über Yogh, und er wird geheißen 'UMR AT-TAWIL, und er ist der Urälteste, und sein Name ist DER LÄNGER ALS DAS LEBEN WÄHRT!«

»Den Dolch. Gib ihn mir!«

Die Silberwaffe blitzte in einer der Ärmelöffnungen der Gestalt. Ganz langsam schwebte der Dolch durch die Luft auf Stafford zu. Er griff danach und ließ ihn augenblicklich in seiner Rocktasche verschwinden.

»Yig-Draseth wird sterben, wenn wir das Feuer nicht löschen, nicht wahr?«

»Ja, ja, so ist es«, versicherte die Gestalt. »Also lösche das Menschenfeuer. Es ist fremd, es schadet uns!« Stafford ahnte in etwa, welche Aussage die Gestalt soeben gemacht hatte. Wenn er sie richtig verstanden hatte, dann besaßen sie mit dem Menschenfeuer eine Waffe gegen die dunkle Magie dieser fremden Welt.

Und sie hatten es bisher nicht gewusst.

»Rette Yig-Draseth!«, flehte die Gestalt.

Der Anwalt holte den Dolch hervor und führte ihn gegen das Netz. Ohne es mit der Hand zu berühren, schnitt er die Stricke durch, trennte er die kohlenden und qualmenden Bereiche von den anderen. Sie fielen zu Boden, glommen weiter und würden nach einiger Zeit zu Asche zerfallen.

Ein schrilles Kreischen der Gestalt erschütterte Stafford bis ins Mark. Er brachte sich mit wenigen Sprüngen hinüber zu Barclay in Sicherheit.

»Der Dolch, der Dolch!«, kreischte die Stimme aus der Kapuze. »Ich hätte es selbst tun können.«

»Du hast es nur nicht gewusst. Was mir einen deutlichen Beweis für die Überlegenheit deiner Intelligenz liefert. Was sind wir Menschen von der Oberfläche doch nur für Dummköpfe!«

Mit einem fürchterlichen Kreischen sprang die Gestalt empor und verschwand in fünf Yards Höhe zwischen der Dachbalkenkonstruktion. Dort oben begann es zu dröhnen und zu ächzen, und nach einer Weile fragte die Stimme:

»Wieso weißt du, dass du dich nicht an der Oberfläche befindest?«

»Ich habe es geahnt, aber deine Worte beweisen mir, dass es wirklich so ist. Hickton, hören Sie mir genau zu. Der namenlose Kerl dort oben ist auf dem besten Weg, alle seine Trümpfe zu verspielen. Er ist ein Idiot. Wir werden uns einen anderen Führer suchen müssen. Zünden Sie Yig-Draseth wieder an!«

Es donnerte, eine Rauchwolke entstand unter dem Eingang. Die Gestalt hatte sich auf eindrucksvolle Weise herabbemüht. Sie verbeugte sich leicht.

»Mein Name lautet Meredith. Bitte verfügt über mich, meine Herren«, verkündete die bereits bekannte Stimme. »Welchen Wunsch habt ihr?«

»Du kennst unsere Wünsche genau. Und jetzt nimm deine Kapuze weg und zeige dich!«

Er rechnete nicht damit, dass das Wesen namens Meredith es tatsächlich tun würde.

Die Gestalt schlug die Kapuze zurück, und darunter befand sich – nichts!

***

Wie lange es dauerte, bis er den Schock überwunden hatte, Stafford vermochte es nicht zu sagen. Es konnten nur wenige Sekunden sein, aber in dieser Zeit schienen sein ganzes Leben und alle seine Erlebnisse vor seinem inneren Auge abzulaufen.

»Wir befinden uns nicht in der Welt, die wir kennen«, murmelte er düster. »Hickton, haben Sie das gesehen?«

Barclay war verschwunden, und er fand ihn draußen im Regen, wo er bleich auf dem Rucksack saß und an einem Zipfel seiner Jacke kaute. Er zitterte am ganzen Körper, und Meredith ließ ein Geräusch hören, das wie ein Jaulen klang.

»Ich werde nicht lang euer Führer sein. Ihr werdet mir unter den Augen wegsterben!«, beschwerte er sich. »Deshalb bezahlt mich nur jetzt gleich. So ist es doch bei euch Sitte, oder?«

Stafford fuhr herum, seine Augen blitzten.

»Du bekommst deinen Lohn, sobald wir in unsere Welt zurückgekehrt sind!«, donnerte er. Er trat zu seinem Begleiter und verpasste ihm eine schallende Backpfeife.

»Sir!« Barclay fuhr empor. Seine Wange rötete sich sichtlich. »Womit habe ich das verdient?«

»Sie sind wieder in Ordnung?«, fragte Stafford. »Dann können wir gehen! Meredith, einen Schirm bitte!«

»Der Regen hört bald auf, wir warten solange.« Die Gestalt hatte ihre Kapuze wieder aufgesetzt. »Ihr Menschen seid wirklich merkwürdige Wesen. Furchtsam und kühn zur gleichen Zeit. Wer soll aus euch schlau werden!«

Stafford packte das Gewand und spürte einen zähen Widerstand ähnlich der Schlange, die ihn fast erdrückt hatte. Er ließ hastig los und erntete erneut ein spöttisches Lachen.

»Wo sind wir hier?«, fragte er heiser.

»Ich wiederhole mich ungern, Menschenkind. Dies ist Yogh, die Stadt.«

»Welchem Zeitalter gehört sie an? Lässt sie sich magisch einordnen? Ich meine, kannst du sie in Bezug zu der Welt setzen, aus der ich komme?«

Nach eurer Zeitrechnung ist sie älter als hundert Millionen Jahre!«

Jeremy Stafford fuhr zurück. Er ahnte, nein, er wusste, dass Meredith die Wahrheit sagte. Es gab keinen Grund, warum er lügen sollte.

Hundert Millionen Jahre und mehr!

Vor sechzig Millionen Jahre waren die Saurier ausgestorben. In der Zeit davor hatte es von Reptilien nur so gewimmelt. Über den Himmel hatten Flugsaurier ihre Bahn gezogen, und im Meer hatten Amphibien ihr Unwesen getrieben, deren Größe und Fresssucht die aller heute bekannten Tiere um ein Vielfaches überstieg.

Yogh war eine Stadt aus jener Zeit.

Hier unten – und bei diesem Gedanken setzte er unten unweigerlich mit einem Raum unter der Meeresoberfläche gleich –, hier unten also gab es Überreste aus einer Zeit, die so unvorstellbar weit zurücklag, dass eigentlich keine Spuren mehr vorhanden sein durften.

Gemessen an den nüchternen Maßstäben des modernen Menschen.

Jetzt wusste Stafford, dass die Macht der Magie stärker war als alles andere. Ein Zitat fiel ihm ein, das Carter einmal gebraucht hatte. Er war an einem ihrer langen Kaminabende von der Toilette gekommen und hatte scherzhaft gesagt:

»Das ist nicht tot, was ewig liegt,
bis dass die Zeit den Tod besiegt.«

Stafford hatte es nicht verstanden, aber jetzt begriff er mit einem Mal. Und er wurde sich über die Tragweite dessen im Klaren, was Carter alles wusste. Im Vergleich damit konnte das, was er ihm an den unzähligen Bridge-Abenden und beim Tee erzählt hatte, nur ein winziges Bruchstück sein, eine Andeutung.

Der Regen hatte aufgehört, und sie setzten sich in Bewegung und folgten Meredith, der den Hof verließ. Sie wanderten die Straße entlang, bogen in Gassen ein und bekamen einen völlig neuen Eindruck von der Stadt. Sie lernten, auf Details zu achten und stellten fest, dass es verschiedene Plätze und Gassen gab, wo sich die Bauwerke völlig glichen und sich nur durch winzige Details wie Verzierungen oder Giebelformen unterschieden.

Sie eilten durch dunkle Gassen, erlebten Schleim absondernde Gebäude, die bei ihrer Annäherung zu seltsamer Lebendigkeit erwachten und sich erst bei ihrer Entfernung beruhigten. Meredith brauchte es nicht zu erklären, dass die Gebäude auf die Anwesenheit zweier Fremdkörper reagierten. In lange zurückliegender Zeit sollte es schon vorgekommen sein, dass die Gebäude Fremde totgeschlagen hatten, indem sie sich einfach auf sie warfen und sie ähnlich wie mit einer Fliegenklatsche erdrückten, um sich danach unversehrt wieder aufzurichten und sich in die Front der übrigen Gebäude einzureihen, als sei nichts geschehen.

Sie erreichten eine breite Straße, die von Türmen gesäumt wurde. Meredith war ihnen bisher vorausgeeilt, jetzt hielt er sich an ihrer Seite. Er war ein schweigender, unheimlicher Führer, ein wehendes Gewand mit irgendetwas darunter, das nichts mit einem Menschen zu tun haben konnte.

Jeremy Stafford blieb plötzlich stehen. Einer dieser schwarzen, schmierigen Türme öffnete sich. Mehrere Krötenwesen schoben sich aus dem Loch und brachten eine üble Wolke Gestank mit sich. Es roch nach Aas und nach Kot. Die schmutzigen, aufrecht gehenden Frösche bleckten ein Haifischgebiss und sahen sich aufmerksam nach allen Seiten um.

»Bleibt stehen!«, klang Merediths Stimme auf. »Sie können uns nicht sehen, aber sie riechen uns. Wenn sie sich erst einmal auf unsere Geruchsspuren gesetzt haben, werden wir sie nicht mehr los. Irgendwann haben sie uns auf ihrer Jagd durch die Zeit eingeholt.«

»Durch die Zeit? Was bedeutet das?« Hickton Barclay riss an dem Rucksack herum, als sei er ihm mit einem Mal zu schwer geworden. »Wie alt sind sie?«

»Es geht nicht um das Alter. Wartet hier!«

»Nein«, rief Stafford aus. »Du kannst nicht verlangen, dass wir uns in die Rolle passiver Beobachter drängen lassen.« Er deutete hinauf, wo der Turm fast den grauen Wolkenhimmel berührte. »Ist das der Weg in unsere Welt?«

Wieder lachte die Gestalt unter ihrer Kutte verhalten.

»Dies ist ein Gefängnis. Sie bringen den Gefangenen zur Hinrichtung!«

Jetzt entdeckte Stafford die schmächtige Gestalt zwischen all den klobigen Wesen. Einen Augenblick lang sah er das graue und von Bartstoppeln bedeckte Gesicht.

»Carter!«, schrie er. »Randolph Carter!«

Er rannte los, auf die Kröten zu, die sich nicht um ihn kümmerten. Er zog den Stockdegen aus der Scheide und schwang ihn wie eine Axt. Er rempelte die erste der Kröten an, das heißt, er wollte es tun. Sein eigener Schwung riss ihn weiter, durch die Gestalt hindurch. Verdutzt blieb er stehen und fuchtelte um sich.

Die Kröten besaßen keine materielle Festigkeit. Sie waren Luft, durch die er schritt. Und auch Randolph Carter bestand nicht aus Fleisch und Blut. Fassungslos blieb er stehen und starrte der Prozession nach, die sich die Straße hinab entfernte.

»Sie sind nicht aus unserer Zeit. Das, was ihr seht, sind Bilder. Bilder aus der Vergangenheit. Es ist bereits geschehen!«

»Sie haben Carter hingerichtet?«

»Nein. Es ist keine Hinrichtung, wie ihr sie versteht. Sie führen ihn zu 'UMR AT-TAWIL. Er wird über ihn bestimmen. Es ist lange her!«

»Was wird aus ihm? Warum hat man ihn aus seiner Welt entführt?«

»Er ist eine Gefahr, sagen sie.« Meredith gluckste vor Belustigung. »Deshalb haben sie ihn geholt. Er weiß zu viel. Sie werden ihn nach dem Schlüssel suchen lassen. Carter ist jetzt das Bindeglied zwischen den beiden Welten über die Zeiten hinweg.«

Er klatschte in die Hände. »YOG-SOTHOTH wird sich seiner bedienen.«

Langsam reimte Jeremy Stafford sich ein paar Dinge zusammen. Er verstand nun, warum Randolph Carter von den bösen Mächten immer als von einer Gefahr für die Menschheit gesprochen hatte. Vor seinem geistigen Auge entstand ein Bild, das ihm eine Welt in der Tiefe der Felsmassive und unter den Ozeanen zeigte, in der sich jene Wesen und Zeiten erhalten hatten, wie sie vor hundert Millionen Jahren oder noch länger existiert hatten, zu einer Zeit also, in der es den Menschen noch gar nicht gegeben hatte.

Die Gefahr, sie konnte nur darin bestehen, dass diese Mächte der Finsternis hinauf an die Oberfläche drängten, dass sie Wege und Mittel gefunden hatten.

Und Randolph Carter sollte ihnen als Werkzeug dienen.

Über Möglichkeiten, eine solche für die Menschheit vermutlich tödliche Entwicklung aufzuhalten, hatte der Mystiker aus Boston nie gesprochen.

»Führe uns dorthin, wohin sie Carter bringen«, verlangte Stafford.

»Nein, nein, nein!«, protestierte Meredith. »Das könnt ihr nicht von mir verlangen. Es ist mir nicht erlaubt ... also gut. Ich bin in eurer Hand. Ihr kennt den Lebensraum von Yig-Draseth, und ich bin für diesen Teil von YIG verantwortlich. Ich tue, was ihr begehrt, solange ihr das kleine, harmlose Wesen verschont!«

»Ich sehe, wir verstehen uns«, nickte Stafford.

***

Sie waren da, er spürte sie. Seine Augen nahmen sie nicht wahr, aber seine Nase registrierte den süßlichen Geruch, den sie verströmten. Er kannte ihre Namen nicht, doch er wusste, dass es sie gab. Unsichtbar hinter einer Mauer aus Illusion verborgen, beobachteten sie das Schauspiel.

Randolph Carter stieß einen heiseren Schrei aus, als er die Becken mit den glühenden Kohlen sah. Ihre Farbe war gelb-weiß, und die Hitze drang bis zu ihm herüber. Die Ra 'Sssythech blieben auf der Stelle stehen, und ihre Lanzen senkten sich herab und bildeten einen undurchdringlichen Vorhang vor ihm.

Sie flüsterten miteinander. Sie wandten ihm dabei den Rücken zu, und Carter strengte seine Ohren an.

Er verstand die Sprache nicht, in der sie sich unterhielten, und doch wusste er genau, worum es ging. Längst hatte er sich im Lauf seines Lebens damit abgefunden, dass in diesem Reich jenseits der Wirklichkeit andere Gesetze galten als die, die die Menschheit kannte. Wo hier oben war, mochte drüben unten sein. Eine fremde Sprache nicht zu beherrschen, bedeutete nicht gleichzeitig, den anderen nicht zu verstehen.

Die Kröten mit ihrer warzigen und eiternden Haut beredeten eine Wahrnehmung, die sie draußen gehabt hatten. Sie hatten etwas Fremdes gespürt, das sich in ihrer Nähe befand. Sie hatten es nicht sehen können, aber sie hatten einen winzigen Hauch seines Geruchs empfangen. Deshalb waren sie jetzt doppelt wachsam.

Ein lauter Ruf aus einem toten Winkel ließ das Leben in sie zurückkehren. Sie versetzten ihrem Gefangenen einen Stoß und trieben ihn vorwärts. Carter, der nicht gefesselt war, schrie wieder und bewegte den Kopf nach links und rechts. Er wollte es ihnen nicht zu leicht machen und suchte nach einem Gelegenheit zur Flucht. Gleichzeitig spielte er ihnen den vor Todesangst Schlotternden vor, der in ekstatisches Kreischen ausbrach.

Die Taktik der Finte hatte er in seinen Auseinandersetzungen mit den Arabern der nordafrikanischen Wüste gelernt. Sie diente zunächst einmal dem Zweck, den Gegner zu verwirren, nicht etwa, ihm sofort zu entkommen. Jene, die diesem Irrtum aufsaßen, bezahlten ihren Versuch meist mit dem Leben.

Randolph Carter, der harmlose Bridge-Spieler aus Boston, legte den Mantel der Harmlosigkeit ab, verwandelte sich in einen eiskalten Poker-Spieler und streute seine gezinkten Karten aus.

Er warf sich nach rechts und sprang dann in wilden Sätzen auf die Kohlebecken zu. Er nahm zwei Stufen auf einmal und rannte in das Zentrum unter der Kuppel hinab. Dabei wedelte er mit den Armen, um die Aufmerksamkeit der Kröten und der Unsichtbaren auf sich zu ziehen.

Sie machten ihm einen Strich durch die Rechnung. Er erkannte es in dem Augenblick, in dem er wie in einer zähen Masse stecken blieb. Seine Bewegungen nützten nichts mehr, und er musste reglos mit ansehen, wie die Kröten herantapsten, nach ihm griffen, ihn aus der Falle herauszerrten und auf einem anderen Weg bis hinüber zu den Kohlebecken brachten. Sie gaben Knurrlaute von sich, die ihn warnten.

Die Luft roch immer süßlicher, und er begann flach zu atmen, um nicht die Besinnung zu verlieren. Sie wollten sein Bewusstsein ausschalten, das war ihm klar. Sie taten es nicht, weil sie humane Verhaltensweisen pflegten. Hätten sie ihn jetzt töten wollen, dann hätten sie ihn nur auf eines der Becken werfen müssen. Er wäre innerhalb weniger Sekunden verbrannt.

In dem Augenblick, in dem der Mystiker in seiner undurchsichtigen Lage dies erkannte, wurde ihm bewusst, dass er aus unbegreiflichen Gründen und auf eine ihm nicht verständliche Art gewonnen hatte. Wenn sie ihn am Leben ließen, dann beabsichtigten sie, ihn als Sklaven zu verwenden ähnlich wie die Angehörigen der Großen Rasse von Yith.

Die Lanzen trieben ihn zwischen die Becken, und die Glut umfing ihn von allen Seiten. Er begann sich zu drehen, um sich durch die Bewegung ein wenig Kühlung in der Hitze zu verschaffen. Es war nicht nötig, denn die Hitze passte sich der Belastungsmöglichkeit seines Körpers an. Wohlige Wärme umschmeichelte ihn, die magischen Feuer begannen ihn zu durchdringen. Sie trieben Wasser und überflüssiges Fett aus seinem Leib, und er blickte an sich herab und entdeckte, wie sein Körper innerhalb kürzester Zeit ausmergelte und seine Kraft verlor.

In den Becken loderten Stichflammen empor bis unter die Kuppel und verbrannten die Energie, die sie ihm ausgesaugt hatten.

Oder deponierten sie dort oben.

Wie stand es in den Pnakotischen Manuskripten?

Menschliche Substanz zählte zum Wertvollsten, was es in der Welt der GROSSEN ALTEN gab. Sie gierten danach und betrachteten die Sklaven von Yith als minderwertig, seit sie von der Existenz der Menschheit Kenntnis erlangt hatten.

Weil Wissbegierige in die Tiefen hinab vorgestoßen waren, Höhlenforscher und Neugierige, die den Rissen in der Erde folgten und nie mehr zurückkehrten.

Menschen wie Harley Warren und – er, Randolph Carter.

Unsichtbare Hände stießen die Kohlebecken um. Er erhielt einen harten Stoß in den Rücken und taumelte auf die Wand zu, der er das Gesicht zuwandte. Er stoppte, aber ein erneuter Stoß trieb ihn weiter, bis er gegen das Mauerwerk fiel und durch es hindurch.

Dunkelheit empfing ihn, aber auch Kühle. Er bewegte sich vorsichtig und stellte fest, dass ihn alle seine Glieder schmerzten.

War das alles? fragte er sich. Mehr nicht? Welche Aufgabe habe ich erhalten? Oder sollte ich nur an den Rand des Grabes befördert werden?

Als Warnung?

Dies erschien ihm zu billig.

Er tastete durch die Dunkelheit und entdeckte eine Tür mit einem Griff daran. Verwundert drückte er die Klinke nach unten und schob die Tür auf.

Er befand sich in der Eingangshalle eines Hauses, und auf dem kleinen Schild im Türrahmen entdeckte er seinen Namen.

Randolph Carter trat ein und durchsuchte das Haus. Draußen war es hell, und aus dem Zimmer des oberen Stockwerks blickte er auf einen blühenden Garten hinaus.

Die Uhr an seinem Handgelenk war kaputt, verbogen und verschmort. Er nahm sie ab und warf sie in den nackten Kamin hinein.

Das Haus – er stockte, eilte hinab und hinaus. Er umrundete es einmal in der draußen herrschenden Dunkelheit. Seine Gedanken jagten sich, und er kam zu dem einzigen möglichen Schluss. Ein Haus mit solcher Architektur und solchen Türmchen und dieser Kuppel in der Dachmitte gab es nur ein einziges Mal auf der ganzen Welt.

Es war das Haus über der Felswand, auf der gegenüberliegenden Seite der Bucht.

Hierher also hatten sie ihn geschickt, und er besaß einen Auftrag.

Carter sank in der Halle zu Boden, während mit einem lauten Krachen die Tür zuschlug und genüsslich schmatzte.

Sie wussten es. Sie hatten seine Absichten erkannt und nutzten sie für sich aus.

Randolph Carters ganzer ausgeklügelter Plan nutzte nicht mehr viel, wenn er sich das Heft aus der Hand nehmen ließ.

Er grinste in den Spiegel und änderte seinen Plan ab.

Bisher hatte er immer eine oder zwei Personen einbezogen. Jetzt kam eine dritte hinzu.

Er selbst.

***

Meredith schrie plötzlich. Er warf sich gegen sie, und sie stürzten zu Boden. Irgendwo über ihnen klatschte und schmatzte es, und Stafford sah seine schlimmsten Befürchtungen Wahrheit werden. Ein spitzer Stein des Untergrund drückte in seine Nierengegend und rieb auf seiner Haut. Er wollte sich herumdrehen und sich in eine bessere Lage bringen, in der er nicht aufgespießt werden konnte. Doch Meredith lag tonnenschwer auf ihm und Barclay und presste die beiden auf den Untergrund.

Ein bestialischer Gestank wehte ihnen entgegen und drang in ihre Nasen ein. Sie begannen zu husten, und ihre Augen tränten.

»Ich ersticke«, murmelte der dicke Angestellte. Ein Japser folgte, weil Meredith sich noch stärker auf ihn presste.

»Kein Wort!«, zischte das unheimliche Wesen.

Stafford versuchte, wenigstens ein klein wenig von dem mitzubekommen, was sich abspielte. Es gelang ihm nicht. Merediths Gewand deckte ihn von oben bis unten zu, und er schob den Arm nach unten zur Rocktasche, wo der silberne Dolch steckte. Den Stockdegen hatte er fallen gelassen, er lag schräg unter seinem rechten Bein.

Ein Peitschenschlag erklang. Jemand schrie unterdrückt auf, eine Stimme gurgelte und dröhnte. Ein zweiter Schlag peitschte durch die Luft und entlockte dem Geschlagenen ein schrilles Kreischen, das übergangslos abbrach. Gleichzeitig wich der Druck auf Stafford, es wurde hell um ihn. Merediths Gewand flatterte auf und ab, und der Anwalt erhob sich mühsam und rang nach Luft. Der Gestank lag noch immer über der Gasse, und jetzt sah Stafford auch, wer oder was ihn verursachte.

Keine fünf Yards von ihnen entfernt lag ein Ungeheuer am Boden. Eine dunkle, schwarze Lache bildete sich darum. Das Wesen zuckte mit dem Körper, doch diese Zuckungen wurden immer schwächer, und schließlich lag es still. Der Gestank nahm an Intensität um ein Vielfaches zu, und die beiden Männer zogen ihre Taschentücher hervor und hielten sich die Nasen zu. Barclay stürzte mit einem Aufschrei zum Rucksack, der von der Eiter absondernden Lache eingeschlossen zu werden drohte. Er riss ihn empor, vergewisserte sich, dass er noch trocken war, und warf ihn hastig über die Schulter.

Stafford betrachtete das verendete Ungetüm. Es besaß den Kopf eines Tigers, aber nicht mit einem Pelz bedeckt, sondern mit einer glatten glänzenden Haut, die an Fischhaut erinnerte und unter der sich die Muskeln und Sehnenstränge abzeichneten. Der Körper war kurz und gedrungen, die Beine zurückgebildet und flach, die Füße mit langen Krallen bewehrt. Die muskulösen Arme gingen in weite, trapezförmige Flughäute über, die sich weit ausspannen ließen. Den Abschluss des Körpers bildete ein langer, stachelbewehrter Schwanz.

Am fürchterlichsten jedoch erschienen dem Menschen die langen, keilförmigen Reißzähne, die der Kadaver ihnen entgegenstreckte.

»Weg von hier!«, zischte Meredith. »Niemand hat etwas gesehen. Niemand wird Auskunft geben können. Ich habe dafür gesorgt.«

Er sauste davon, und sie hasteten hinterher, verloren ihn aus den Augen, weil er abbog, rannten um die Ecke und sahen ihn bereits vierzig Yards entfernt an einer schmalen Treppe winken. Dann war er verschwunden.

Stafford schob seinen Begleiter weiter. Barclay keuchte und schwitzte, und der Anwalt nahm ihm den Rucksack ab und drückte ihm den Stockdegen in die Hand.

»Schneller!«, mahnte er. »Wir wissen nicht, wie hier die Zeit vergeht. Aber wenn Meredith zur Eile mahnt ...«

»Sir, wir wissen nicht, wer er ist. Er kann uns in eine Falle locken!«

»Wir werden wachsam sein!«

Sie hatten die Treppe erreicht und stiegen hinab. Ihre Stufen bestanden aus einem weichen, holzähnlichen Material. Als sie den Fuß der Treppe erreichten und die letzte Stufen verließen, wölbte sich über ihnen ein hoher Dom, in dessen Kuppel Talg- oder Wachslichter brannten. Im Schatten neben einer vorspringenden Mauer stand Meredith und erwartete sie.

»Es war ein Byakhee, einer aus der Dienerrasse von Hastur, dem Unaussprechlichen. Und das ist schlimm. Sie sind schon weiter vorgedrungen, als ich ahnen konnte. Versteht ihr das? Nein, ihr könnt es nicht verstehen. Ihr wolltet wissen, was aus Carter wird. Er befindet sich hier!«

Sie schlichen geduckt in einen Gang hinein, durchquerten zwei Hallen und betraten ein weites Rund in der Mitte unter der Kuppel. »Ich weiß, dass er hier ist oder hier war«, flüsterte Stafford. »Dort, in der Mitte des Raumes etwa hat er gestanden und uns zugewinkt!«

Irgendwo in diesem Raum klangen Schreie auf. Sie sahen niemanden und konnten den Ort nicht genau ausmachen, aber Stafford wusste sofort, dass es menschliche Schreie waren. Und er kannte den Tonfall der Stimme.

»Carter! Es ist Carter!«, flüsterte er. »Meredith, du hast uns draußen geholfen. Hilf uns auch jetzt. Ich will Carter befreien!«

Das Gewand mit der leeren Kapuze fuhr herum. Etwas wie eine lange, dunkelblaue Zunge schnellte ihm entgegen und klatschte in sein Gesicht.

»Wir können ihm nicht helfen. Außerdem tun sie ihm nichts. Sie verändern ihn nur. Carter befindet sich nicht in Gefahr!«

Meredith legte eine besondere Betonung auf das Wort verändern, die allein schon ausreichte, den beiden Männern einen eiskalten Schauer über den Körper zu jagen. Barclay, der zunächst geschwitzt hatte, fror jetzt erbärmlich. Meredith sah es und führte sie in einen Nebenraum, in dem ein offenes Feuer brannte. Hier konnten sie sich wärmen und die Feuchtigkeit aus ihren Kleidern vertreiben. Noch immer drangen die Schreie an ihre Ohren, und irgendwann gingen sie in ein Jaulen über, das ziemlich schnell verstummte.

Stafford baute sich vor ihrem unheimlichen Führer auf und packte das Gewand, das den fremdartigen Körper verdeckte. Er versuchte, Meredith zu schütteln.

»Warum hast du uns hierher geführt?«, fragte er leise. »Was soll das? Es ist wegen Carter, nicht wahr? Du wolltest hören, wie es ihm ergeht!«

»Ich erlebe seine Schreie bereits zum zweiten Mal«, lautete die Antwort. »Außerdem ist das völlig unbedeutend. Die Stadt weiß, dass ich hier bin. Und die Schreie dringen aus einer anderen Zeit zu uns. Ebenso wie der Gestank. Ihr vergesst, dass ihr euch in einem Land befindet, in der eure Gesetze keine Geltung haben. Verdammt!«

Stafford interpretierte die Bewegung der Kapuze richtig und fuhr herum. Unter dem Eingang stand eines der Krötenwesen. Die Augen des Ungetüms wanderten suchend umher, aber die Blicke gingen über die drei Anwesenden hinweg. Die Kröte überragte die Menschen um mehr als drei Köpfe. Sie streckte ihre Arme mit den Greifklauen aus, und es gab ein schrilles Geräusch, als die Krallen gegen das Mauerwerk schlugen und deutliche Spuren darin hinterließen. Die Kröte wiederholte die Bewegung an mehreren Stellen, dann wandte sie sich um und tappte unbeholfen hinaus. Sie hörten das Schlurfen der sich entfernenden Schritte.

Meredith hob einen der Arme seines Gewands.

»Er lauert draußen. Er hat euren Geruch jetzt endgültig aufgenommen. Es ist der Kerl, durch den du hindurchgerannt bist, Stafford. Das war ein Fehler. Die Kröten werden sich jetzt auf unsere Spur setzen!«

»Und was sollen wir dagegen tun? Wenn sie uns näher kommen und uns schließlich erreichen? Wie geht das vor sich?«

»Ich wünsche euch vieles, aber nicht, dass ihr das am eigenen Körper erleben müsstet. Ihr würdet es nicht verkraften. Sie würden euch bei lebendigem Leib zerreißen, denn ihr seid für diese Wesen wertloses Material, nicht einmal als Nahrung dienlich.«

Er huschte zum Eingang und spähte hinaus. Er bewegte sich ziemlich menschlich, obwohl Stafford absolut überzeugt war, dass unter dem hellen Gewand kein Menschenkörper steckte, gar nicht stecken konnte.

Wer war Meredith?

Als könne er seine Gedanken lesen, wandte sich die leere Kapuze zu ihm um, und Stafford wurde das Gefühl nicht los, dass unsichtbare Augen ihn musterten. Er griff zu einem alten Allheilmittel, um einen lästigen Spuk oder eine Sinnestäuschung loszuwerden. Er kniff sich in ein Ohrläppchen und schrie beinahe vor Schmerz. Blut benetzte seine Fingerkuppe. Noch immer starrte die Kapuze ihn an, dann tat sie etwas, was Jeremy Stafford die Sprache verschlug.

Die Kapuze bewegte sich heftig hin und her, so als schüttle der Unsichtbare seinen Kopf.

»Die Luft ist rein«, hauchte Meredith. »Wir müssen uns einen Weg ins Freie suchen!«

Wieder ging er ihnen als Führer voran, diesmal langsamer und bedachter. Er hielt immer wieder an, und sie lauschten auf Geräusche. Einmal sahen sie weit im Hintergrund eine kleine Gruppe dieser Krötenwesen den Korridor kreuzen. Sie reagierten nicht auf ihre Anwesenheit, und Meredith nahm es zum Anlass, seine Begleiter eine Treppe hinaufzuführen auf eine Galerie, an deren Rand Wasserspiele ihren Tanz aufführten. Das Wasser stank, und es besaß im Licht der Fackeln an den Wänden eine schwarze Farbe. Es sprudelte auch nicht wie gewöhnliches Wasser, es quoll aus den Öffnungen und blubberte stoßweise in die Höhe, als handle es sich um Petroleum.

Vermutlich war es Petroleum, und sie konnten den Geruch des Rohöls nur nicht feststellen, weil der vorherrschende Gestank alles andere überdeckte.

»Dort hinein!« Meredith deutete auf eine Öffnung, hinter der Dunkelheit herrschte. Stafford zog automatisch die Lampe aus der Tasche und schaltete sie ein. Das Wesen in seinem weiten Gewand fuhr augenblicklich herum, einer der beiden Arme schoss vor, und ein Schlag wie mit einem Gummiknüppel traf den Unterarm des Anwalts. Die Lampe flog ihm aus der Hand, und Barclay fing sie durch Zufall auf und schaltete sie ab. Stumm reichte er sie seinem Chef zurück.

»Licht scheint hier unerwünscht«, meinte er. »Eine Erklärung werden wir wohl kaum erhalten!«

»Idiot!«, zischte Meredith. »Wieso vertraut ihr mir nicht? Ohne mich wärt ihr längst nicht mehr am Leben. Mit dem Licht lockt ihr das Ungeziefer an!«

Ihre Augen gewöhnten sich langsam an die fast vollständige Lichtlosigkeit. Sie standen am oberen Ende einer Wendeltreppe und tasteten sich langsam abwärts, immer eine Hand an der Wand, den anderen Arm in die Mitte ausgestreckt. Sie ahnten nur, wo sich ihr Führer befand, und Meredith tat ihnen nicht den Gefallen, ein Geräusch zu erzeugen. Als sie endlich eine helle Öffnung unter sich sahen, wartete das Wesen bereits auf sie.

»Los jetzt!«, zischte es. »Sie sind auf unserer Spur!«

Wieder hetzte er los und sie hinterher. Stafford warf Barclay einen prüfenden Blick zu. Der Dicke klammerte sich an den Stockdegen, während der Anwalt noch immer den Rucksack trug. Es ging einen sich nach unten senkenden Gang entlang, durch zwei Türen hindurch und auf eine steinerne Brücke, die zwei Gebäudeteile miteinander verband. Von der Kuppel war nichts mehr zu sehen, sie wussten nicht einmal, in welcher Richtung sie sie suchen mussten.

Meredith öffnete eine hölzerne Tür zu ihrer Rechten. Kalte Luft schlug ihnen entgegen. Draußen führte eine Straße vorüber, die Stafford bekannt vorkam. Er erkannte ein Haus mit einer schräg vorspringenden Zinne. Hier waren sie auf dem Weg zur Stadtmauer vorübergekommen.

Draußen war es nicht mehr so hell, der Abend kündigte sich an. »Nach links!«, hörte er den Unheimlichen sagen. »Wir brauchen Zeit, um die Mauer zu erreichen!«

Irgendwo tönte schrill und blechern ein Gong. Er bewirkte, dass Meredith kurz erstarrte und dann erneut davonraste.

»Beeilung!«, schrie er. »Beeilung. Die Anpassung hat sich beschleunigt. Es kann nur bedeuten …«

Er brach ab und hüpfte in einem irrwitzigen Tempo über die Mitte der Straße davon. Dort, wo er hinrannte, tauchte zwei Gruppen von Kröten auf. Sie vollführten eine Zangenbewegung, aber ihr Vorgehen wirkte unkontrolliert. Es sah aus, als wollten sie alle gemeinsam und gleichzeitig nach einer Mücke in der Luft greifen.

Stafford blieb stehen und hielt Barclay am Ärmel fest.

»Sehen Sie, Hickton!«, hauchte er. »Es hat den Anschein, als würden sie uns ein oder zwei Yards über sich vermuten. Sie greifen nach oben, um uns oder diesen Meredith zu fassen. Merken sie nicht, dass wir gar nicht bei ihm sind?«

Irgendwo hinter ihnen knirschte Metall. Sie fuhren herum und blickten auf die Spitzen von Lanzen, die aus der Dunkelheit herausfuhren. Dahinter glitzerten die feuchten Pupillen der Froschartigen.

Die beiden Männer machten, dass sie zur Seite kamen. Die Lanzen stießen schräg nach oben in die Luft hinein, klirrten zusammen und stürzten dann wie Fallbeile dem Boden entgegen. Es krachte und dröhnte, Funken sprühten. Die Kröten bewegten sich wie in Zeitlupe und drehten die Köpfe hin und her. Sie hoben die Lanzen ein wenig an und tappten ziellos auf die Straße hinaus.

Eilig entfernten sie sich aus der Reichweite der Waffen. Sie wussten, dass ihr Geruch sie verriet und dazu führte, dass diese Wesen ihre Spur nicht verloren. Jetzt war auch klar, welche Absicht Meredith hatte. Er wollte sie in Sicherheit bringen, weg von den Kröten.

Hinaus aus der Stadt?

Es gibt einen Weg, dachte er. Natürlich ist es nicht möglich, dass diese Stadt isoliert lebt. Selbst wenn die Einwohner keine Nahrung brauchen und sich allein von den

Kräften einer fremdartigen Magie ernähren! Irgendwo muss Wasser fließen, irgendwo muss die Luft herkommen, die sie atmen.

»Vorsicht!«, gurgelte Barclay.

Links von ihnen hatte sich ein Riss in einer Hauswand gebildet. Mehrere Kröten drängten ins Freie und sprangen auf sie zu. Sie starrten noch immer über sie hinweg, aber sie ahnten mit ihren Sinnen offenbar, wo sich die Fremden befanden. Eines der Wesen machte einen weiten Satz und stürzte schräg auf Stafford zu. Er erhielt einen Schlag gegen den Brustkorb, der ihn nach hinten warf. Er spürte einen stechenden Schmerz in seinem linken Knöchel und prallte mit dem Rücken gegen den Boden. Eine zähe Masse quoll über ihn hinweg, drückte ihn zur Seite und kam zur Ruhe.

Barclay stieß einen Warnruf aus. Etwas blinkte im Licht einer aufflammenden Fackel. Die metallene Spitze eines Speeres fuhr an der zähen Masse entlang und bohrte sich höchstens eine Handbreit neben Staffords Kopf in den Untergrund. Dreck spritzte in sein Gesicht und an seinen Hals.

Im nächsten Augenblick floss die zähe Masse von ihm weg, richtete sich die Kröte auf und starrte auf ihren Artgenossen.

Barclay zerrte an Stafford und dem Rucksack, während zwei Speere sich kreuzten und gemeinsam zu Boden prallten. Die Kröten behielten die Enden in ihren plumpen Händen. Sie benutzten die Lanzen jetzt als Tastwerkzeuge.

Barclay zog und zerrte noch immer und brachte Jeremy Stafford aus der Reichweite der Ungetüme. Er angelte den Rucksack herbei und schob den Anwalt in der Richtung, in der Meredith mit ähnlichen Schwierigkeiten zu kämpfen hatte. Die Gestalt in ihrem Kapuzengewand ließ von den Kröten ab und sauste mit einer übermenschlichen Geschwindigkeit herbei.

»Verstehst du es jetzt, Stafford?«, näselte sie. »Je näher sie uns kommen, je schneller die Anpassung voranschreitet, desto fester werden ihre Körper. Es geht schneller als erwartet. Irgendeine Änderung bewirkt das. Der Ablauf hat sich beschleunigt, oder wir selbst werden immer langsamer. Ihr müsst hinaus aus der Stadt!«

Er eilte ihnen wieder voran, hielt direkt auf die Kröten zu, die sie nun von vorn und hinten bedrängten. Sie richteten ihre Aufmerksamkeit auf ihn und versuchten, seiner habhaft zu werden. Er lockte sie in eine bestimmte Richtung, und Jeremy Stafford und Hickton Barclay nutzten die sich bietende Chance und rannten dicht an der Häuserfront entlang nach vorn, bis sie die Kröten hinter sich gelassen hatten. Meredith folgte ihnen, seine Bewegungen hatten sich verändert, wirkten beschwingt und auf eine bestimmte Weise auch erleichtert.

»Sie werden uns nicht bekommen!«, zischte er und schlug Stafford mit einem seiner Gliedmaßen auf den Oberarm. Es klatschte wie bei einer Peitsche, und der Anwalt verspürte übergangslos ein Brennen.

»Wer bist du, Meredith?«, keuchte er. »Du bist kein Mensch. Was verbindet dich mit uns? Wieso vertraue ich dir eigentlich?«

Das Lachen, das als Antwort aus der leeren Kapuze drang, klang diesmal absolut menschlich.

»Woher soll ich das wissen?«, erklang die Gegenfrage. »Habt ihr noch immer nicht verstanden, dass die körperliche Form und das, was ihr gegenständlich seht, in dieser Welt absolut keine Bedeutung haben? Du befindest dich in

Yogh, Stafford. Nicht in Boston. Ihr beiden habt nur dann eine Chance, wenn ihr die menschlichen Maßstäbe völlig außer Acht lasst.«

Sie rannten durch das Halbdunkel, bogen mehrmals scharf ab, durchquerten völlig finstere Seitengassen, in denen nur das helle Gewand des Unheimlichen leuchtete. »Weiter!«, keuchte der Anwalt. »Erzähle uns mehr!«

»In dieser Zeit, die hinter euch aus dem Brunnen gestiegen ist, gibt es keine Menschen. Die Bewohner von Yogh würden dich und deinen Begleiter vermutlich nicht einmal als Intelligenzwesen erkennen, allerhöchstens als Nahrung!«

»Aber sie sehen wie Menschen aus. Sie sind uns sehr ähnlich! Sie haben etwas von Fischen an sich, und die Narben an ihrem Hals sind vermutlich Kiemen!«

Meredith hielt an. Aus der Kapuze schossen zwei Blitze, die blendeten.

»Du denkst jetzt richtig, Stafford«, sagte das Wesen. »Die Bewohner von Yogh sind eine Existenzform, die im Wasser und auf dem Land leben kann. Sie sind die Sklaven von YOG-SOTHOTH. Ihre Ähnlichkeit mit den Menschen der fernen Zukunft ist rein äußerlich. Sie sind Angehörige der Großen Rasse von Yith, deren Untergang sich abzeichnet.

Denkt bei jedem Schritt daran, dass in dieser Zeit die Gesetze der Menschen und der Menschlichkeit, wie ihr sie kennt, keine Geltung besitzen. Und vergesst nie, dass ihr euch mindestens hundert Millionen Jahre in der Vergangenheit befindet!«

Stafford blieb bestürzt stehen. Er musste sich an einer Hauswand abstützen. Das Material fühlte sich nachgiebig an. Meredith schlug ihm die Hand heftig zur Seite.

»Du verrätst unseren Standort!«, warnte er.

Der Anwalt reagierte nicht. Er tastete nach Barclay, um sich zu vergewissern, dass dieser ein Mensch aus Fleisch und Blut war.

»Das also ist es«, murmelte er. Seine Stimme klang belegt und heiser. »Wir sind nicht einfach in einer Stadt herausgekommen, die die Äonen überdauert hat. Wir haben durch die Wirkung der Magie den Weg in die ferne Vergangenheit zurückgelegt. Ja, ich weiß jetzt, dass wir nie dorthin zurückkehren werden, wo wir hergekommen sind!« Er packte das Gewand an den sich abzeichnenden Schultern. Er spürte wieder diesen zähen Widerstand eines nicht definierbaren Körpers darunter.

»Meredith, wie sieht es an der Oberfläche aus?«

»Es ist besser, wenn ihr es nicht erfahrt. Ein Mensch kann in dieser Zeit an der Oberfläche des Planeten nicht leben. Dort leben nur SIE!«

»Wer sind SIE?«

»Die Mächtigen. Sie nennen sich die GROSSEN ALTEN. Sie sind die Herrscher des Universums. Und sie haben ihre Fühler bis in die Zeit ausgestreckt, aus der ihr kommt, Stafford. Ihr unterliegt dem Irrtum, ihr hättet eine Zeitreise gemacht. Dies stimmt nicht. Hier unten vergeht keine Zeit. Ihr habt den magischen Brunnen durchschritten und euch vermutlich nach einer Möglichkeit der Rückkehr gefragt. Es gibt sie nicht. Gäbe es sie, hätten die Diener der GROSSEN ALTEN längst Besitz von der blühenden Erde ergriffen, die ihr kennt. Nun aber seid ihr hier, du und dein Begleiter. Es gibt keinen Rückweg, nur einen Pfad, der euch vor dem frühzeitigen Tod bewahrt. Durchbrecht nie die Schicht, die euch von der Oberfläche trennt. Es wäre der Untergang der Menschheit!«

Stumm folgten sie ihm an das Ende der Gasse. Der Weg war hier zu Ende, es gab keine Treppe und keinen Eingang.

Die Stadtmauer ragte vor ihnen auf, und Meredith deutete auf die kaum erkennbaren steinernen Schnörkel und Verzierungen hoch oben auf dem Mauerkranz.

»Der Wächter des Durchgangs ist uns noch wohlgesonnen«, sagte er. »Wir sollten es nutzen. Geh du voraus, Stafford. Du hast es am nötigsten.«

Der Anwalt zögerte. »Wohin voraus?«

Meredith deutete auf die gleichmäßige Quaderstruktur der Mauer.

»Durch den Eingang. Los, los. Ich höre unsere Verfolger!«

Jeremy Stafford packte den Rucksack fester und nahm Barclay den Stockdegen aus der Hand. Er trat an die Mauer, setzte eine Fuß nach vorn, machte einen Schritt und stieß mit der Nasenspitze an den feuchten Stein.

Hindurch! dachte er. Einfach hindurch.

Und machte den nächsten Schritt und den übernächsten. Verwundert sah er sich um, denn er stand noch immer vor der Mauer, doch seine beiden Begleiter waren verschwunden. Nur Hicktons Gesicht war da. Es starrte ihn aus der Wand an, wurde immer voller und deutlicher, der ganze Körper des dicken Mannes schob sich durch das Mauerwerk. Dicht neben ihm tauchte die Kutte auf. Meredith riss die beiden zur Seite.

»Es war höchste Zeit. Die Mauer reagiert bereits. Sie verfestigt sich und lässt keinen mehr durch. Hier entlang. Es gibt nur diesen einen Weg!«

»Wohin führt er?«

»Auf die Felder zur Saat. Der Weg verbindet Yogh mit den Höhen, in denen die GROSSEN ALTEN ihre Folterkammern eingerichtet haben!«

»Und dorthin sollen wir?«, fragte Barclay mit deutlichem Misstrauen. »Wieso führst du uns ausgerechnet dorthin?«

»Sie haben es gehört, Hickton. Es ist der einzige Weg. Wir müssen es Meredith glauben, ob wir wollen oder nicht!« Damit war für Stafford alles Nötige gesagt.

Das Gewand wogte vor ihnen auf und ab. Meredith gab ein Grunzen von sich.

»Ihr müsst es nur sagen, und ich lasse euch gern allein. Wenn ihr das möchtet. Ihr werdet früh genug allein sein. Dort, wo niemand euch hinbegleiten kann, auch ich nicht!«

Bei diesen orakelhaften Worten beließ er es.

***

Die Mauern links und rechts sonderten grünen Schleim ab. Er tropfte in dicken Fäden und Klumpen herab, und überall, wo er auf den steinernen Boden auftraf, entstand ein zischendes Geräusch. Dampf stieg auf, und es begann zu stinken. Die beiden Männer machten, dass sie weiterkamen. Sie eilten in der Mitte zwischen den steinernen Wällen entlang. Wie hoch die Mauern aufragten, ließ sich nicht feststellen. Zehn Yards über ihren Köpfen begann der graue Nebel, eine konturlose und undurchdringliche Zone, die Licht abgab und diesen endlos langen Gang heller machte, als sie es von der Stadt gewohnt waren.

Der Bereich zwischen den Mauern stellte etwas Neues und Andersartiges dar, und Jeremy Stafford mäßigte nach der ersten Meile seine Schritte und blieb stehen. Hickton Barclay befand sich dicht hinter ihm, aber Meredith war zurückgefallen. Als er sah, dass sie stehen blieben, fuchtelte er mit seinen Armen.

»Geht weiter!«, rief er. »Seht zu, dass ihr das Ende der Mauer erreicht. Erst dann seid ihr in Sicherheit!«

Seine Stimme hallte aus der Höhe herab wider. Stafford setzte sich in Bewegung, machte jedoch langsam, bis der Unheimliche zu ihnen aufgeholt hatte.

»Was bedeutet es? Werden die Kröten uns verfolgen?«, fragte Barclay. Inzwischen trug er wieder den Rucksack, und Stafford hielt den stoßbereiten Stockdegen in der rechten Hand. In der linken trug er das Gehäuse.

»Sie besitzen die Möglichkeit, uns den Weg abzuschneiden«, eröffnete Meredith ihnen. »Sie durchqueren einen Teil der Stadt und dringen an einer anderen Stelle in die Mauer ein. Aber das meine ich nicht unbedingt. Wir könnten selbst dann einen Durchbruch schaffen. Es ist etwas anderes, was ich meine.«

Er rempelte den Anwalt an.

»Merkst du etwas?«, fragte er. Stafford zog die Augenbrauen hoch.

»Nein!«

»Schlage mich. Versetze mir einen Hieb irgendwohin!«

Das ließ der Mann aus Boston sich nicht zweimal sagen. Seine Faust ballte sich und schoss nach vorn, traf Meredith irgendwo im Bereich des Gewandes, wo sich gewöhnlich der menschliche Brustkorb befand. Die Faust verschwand in dem Umhang und drang in eine zähe, undefinierbare Masse ein. Hastig zog er den Arm zurück und betrachtete die Faust. Sie war unversehrt, und was er erwartete, fand er nicht. Die Faust war nicht blutig geworden oder schmutzig. Sie hatte sich nicht verändert.

»Ich weiß nicht, warum es so ist«, fuhr Meredith fort. »Bei mir setzt ein umgekehrter Prozess ein. Ich entferne mich aus eurer Realität und wandere in einen anderen Bereich. Ob dies mit den Kröten auch geschieht, wenn sie uns folgen, kann ich allerdings nicht sagen!«

»Wir werden bald auf uns allein gestellt sein«, bestätigte Stafford. Und Barclay fügte hinzu: »Meredith ist nicht in der Lage, seine Abmachung einzuhalten. Er hat uns zugesichert, uns die Rückkehr in unsere Welt zu ermöglichen!«

Der Unheimliche breitete die Arme aus. »Geht, geht endlich. Meine Möglichkeiten sind hier zu Ende. Ich spüre es. Beeilt euch, los. Weg mit euch!«

Jeremy Stafford spürte, dass es diesem Wesen außergewöhnlich ernst war. Er kannte den Grund nicht, aber er spürte immer noch das Vertrauen, das er in Meredith setzte. Barclays Misstrauen hingegen wuchs beständig. Der Dicke baute sich drohend vor dem wogenden Gewand auf.

»Wir sollten umkehren, Sir!«, meinte er. »Dieser Unhold lockt uns in eine Falle. Es war ein Fehler, uns ihm anzuvertrauen. Die Geschichte mit Yig-Draseth ist garantiert erstunken und erlogen!«

»Und wenn schon. Und wenn schon!«, trumpfte Meredith auf. »Dann hat sie immerhin ihren Sinn gehabt. Sie hat euch beide bewogen, euch kooperativ zu verhalten. Und damit haben wir gemeinsam eine ganze Menge erreicht, auch ohne dass ihr euch dessen bewusst wart, meine Herren!«

Stafford führte einen langsamen Hieb mit den Stockdegen. Meredith wich nicht aus, und der Degen durchschnitt die Gestalt, ohne eine Wirkung zu erzielen. Der Fortgang der stofflichen Auflösung setzte sich mit hohem Tempo fort.

»Wer hat dich geschickt, du wandelnde Kutte?«, wollte er wissen. »Jetzt, wo unsere Wege sich trennen, kannst du es uns doch sagen!«

»YOG-SOTHOTH selbst war es!«, kam die Antwort in einem Ton, dass Stafford sofort die Lüge erkannte. »Euer Weg ist noch nicht zu Ende. Ich habe euch aus den Vorgängen und den Erscheinungen in Yogh weitgehend herausgehalten. Mehr durftet ihr nicht von mir erwarten. Ich grüße Yig-Draseth von euch. Sie wird euch am Geruch erkennen, solltet ihr eines Tages als Futter auf ihrem Speiseplan stehen. Gute Reise, Stafford. Und achte auf deinen Begleiter. Es scheint sein Schicksal zu sein, in seiner Gedankenlosigkeit alle Türen offen stehen zu lassen!«

Das Gewand bewegte sich zur Seite auf die Mauer zu und durchdrang sie. Diesmal war es anders als der Vorgang, bei dem sie die Mauer durchquert hatten. Dort war die Mauer durchlässig gewesen, hier waren es der Körper und die Kutte des Unheimlichen.

Oder handelte es sich gar nicht um ein Kleidungsstück? War das, was sie als Gewand mit Kapuze angesehen hatten, ein Teil von Merediths Körper?

Stafford erhielt keine Gelegenheit, sich darüber Gedanken zu machen. Das Wispern und Flüstern war übergangslos wieder da, und es peinigte seine Nerven vom ersten Augenblick an.

Barclay stöhnte auf und verzog das Gesicht.

»Vielleicht habe ich ihm Unrecht getan. Alles sieht danach aus, als würden wir auf dem richtigen Weg und bald daheim sein!«

Dass es nicht so war, erlebten sie wenig später. Mit den Händen auf den Ohren und halb geschlossenen Augen erreichten sie nach einer Viertelstunde das Ende des Ganges zwischen den Mauern. Es gab keine Tür und kein Fenster, nicht einmal ein Loch im Boden.

Was befand sich hinter dem kalkweißen Abschluss, den sie mit den Handflächen untersuchten? Führte der Pfad weiter, oder lag dahinter gar ein Gang des Hauses, in dem ihr Irrweg begonnen hatte?

***

Da war nur der Schmerz. Er erfüllte seinen ganzen Körper, und es war ein ziehender Schmerz. Er erinnerte ihn an eine Vivisektion, bei der einem Lebewesen bei vollem Bewusstsein die einzelnen Fasern des Körpers auseinandergetrennt wurden.

Es konnte nur eine Illusion sein, und dennoch verband sich damit eine ungeheure Qual.

Sie wollten ihn nicht töten, das wusste er noch immer. Doch die Frage, was sie von ihm wollten, konnte er sich nicht beantworten. Er war ein Gefangener ihrer Gedanken, und sein eigenes Bewusstsein besaß nur noch eine eingeschränkte Macht über das Gehirn und den Körper.

Die Tür des Hauses hatte sich von allein geöffnet. Ein starker Sog hatte ihn hinaus in die Finsternis gerissen, herab in die Stadt, die er bereits kannte.

Ohne zu wissen woher, wusste er jetzt auch ihren Namen. Yogh. Es war die Stadt, die sie YOG-SOTHOTH geweiht hatten.

Die Stadt aus der fernen Vergangenheit. Und wenn irgendwo weit unter ihren Mauern der Alles-In-Einem nach der Freiheit gierte, er, das Tor, der Schlüssel und Öffner der Wege, dann gab es nur eine Erklärung. Er hatte sie in den Pnakotischen Manuskripten gelesen, diesem neuzeitlichen Abklatsch des Necronomicons.

Hier wachte 'UMR AT-TAWIL, der länger als das Leben währte. Er verbreitete diesen süßlichen Geruch, den er zunächst den GROSSEN ALTEN selbst zugerechnet hatte.

Ein befreiendes Lachen mischte sich in seine lauten Schreie. Diesmal lag er auf dem Rücken, und es war nicht die Kuppel, die über ihm glühte. Ein riesiger, dunkelgrüner Stein sandte seine Strahlen auf ihn hinab. Tief in der lasierten Masse lag ein dunkles Auge, und Randolph Carter riss bei diesem Eindruck weit die Augen auf.

Ein Stein vom Kadath! Ein schwarzes Stück voller Gewalt und Macht war es, das seinen Einfluss auf ihn zu nehmen trachtete.

Tausende unsichtbarer Nadeln stachen in seinen Körper und provozierten eine Reaktion. Seinem Gehirn gelang es in einer schier unmenschlichen Leistung, das Schmerzzentrum fast vollständig auszuschalten. Der Schmerz ließ abrupt nach, nur ein kaum spürbares Stechen blieb übrig. Dieses wiederholte sich in immer schnellerem Rhythmus, und schließlich nahm er es nicht mehr wahr.

Dafür erkannte er, dass sich sein Körper veränderte. Er verlor die Proportionen eines Menschen und floss langsam aber sicher zu einem einzigen Klumpen zusammen. Das Licht des grünen Steins wurde immer heller und greller und wollte seinen Geist verzehren. Randolph Carter keuchte, schwitzte und besaß nicht einmal mehr Poren, um den Schweiß abzusondern. Er wollte sich bewegen, sich von der Existenz seines Kopfes, seiner Augen und seiner Gliedmaßen überzeugen.

Nichts blieb. Nichts geschah. Er lag still da und suchte mit dem letzten verbliebenen Rest seines Verstandes einen Anknüpfungspunkt an sein bisheriges Leben.

Jeremy Stafford! Das war es! Mit diesem Namen fiel ihm auch seine eigentliche Aufgabe wieder ein.

YOG-SOTHOTH wollte mehr als nur ihn. Er wollte allen menschlichen Materials habhaft werden, das er bekommen konnte. Die Kraft der menschlichen Substanz sollte ihm den Weg freimachen.

Und er, Randolph Carter, würde der erste sein, der Meister aller dieser Kreaturen.

Wie lange er so auf dem Rücken lag, er wusste es nicht zu sagen. Als das Licht über ihm erlosch und das Ziehen in seinem Körper abklang, da spürte er bereits den ersten Impuls, dass sein Geist all das rückgängig machen würde, was der Stein bewirkt hatte. Er wollte sich erheben und auf seinen Beinen stehen, aber er fiel um und blickte aus seltsamer Perspektive an sich herab.

Ein schwarzer, gummiartiger Körper war es, den er sein eigen nannte. Er balancierte auf vier dünnen Tentakeln, und seine Arme waren kurz und stämmig. Als er sich drehte und mit ihnen um sich schlug, tötete er auf der Stelle zwei der Kröten, die zu nahe bei ihm standen.

Er tötete sie ohne Absicht.

Die Tentakel betasteten den Leib und sein oberes Ende. Er besaß zwei Augen, die in diesem Leib eingebettet lagen. Einen Kopf hatte er nicht mehr, und doch dachte er seine alten Gedanken. Aber ihm fehlte das Erschrecken und die Angst, der Schock über diese Umwandlung. Und er vernahm die wispernde Stimme im Hintergrund.

»Du bist nicht mehr du selbst«, sagte sie. »Du bist jetzt ein Diener von YOG-SOTHOTH, dem Alles-In-Einem.«

Und er antwortete lautlos und gehorsam: »Ja, ich bin jetzt der erste Diener. Ich erwarte meine Befehle!«

Die Ra 'Sssythech zogen sich hastig und voller Angst vor ihm zurück, und er folgte ihnen den schrägen Gang durch den Fels hinauf in die Stadt. Je näher er ihnen kam, desto fahriger wurden ihre Bewegungen, und als er sie einholte, da hatten sie jede körperliche Konsistenz verloren, und er stürmte einfach durch sie hindurch.

Schatten, die sie waren! Er besaß einen festen und brauchbaren Körper für seine Aufgabe.

Er ahnte auch schon, wohin sie ihn schickten. Die Verfolger waren angekommen. Er hatte sich um sie zu kümmern und dafür zu sorgen, dass sie zu treuen Sklaven seiner Selbst wurden.

Und dann sah er sie, kaum dass er das Licht der Stadt erreicht hatte.

Stafford und Barclay waren gekommen. Sie hatten den Weg gefunden. Den Weg an ihr Lebensende. Sein Auftrag lautete, die beiden dorthin zu bringen, wo sie nützlich waren.

Zur Saat des Verderbens.

Seine Geruchsnerven nahmen den Geruch einer bestimmten Moosart wahr, die an den Wänden der Häuser wuchs. Er erinnerte den Umgewandelten an Meerrettich.

Und so gebar er aus einer Laune heraus seinen Namen.

Meredith.

***

Es war dieses Knirschen, das Stafford alarmierte. Im ersten Augenblick hatte es den Anschein, als käme es aus dem morschen Tor hinter ihnen, das den weiß verputzten Abschluss des Ganges zwischen den Mauern gebildet hatte. Sie hatten es mit ihren Stiefeln eingetreten. Beim zweiten Hinhören allerdings entpuppte sich das Geräusch als das, was es tatsächlich war.

Der Boden knirschte. Das Felsgestein ächzte und knackte, und der Advokat machte hastig einen Schritt zur Seite und stützte sich an der steil aufragenden Wand des Felsenrisses ab. Das Innere der Erde war gespalten und bildete eine Öffnung, vergleichbar mit einem Gletscherspalt. Nur führte dieser hier nicht abwärts, sondern aufwärts. Sie befanden sich gewissermaßen auf seinem Grund.

Staffords Augen wanderten fahrig hin und her. Die Augäpfel brannten ihn, und es rührte nicht von der Luft her, die sie atmeten. Sein ganzer Kopf fieberte, sein Körper bebte bis in die winzigste Nervenfaser, auch wenn er es nicht wahrhaben wollte. Das Geflüster und Gewisper in seinem Kopf trieb ihn immer näher an den Rand des Wahnsinns, es war lediglich eine Frage der Zeit, bis sein klarer Verstand endgültig aussetzen würde. Er kam sich jetzt schon vor wie einer, der seit vielen Nächten kein Auge zugetan hatte und sich in der Endphase der psychischen Zerrüttung befand.

Wenn es Odysseus wirklich gegeben hatte und er dem Gesang der Sirenen verfallen war, dann konnte Jeremy Stafford sich ausmalen, in welchem Zustand der antike Held in seine Heimat zurückgekehrt war. Es war mit Sicherheit ein Zustand der lustigen Verwunderung gewesen, äußerer Ausdruck der geistigen Umnachtung, die ihn nicht mehr los ließ.

Ein Prasseln ließ die beiden Männer aufschrecken. Das Tor stürzte unter Entwicklung einer enormen Staubwolke in sich zusammen. Der Luftzug, den sie beim Durchschreiten schon verspürt hatten, zog den Qualm mit hinauf in die Höhe, wo er in der Finsternis verschwand.

»Schnell!«, rief Stafford aus. Er packte die Fackel fester und griff mit der freien Hand nach einer vorspringenden Felszacke. »Hier sind wir nicht mehr sicher!«

Er vergewisserte sich, dass Barclay den Stockdegen in den Rucksack gesteckt hatte und diesen auf dem Rücken trug. Mit einem Schwung zog er sich empor, tastete mit dem Stiefel nach einem Widerstand und fand ihn. Er stützte sich mit dem Fackelarm ab, griff weiter empor und zog gleichzeitig das zweite Bein hoch.

Der Boden, auf dem er gerade noch gestanden war, geriet in Bewegung. Die Felsen wogten auf und ab, die Steinplatten knirschten und zersprangen mit einem schrillen Klingen. Es hörte sich an, als schlüge Metall auf Metall.

Winzige Gesteinssplitter platzten ab und spritzten als Geschosse nach allen Seiten. Stafford spürte, wie sie gegen seinen Körper prallten und nur von der Kleidung aufgehalten wurden. Etwas streifte flüchtig sein Genick und hinterließ eine winzige Wunde, die rasch zu brennen anfing. Eine kleine Menge Flüssigkeit lief seinen Hals hinab zum Hemdkragen. Er verzichtete darauf zu untersuchen, ob es sich um Blut oder Schweiß handelte.

Aufwärts, immer nur aufwärts.

Nebeneinander kletterten die beiden Männer empor. Ihre Körper machten die seltsamsten Verrenkungen, um die von der Wand gebotenen Haltemöglichkeiten so geschickt wie nur möglich auszunützen. Sie hatten keine Zeit, sich auch nur einen einzigen Blick zuzuwerfen. Wie die Besessenen arbeiteten sie sich aufwärts.

Und noch immer rumorte es unter ihnen, als entfalte dort unten ein riesiges unterirdisches Lavafeld seine ganze Kraft, um im nächsten Augenblick durchzubrechen.

Nach zwanzig Yards endlich hielt Stafford an und schöpfte Atem. Diese Felsen besaßen keine magische Ausstrahlung. Sie stärkten nicht die Körperkräfte der beiden Menschen.

Er starrte in die Tiefe. Das dort unten waren nicht die Auswirkungen von Naturkräften. Da existierte etwas anderes, etwas, das aus seinem steinernen Gefängnis zu entkommen trachtete.

Ein unheimliches Etwas.

Er stellte sich vor, dass im Vergleich mit Ihm der unheimliche Meredith höchstens ein Zirkusclown sein konnte, vom Direktor ausgeschickt, um die Zuschauer zu erschrecken.

Aber das Ding dort unten …

Randolph Carter hätte vielleicht gewusst, worum es sich handelte. Er befand sich seit langem auf der Spur der Mächte in der Tiefe, und das, was der Anwalt und sein Begleiter von Meredith erfahren hatten, ließ sie die Dinge mit völlig anderen Augen sehen als bisher. Stafford fragte sich, ob es sinnvoll war, wenn ein Mensch wie Carter den Weg hinab in die Tiefe suchte, wo jene Kreaturen hausten. War es nicht besser und geschickter, sie dort unten ruhen zu lassen, tief im Innern der Erde verborgen, wo sie sich nicht aus eigener Kraft befreien konnten?

Er dachte wieder an den Schleim in Carters Haus. Es gab auch ohne die Mithilfe von Menschen Wege, hinauf an die Oberfläche zu gelangen. Die Magie ebnete sie den furchtbaren Wesen.

Ein Donnerschlag ertönte. Der Boden, auf dem sie gestanden waren, hielt dem Druck nicht mehr stand. Aber er explodierte nicht, schleuderte seine Gesteinsmassen nicht nach oben zu ihnen, wo sie von den Brocken ohne Zweifel erschlagen worden wären. Der Boden brach ein, die Felsen stürzten in die Tiefe, und die Männer musterten das entstandene Loch mit einer Mischung aus Verzweiflung und Hoffnung. Was war es, was jetzt unweigerlich auftauchen würde?

Gestank drang ihnen entgegen, ein fürchterlicher Gestank, wie sie ihn in Carters Haus und im Haus über der Felswand wahrgenommen hatten. Hier unten wirkte er um ein Vielfaches intensiver.

Stafford begann augenblicklich wieder zu klettern, weg von dem Unheil, das dort unten lauerte.

In der Tiefe gluckerte und schmatzte es, ein paar letzte Felsbrocken verschwanden in dem dunklen Schlund. Etwas quiekte und erinnerte lebhaft an ein Hausschwein. Dann herrschte Ruhe, eine gefährliche Ruhe, und die beiden Männer wandten die Köpfe wieder nach oben und setzten ihren Aufstieg fort. Die Fackel war fast vollständig abgebrannt, und ihr Licht verzauberte die Felswand in eine Horde tanzender und zuckender Schlangen, die denen ähnlich waren, die aus der Tiefe heraufkrochen.

Barclay erkannte die Gefahr als erster. Er roch sie. Er fuhr herum und starrte hinab.

»Vorsicht, Sir!«, schrie er. Stafford warf sich herum. Er verlor dabei den Halt und schrammte mit den Fingern über messerscharfe Kanten. Einen halben Yard rutschte er in die Tiefe, ehe seine Schuhe auf Widerstand trafen und er sich auch mit den Händen festhalten konnte.

Zwischen den im Fackellicht tanzenden Schatten gab es einen, der zielgerichtet nach oben wanderte, genau auf die Beine des Anwalts zu. Ein zweiter bewegte sich weiter rechts und hatte Barclay zum Ziel. Geistesgegenwärtig stieß Jeremy Stafford mit der Fackel nach dem schmierigen und stinkenden Ding, das da wie eine Schlange oder ein riesiger Tentakel auf ihn zukroch.

Das Ungetüm reagierte. Die Spitze stieß auf ihn zu, streifte die Fackel, durchdrang mühelos das Feuer und die Glut und schleuderte den Brand hinab in die Tiefe, wo er erlosch. Absolute Finsternis hüllte sie ein, und Stafford zog schnell die Beine an und rutschte ein Stück höher, bis er einigermaßen sicher an der Wand lehnte. Mit einer Hand klammerte er sich tief in die Ritzen der Wand, mit der anderen tastete er zur Jacke. Er fand die Taschenlampe und riss sie heraus. Der Lichtkegel baute sich auf, und das Licht drang an der Wand entlang hinab und traf auf das peitschende Ding, das die Felswand erzittern ließ.

Der Tentakel zuckte zurück. Er löste sich von der Wand und verschwand in der Tiefe. Ein hässliches und markdurchdringendes Krächzen folgte, dann herrschte dort unten Ruhe.

Ein Blick zeigte Stafford, dass auch der zweite Tentakel drüben bei Barclay verschwunden war. Nur der Gestank blieb zurück, und er benötigte eine Weile, bis er vom Luftzug davongetragen wurde. Aus der Tiefe folgte keiner mehr nach, und die beiden Männer hielten es für ein Zeichen dafür, dass sich das stinkende Ungetüm in das Innere der Erde zurückgezogen hatte.

In seinen Pfuhl oder seine Höhle.

Es war merkwürdig still, fand Stafford. Erst jetzt fiel ihm auf, dass seit dem Bersten des Felsbodens das Geflüster in seinem Kopf verschwunden war. Eine fast unerträgliche Leere breitete sich in ihm aus, und er legte den Kopf gegen den kühlen Fels und wartete, bis die Hitze auf seinen Wangen ein wenig zurückgegangen war.

»Es ist die Hölle!«, murmelte er, und in seiner Stimme klang Betroffenheit, keine Angst. »Hickton, wenn es je Urerinnerungen der Menschheit an jene Zeit gegeben hat, dann sind sie uns in der Gestalt des Teufels und der Hölle heute noch gegenwärtig. Carter nennt sich einen Mystiker, und er forscht nach den Mysterien der Vergangenheit. Ich gäbe viel darum, wenn ich ein klein wenig mehr wüsste als das, was wir hier am eigenen Leib erfahren. Hat er es geschafft? Weiß Carter jetzt auch um die letzten Hintergründe und Geheimnisse, die der Schoß der Erde für ihn bereitgehalten hat?«

»Ich will es lieber nicht erfahren!«, kam die Antwort. Barclay hatte sich bereits in Bewegung gesetzt und setzte den Aufstieg fort. »Mein Trachten gilt allein unserer glücklichen Rückkehr an die Oberfläche!«

Täuschte er sich, oder schwang in der Stimme seines Begleiters so etwas wie Angst mit?

Nein, das schloss Stafford aus. Er hatte Barclay in den beschwerlichen Stunden seit ihrem Aufbruch immer wieder studiert und festgestellt, dass er es mit einem tapferen Mann zu tun hatte, der sich nicht einfach ins Bockshorn jagen ließ.

Er legte den Kopf in den Nacken und starrte in die Dunkelheit. Das Licht der Taschenlampe lenkte das Ungeheuer in der Tiefe ab und ermöglichte ihnen einen ungestörten Aufstieg in der Wand.

So schnell es ging, folgte er Barclay. Wie hoch die Wand in diesem Felsenriss war, wie lange es dauerte, bis sie deren Ende erreichten, sie konnten es nicht sagen. Sie hatten nur Merediths Hinweis, der ihnen diesen Weg als den einzig möglichen beschrieben hatte.

Die Relation zwischen menschlichen Vorstellungen und denen der fremdem Wirklichkeit, mit der sie konfrontiert wurden, erkannten sie nach zwei Stunden. Noch immer reichte der Riss im Gestein weit hinauf, und noch immer folgten sie dem deutlich spürbaren Luftzug.

Am Anfang ihrer Suche nach Carter, als sie im Schacht abwärts gerutscht waren in die unterirdische Kaverne, da hatten sie geschätzt, dass sie sich hundert, maximal aber zweihundert Yards unter der Erdoberfläche befanden, auf der das Haus stand. Sie hatten damit gerechnet, auf Meereshöhe ans Tageslicht zu gelangen.

Jetzt stellten sie fest, dass sie sich in weiten Tiefen des Erdinnern aufhielten. Der Brunnen, aus dem sie gestiegen waren, barg das Geheimnis in sich.

Yogh, die Stadt, befand sich irgendwo unter ihnen. Die Vorstellung, dass sie sich unter dem Meeresgrund befanden, vielleicht ein paar tausend Meilen von der Oberfläche entfernt, benebelte Staffords Sinne.

»Was ist?«, fragte er. »Warum gehen Sie nicht weiter, Hickton?«

»Ich sehe ein Licht«, gab der Dicke heraus. »Genau über mir. Ich weiß nicht, was es ist. Sonnenlicht?«

Stafford schaltete die Lampe aus und blinzelte empor. Zunächst konnte er nichts erkennen, aber dann entdeckte er ein Flackern.

»Den Kienspan!«, zischte er und wusste nicht einmal, ob ihre Vorräte nicht längst erschöpft waren.

Barclay fasste in den Rucksack und zog eines der pechgetränkten Hölzer hervor, entzündete es und reichte es ihm über einen Felsenbuckel hinüber. Stafford steckte die Batterielampe ein und begann mit der Fackel zu schwenken.

An Sauerstoff mangelte es hier unten nicht. Kein einziges Mal war ihnen der Atem weggeblieben, und auch die Fackel brannte munter wie an der Oberfläche.

Es war wie in einem Traum.

Das Licht dort oben reagierte. Es zog durch den Felsenriss hin und her, und der Advokat beugte sich weit über den Abgrund hinaus und ahmte die Bewegung nach.

»Hallo!«, rief er laut. Seine Stimme brach sich an den Schründen, der Ruf trieb hin und her und versickerte irgendwo. »Hallo!«, rief auch Barclay.

Fast gleichzeitig lauschten sie beide in sich hinein. Das Wispern kehrte zum zweiten Mal zurück, diesmal leise und klagend, und Stafford stellte fest, dass es sich in dieser Intensität ertragen ließ. Er rechnete, dass sie sich schon zu weit von der Quelle des Geräusches entfernt hatten, als dass es ihnen noch hätte gefährlich werden können.

Irgendwo über ihnen polterte es. Mehrere Steine schlugen gegeneinander und hüpften wild abwärts, von einer Seite des Felsenrisses auf die nächste. Stafford stieß einen Warnschrei aus und duckte sich unter den Vorsprung, an dem er gerade hing. Barclay schnaufte laut und hangelte sich zur Seite, wo er sich in eine Nische presste. Es krachte, als die Steine in ihrer Nähe aufschlugen und ihren Weg in die Tiefe fortsetzten. Sechs zählten sie, dann trat Ruhe ein. Irgendwo über ihnen hustete jemand, und eine halblaute Stimme verkündete in einer ihnen verständlichen Sprache:

»Das lag nicht in meiner Absicht. Seid ihr noch am Leben?«

Neben dem winzigen Licht flammte eine große Fackel auf und beleuchtete einen Sims, der in den Abgrund hinausragte. In ihrem Schein sahen sie einen menschlichen Schatten stehen.

»Wir sind in Ordnung«, erwiderte Stafford nach einem Seitenblick auf Hickton. »Wir kommen hinauf!«

»Natürlich. Denn hinab führt kein Weg. Dort unten lauert der Shoggote und sorgt dafür, dass ihr es euch nicht noch anders überlegt!«

Zwei schuppige Arme streckten sich ihnen entgegen. Das Wesen griff nach ihnen und hob sie ohne Mühe über die Kante hinauf auf den Sims. Zwei dunkle, ernste Augen sahen sie an.

»Ich bin Ssavianß«, verkündete der Mann von Yith. »Wir haben euch erwartet!«

»Wo sind wir hier?«

»Ihr befindet euch am Rand des Todes. Ihr habt die Wahl. Folgt mir hinein zu meinen Begleitern, oder kehrt dorthin zurück, woher ihr gekommen seid!«

Er machte eine Bewegung, die Stafford so interpretierte, dass sie in diesem Fall in die Tiefe springen sollten. Vor eine solche Alternative gestellt, fiel ihm die Wahl nicht schwer.

»Wir kommen mit dir, Ssavianß«, erklärte er.

Bei sich dachte er, dass es schlimmer als bisher nicht kommen konnte.

***

Stafford musste mit ansehen, wie sie Barclay den Rucksack entrissen und in eine Ecke warfen. Es schepperte, als die Konservendosen aneinanderprallten. Die Fischmenschen zuckten bei dem Geräusch zusammen und entblößten ohne Ausnahme ihre winzigen Haifischzähne.

Der Anblick berührte den Menschen Stafford eigenartig. Die Yith waren eindeutig nicht aus Säugetieren entstanden, und doch ähnelten sie den Menschen auf verblüffende Weise.

Zwei packten ihn von hinten und bogen ihm die Arme auf den Rücken. Eine Schnur aus Fischhaut legte sich um seine Handgelenke, sie fesselten ihn und befahlen ihm, sich auf den Boden zu setzen.

Ihre Worte klangen undeutlich und ständig begleitet von diesem ewigen Zischen, das ihren Stimmen innewohnte. Der, der sie empfangen und sich als Ssavianß bezeichnet hatte, packte ihn am Hals und zog ihn am Boden entlang mit sich.

»Wir brauchen gute Arbeiter«, knurrte er. »Die bisherigen sind uns unter den Händen gestorben. Bald wird unser neuer Herr und Meister erscheinen und uns so viele Sklaven mitbringen, dass wir nach Yogh zurückkehren können.«

»Wer ist das?«, fragte Stafford. Er erhielt keine Antwort. Ein Seitenblick auf Barclay zeigte ihm, dass es seinem Begleiter ebenso erging wie ihm selbst. Mit dem Dicken hatten die Fischmenschen allerdings mehr Probleme. Als sie ihn vorwärtsstießen, rührte sich sein Körper keinen Inch vom Fleck. Es war, als sei er am Untergrund angewachsen.

Der Anwalt grinste unmerklich. Hickton hatte die Knie leicht angewinkelt und den Schwerpunkt seines Körpers dadurch nach unten verlagert. Zu viert rissen die Yith an ihm herum. Schließlich traktierten sie ihn mit Püffen und Kniffen.

»Vorwärts!«, brüllte Ssavianß mit diesem merkwürdigen, fast angsteinflößenden Zischlaut am Ende seines Namens.

»Kommen Sie, Hickton!«, sagte Stafford und winkte mit dem Kopf. »Machen wir uns an die Arbeit!«

Barclay nickte und grinste dabei. Die Yith beachteten es nicht. Diese heitere Art des Gesichtverziehens war ihnen nicht bekannt.

Die Sklaven YOG-SOTHOTHS, wie Meredith sie bezeichnet hatte, schleppten sie hinaus in einen finsteren Stollen, an dessen Ende wieder einmal das Tageslicht auf sie wartete. Sie erreichten den Ausgang und sahen, dass sie am Ende einer steil abfallenden Felswand aus schwarzem Basalt standen. Vor ihnen erstreckte sich eine bis zum Horizont reichende Ebene aus Staub und Erde. Der Boden war übersät von bis zu faustgroßen Steinen. In der Mitte ihres Blickfeldes ragte im Gegenlicht einer auf- oder untergehenden Sonne das Skelett eines Hauses auf. Es erinnerte an das Haus über der Felswand, doch die Türme und die Kugel fehlten. Da es sich augenscheinlich um eine Ruine handelte, war das kein Wunder.

Links neben dem Stollenausgang standen große Körbe, in denen sich merkwürdige kleine Kapseln befanden, in deren Innerem sich etwas bewegte. Wie in einem Ameisenhaufen wimmelte es, und Ssavianß deutete darauf.

»Das ist die Frucht, ihr müsst sie säen!«

»Wie sollen wir vorgehen?« Stafford gab seiner Stimme einen Klang, als sei es das Natürlichste auf der Welt, diese Arbeit auszuführen.

»Ihr steckt sie in die Erde«, erklärte der Yith. »Mehr braucht ihr nicht zu tun!«

»Zeigt uns, wie es genau geht!«, verlangte Barclay. Stafford warf ihm einen erstaunten Blick zu.

Die Yith wichen ein Stück von den Körben zurück. In ihrer Körperhaltung spiegelte sich so etwas wie Erschrecken. Barclay rammte einen von ihnen, dass er gegen die Körbe stürzte. Mit einem Aufschrei warf er sich zurück, fiel hin und rollte sich über den Boden davon.

Der Dicke warf seinem Chef einen bezeichnenden Blick zu.

»Ihr könnt nicht damit umgehen«, sagte Stafford laut. »Ihr verbrennt euch die Finger, nicht wahr?«

»Es ist die Saat des Verderbens«, entgegnete Ssavianß. »Wir sind allergisch gegen sie. Deshalb brauchen wir Wesen wie euch, die vom selben Blut sind!«

Ein Frostschauer erfasste den Körper des Anwalts und lief vom Scheitel bis in die Fußspitzen und wieder zurück. Er schüttelte seine Beklemmung ab und hielt den Yith seinen Rücken mit den gefesselten Armen entgegen.

»Wir fangen an«, sagte er. »Bindet uns los!«

Die aus Fischhaut gefertigten Fesseln wurden ihnen abgenommen, einer der Fischmenschen warf den Rucksack neben die Körbe, dann zogen sich die Yith in den Stollen zurück. Sie schleppten ein Gitter herbei, das sie an das Stollenende stellten.

Stafford sah ihnen gleichmütig zu. Als sie sich entfernt hatten, begannen sie zu zweit den Mechanismus zu untersuchen.

Das Gitter war nicht verriegelt, aber als sie versuchten, es in eine beliebige Richtung zu bewegen, rührte es sich nicht von der Stelle. Es hatte viel Ähnlichkeit mit Hickton, als dieser sich bewusst schwer gemacht hatte.

Nur, dass es sich in diesem Fall um eine magische Komponente handelte.

Sie ließen von ihrem Bemühen ab, und Stafford setzte sich neben den Stolleneingang.

»Hickton, den Rucksack«, sagte der Advokat. Er betrachtete die Körbe, in denen es wogte und zappelte. Der Dicke zog den Beutel heran und öffnete ihn. Gemeinsam packten sie aus und begannen mit ihrer zweiten Mahlzeit in dieser unwirklichen Welt. Sie öffneten mehrere der Konservendosen und verzehrten ihren Inhalt. Sie aßen einen Großteil des Brotes dazu und tranken den Rest Tee aus der Kanne. Danach leerten sie die angebrochene Feldflasche mit dem Wasser. Als Stafford einen letzten Tropfen daraus auf den Boden goss, zischte es, und eine winzige Qualmwolke stieg auf. Er betastete den Boden, aber dieser besaß eine normale Temperatur von etwa fünfzehn Grad. Die Stellung der Sonne hinter der Ruine hatte sich bisher nicht merklich verändert, vermutlich stand sie immer an derselben Stelle und war in Wirklichkeit eine große magische Lampe.

Wieder ertappte sich der Anwalt dabei, dass er sich ins Ohrläppchen kniff und seine Umgebung genau betrachtete.

War es Wirklichkeit oder nur Einbildung? Litt er unter dem Einfluss einer Droge, die ihm diese Dinge nur vorgaukelte?

Sein Kopf ruckte herum, er lauschte. Er hatte sich eingebildet, eine Stimme zu hören. Tatsächlich nahm er ein dumpfes Brummen wahr, unterbrochen von dem Geschrei eines Säuglings. Und dazwischen rief eine offenbar männliche Stimme immer wieder: »Nein, nein, nein!« Ein Glockenschlag hallte von den Körben herüber.

Dann folgte erneutes Säuglingsgeschrei, und schließlich trat wieder Stille ein.

Stafford erhob sich und stellte sich neben die raschelnden Körbe.

»Ich habe es auch gehört, Sir!«, verkündete Barclay. »Was kann es sein?«

»Kommen Sie, helfen Sie mir!« Stafford packte den ersten Korb und schritt mit ihm hinaus auf die Ebene. Er setzte ihn auf dem Boden ab und betastete eine der Kapseln. In ihrem Innern bewegte sich etwas ohne Unterlass, und er nahm sie vorsichtig auf und drückte sie neben dem Korb in die lockere Erde. Er bedeckte die Kapsel mit etwas Grund, dann griff er die nächste.

Barclay folgte ihm, und wenig später arbeiteten sie gemeinsam daran, ein Beet zu bepflanzen und die Kapseln nach und nach in den Boden zu stecken. Etwa hundert Kapseln verarbeiteten sie, dann war der Korb leer, und sie holten den nächsten. Sechs Körbe waren es insgesamt, und als sie die Arbeit beendet hatten, tat ihnen der Rücken weh, und sie setzten sich neben den Stolleneingang und warteten darauf, dass etwas geschah.

Sie hatten etwas getan, was den bösartigen Mächten den Finsternis offensichtlich half. Hätten sie es nicht getan, hätten die Yith sie vermutlich umgehend getötet.

Irgendwie fühlten sich die beiden Männer als Marionetten in den Händen dieser Mächte oder der einen Macht, die YOG-SOTHOTH genannt wurde.

Was war aus Meredith geworden, und was aus Randolph Carter? Sie hatten ihn nicht befreien können, und inzwischen war er vermutlich tot.

Noch immer stand das Licht direkt hinter der Ruine, es war, als sei die Zeit angehalten worden. Ein Blick auf seine Uhr belehrte Stafford, dass es nach seiner Zeitrechnung nach Mitternacht war. Der zweite Tag nach ihrem Aufbruch hatte begonnen.

Die Frage, wieviel Zeit in Wirklichkeit, in ihrer Bostoner Wirklichkeit, verstrichen war, beantwortete er sich lieber nicht. Er beobachtete Barclay, der aufstand und zu dem Beet hinüberging, in das sie die Kapseln gepflanzt hatten. Er betrachtete den Boden und beugte sich nach vorn.

Und plötzlich schrie er auf. Voller Entsetzen betrachtete er die Hand, die sich um seinen Knöchel gelegt hatte. Es war eine kleine, menschliche Hand, die Hand eines Kindes. Sie wuchs aus dem Boden heraus.

Stafford war längst aufgesprungen. Er starrte auf das Beet. In raschem Tempo wuchsen Hände und Arme aus dem Boden empor, an den Händen spreizten sich fünf Finger.

Dann folgten die Köpfe, teils flach, teils rund. Sie trugen noch Teile der aufgeplatzten Kapseln an sich. Die Köpfe besaßen vollständig entwickelte Gesichter mit großen, ausdrucksvollen Augen und breiten Nasen. Die Augen blickten aufmerksam und teilweise böse, ein paar der Gesichter lachten. Die Gesichter glühten, und sie wuchsen immer weiter empor, Hals und Schultern folgten. Die Arme senkten sich nach unten und stützten sich auf dem Boden auf.

Mit einem Ruck stemmten sich die Kinder aus der Erde empor.

Barclay riss sich heftig los, als der Kopf neben seinen Beinen ein fürchterliches Gebiss entblößte. Er versetzte der Hand, die ihn hielt, einen Tritt, und brachte sich mit einem weiten Seitensprung in Sicherheit. Er rannte zu Stafford hinüber, der wie angewurzelt da stand und den Vorgang beobachtete. Der Advokat nahm den silbernen Dolch aus der Tasche und anschließend den geladenen Trommelrevolver, dessen Hahn er spannte.

»Lassen Sie sich nicht täuschen, Hickton!«, warnte er. »Es sind keine Kinder. Sehen Sie in ihre Augen. Das sind die fanatischen Augen von erwachsenen Lebewesen!«

Er konnte nicht entscheiden, ob sein Begleiter ihm überhaupt zuhörte. Barclay floh zum Rucksack und nahm ihn hastig auf.

»Sie haben recht, Sir!«, hustete er. »Wir sollten so schnell wie möglich von hier verschwinden!«

Seine Worte waren gutgemeint, doch sie kamen viel zu spät. Die Schar von über sechshundert Kindern wuchs wie ein Wald vor ihnen empor, und die ersten rotteten sich zusammen und bewegten sich in geschlossener Front auf die beiden Männer zu. Ihre Münder bewegten sich, und sie sangen monoton und einstimmig und in ewiger Wiederholung: »Der Meister kommt! Der Meister kommt!«

Sie bückten sich und begannen, mit Steinen nach den beiden Männern zu werfen. Stafford riss die Hände vors Gesicht und duckte sich, und Barclay schützte sich mit dem Rucksack.

»Hört auf!«, rief der Anwalt. »Das bringt nichts. Wir wollen mit euch reden!«

Es erfolgte keine Reaktion. Die Kinder flüsterten weiter ihre monotonen Worte, und gleichzeitig stieg das Flüstern und Wispern sprunghaft an.

Jeremy Stafford spürte, wie das Blut aus seinem Gesicht wich. Er bekam weiche Knie, und seine Augen begannen zu tränen. Der Schmerz in seinen Ohren ließ ihn fast die Besinnung verlieren.

»Weg!«, ächzte er. »Irgendwohin, Hickton!«

Barclay empfand die Pein nicht in dem Maße wie er, aber auch ihm brach vor Anstrengung der Schweiß aus. Er begriff, dass sie die Verursacher des Wisperns gefunden hatten.

Neben ihm stürzte Stafford zu Boden und blieb reglos liegen. Der dicke Mann hielt ratlos den Rucksack in den

Händen, dann öffnete er ihn und schüttete den Inhalt den heranrückenden Kindern entgegen.

»Da!«, schrie er, und warf ihnen den Rucksack hinterher. »Vergnügt euch damit, aber lasst uns in Ruhe!«

Er bückte sich zu Stafford und zog ihn empor. Er stützte ihn und nahm den schussbereiten Revolver an sich.

»Jetzt!«, zischte er ihm ins Ohr. »Rennen! Wir brechen durch!«

Sie rannten los, ohne dass Stafford genau wusste, was eigentlich vorging. Eine wohlige Müdigkeit senkte sich über ihn, der Druck in seinem Gehirn ließ nach. Er verlor die Kontrolle über seinen Körper und wollte sich einfach nur noch hinlegen und schlafen.

Aber da war Barclay an seiner Seite, der treue Hickton, der ihn kniff und traktierte und ihn ständig in Bewegung hielt. Sie prallten gegen die Mauer der Kinder und rannten die aus den Kapseln gewachsenen Wesen teilweise um. Die Kinder waren stärker als menschliche Kinder ihres Alters, und ihre Kraft nahm ständig zu. Dennoch gelang es den beiden Männern, sich eine Gasse zu bahnen und die Wesen weitgehend von sich abzuhalten.

Es war die Saat des Verderbens, von der Meredith gesprochen hatte.

Sie ließen die riesige Schar der Kinder-Wesen hinter sich und verschnauften kurz.

»Es tut weh, Hickton«, stöhnte Stafford. »Der Druck in meinem Kopf nimmt wieder zu. Rasch weiter!«

Der Dicke schnaufte und schwitzte, doch er fügte sich und schleppte seinen Begleiter hinaus in die Ebene, bis Stafford ihn plötzlich von sich stieß.

»Wo sind wir?«, bellte er. »Wo ist das Haus?«

»Hinter uns, Sir! Die Kinder beschäftigen sich übrigens noch immer mit dem Rucksack. Wie geht es Ihnen?«

»Besser. Solange sie die fremden Gegenstände untersuchen, konzentrieren sie sich nicht so sehr auf mich!«

»Auf Sie, Sir? Nicht auf uns?«

»Sie wissen längst, dass Sie nicht so empfänglich für dieses Flüstern sind, Hickton. Danach richten sie ihre Strategie aus. Was sie da sehen, ist der Anfang einer riesigen Armee. Die GROSSEN ALTEN, wie Meredith diese Wesen bezeichnet hat, wollen sich die Erde mit Hilfe einer Armee aus bösartigen, seelenlosen Wesen untertan machen, die wie Menschenkinder aussehen. Und mit dem Meister, auf den sie alle warten, ist ganz bestimmt Carter gemeint. Los, zum Haus!«

Er konnte nicht sagen, warum er ausgerechnet das Haus zu ihrem Schutz aufsuchen wollte. Es lag wohl daran, dass es den einzigen ihnen bekannten Bezugspunkt darstellte.

Bleich und mit eingefallenen Wangen taumelte Stafford auf die Ruine zu, noch immer von Barclay gestützt. Als sie vor der Tür standen, warf der Advokat einen fiebrigen Blick auf das Messingschild im Türrahmen.

Hickton Barclay stand noch immer darauf zu lesen.

Es war das Haus.

Stafford warf sich gegen die Tür, die ihm keinen Widerstand entgegensetzte und nach innen schwang. Hinter ihm trat Barclay ein und seufzte. Er wankte zu einem der Sessel, die sie bereits kannten, und ließ sich hineinsinken.

Der Advokat blieb an der Tür und beobachtete die riesige Kinderschar. Die Wesen richteten ihre Aufmerksamkeit auf den vergitterten Stolleneingang. Dort blieb alles still, nichts rührte sich. Wie auf Befehl drehten sich die Kinder-Wesen um und starrten herüber zum Haus.

Sie sahen ihn.

Und wieder nahm das Flüstern und Wispern ungeahnte Dimensionen an. Stafford brachte einen Würglaut zustande und fiel in die Halle hinein. Sofort war Barclay bei ihm und half ihm auf.

»Der Schrank!«, ächzte der Advokat. »Hickton, wir müssen in den Schrank!«

Sie rannten durch die Räume, aber es gab keine Treppe hinauf in den ersten Stock. Auch ein Schrank stand nirgends. Es lag nicht daran, dass das Haus eine Ruine war. Innen war es vollständig intakt. Aber neben dem Kamin befand sich keine Öffnung, die eine Treppe aufnehmen konnte.

Stafford hetzte in die Halle zurück. Sein Blick fiel auf die Nische mit dem Bild. Wieder zog es ihn in seinen Bann. Sein Verstand versuchte mit dem letzten Rest Klarheit, den er aufbringen konnte, eine Beziehung zwischen dem magischen Gemälde und ihrer eigenen Position in dieser fremden Welt herzustellen. Ein wahnwitziger Gedanke kam ihm. Warum sollte es nicht gehen!

»Hindurch, Hickton!«, schrie er laut. Er fasste seinen Begleiter an der Jacke. Sie überwanden die zweieinhalb Yard bis zur Nische, und Stafford warf sich gegen das Bild und riss Hickton Barclay mit sich.

Einen Augenblick hatten sie den Eindruck, als stünde die Zeit still, als hielte die ganze Welt den Atem an. Dann krachte und prasselte es. Wo soeben noch das Bild in seinem Rahmen gewesen war, gähnte eine dunkle Öffnung, hinter der es rauschte und brauste. Stafford nahm den Dolch und hieb damit vor sich in die Luft. Es war, als zerschnitte er erst jetzt die Leinwand des Gemäldes. Ein Ratschen und Reißen von Stoff folgte, und er zog die Lampe hervor und leuchtete in die Dunkelheit hinein.

Der Lichtstrahl durchdrang den unbekannten Raum und wurde plötzlich in der Mitte auseinandergeschnitten. Der vordere Teil blieb erhalten, der hintere verschwand.

Aus dem Nichts entstand ein metallenes Tor, und sie stürzten darauf zu. Hinter sich hörten sie das Trampeln vieler hundert Kinderfüße auf dem Boden der Halle.

Stafford erreichte als erster das Tor und drehte an dem grünen Ring, dem einzigen Merkmal, das es besaß. Das Tor schwang auf, und er rannte hindurch. Barclays Keuchen folgte ihm, und Stafford leuchtete auf die Treppe, die abwärts führte. Er stieg hinunter und blieb einen Augenblick stehen.

An dem gemessen, was sie die letzten achtundvierzig Stunden erlebt hatten, war das, was er hier geistig verarbeiten musste, eine Kleinigkeit. Er stand in dem Zimmer mit dem Kamin. Aber draußen lag kein Meer mit vorbeifahrenden Schiffen. Draußen vor dem Fenster schwammen Fische, und Algen hatten ein Schiffswrack innerhalb von Jahrhunderten zu einer Burg ausgebaut, die die Schiffsform nur noch erahnen ließ.

»Hickton!«

Er sah gerade noch, wie Barclay auf der Treppe kehrtmachte.

»Nein!« Stafford hetzte auf die Treppe. Er riss ihn zurück.

»Verdammt, was soll das?«, schrie er.

»Ich habe die Tür offen gelassen«, sagte der dicke Mann zerknirscht. »Und hier kommt es vermutlich darauf an, ob sie offen bleibt oder nicht!«

»Vermutlich. Aber es ist zu spät! Los!«

Das Haus wackelte. Der Boden hob und senkte sich von einem Augenblick auf den anderen. Droben, wo die Treppe endete, tauchte ein riesiges, tentakelbewehrtes Monster auf. Seine Gliedmaßen schnellten herab zu ihnen und verfehlten sie, weil Stafford seinen Angestellten zurückriss und mit ihm vom Wohnzimmer hinaus in die Halle rannte. Er zerrte an der Haustür, doch sie klemmte. Sie versuchten es gemeinsam, ebenfalls ohne Erfolg. Erst als Stafford den silbernen Dolch als Hebel ansetzte, sprang die Tür mit einem heftigen Ruck auf.

Und in diesem Augenblick war für die beiden Männer aus Boston alles zu Ende. Eine riesige Woge ergoss sich in das Innere des Hauses. Das Meer stürzte mit Urgewalten herein, bildete einen Sog unter der Tür, der die beiden hinauszerrte und in den grünen Schlamm katapultierte. Sie verloren den Kontakt zueinander, trieben hilflos davon, und Stafford versuchte, den Atem so lange wie möglich anzuhalten und Luft zu sparen.

Die Gewalt der Meereswogen riss ihn weiter und versetzte seinen Körper in eine Schraubenbewegung, die nach oben führte oder dorthin, wo er glaubte, dass es oben war. Einen Augenblick lang sah er die Ruine des Hauses unter sich, wie sie in einer Schlammwolke unterging und die Mauern brachen. Mitten in diesem Inferno aus Dreck und Wasser glühte ein grünes Licht, flackerte auf und ab und erlosch dann übergangslos.

Gleichzeitig verlor Jeremy Stafford das Bewusstsein.

***

Sie hatten es schnell bemerkt, und für ihn war es ein Zeichen dafür, dass sie ihn beständig kontrollierten. Sie wussten jetzt, dass der Stein vom Kadath versagt hatte und die Rückverwandlung bereits Fortschritte machte.

Deshalb jagten sie ihn. Die Ra 'Sssythech folgten seiner Spur, und er konnte sie nicht einmal dadurch irritieren, dass er Yig-Draseth auf sie hetzte. Das Kind des Vaters aller Schlangen verbrannte einen Teil von ihnen, aber dann merkte auch dieses stumpfsinnige Wesen, dass mit ihm etwas nicht stimmte. Es warf ihm sein Netz hinterher, aber da hatte Meredith das Haus bereits verlassen und befand sich auf dem Weg zum Brunnen.

Sein Körper schwankte, die Tentakelbeine bildeten sich zurück. Irgendwann würde er nur noch ein unförmiger und wehrloser Klumpen sein, aus dem wieder ein Mensch wurde.

Bis dahin musste er in Sicherheit sein.

Denn diesmal bestand kein Zweifel. Sie hatten ihn unterschätzt. Sie wussten jetzt, dass sie ihm mit ihren Methoden auf diese Weise nicht beikommen konnten.

Sie würden ihn töten und sich an die beiden anderen halten, die sich noch in ihrer Reichweite befanden.

Das Wesen, das einmal Randolph Carter gewesen war, erreichte den Brunnen und warf sich hinein. Der Körper ging augenblicklich unter und erreichte den Grund des Brunnens. Meredith folgte dem Tunnel und gelangte in die Kaverne. Der Schacht war noch vorhanden, und er war gefüllt mit Wasser. Er ließ sich hinauftreiben und gelangte auf diese Weise in das Haus am Meeresgrund.

Er suchte das algenbedeckte Wrack in der Nähe auf. Atemluft barg sein Shoggotenkörper noch genug für etliche Stunden Aufenthalt unter Wasser.

Meredith versteckte sich in dem Wrack und wartete ab, bis es Zeit war zum Auftauchen.

***

Der Lichtstrahl traf genau auf sein Auge, und er blinzelte und drehte den Kopf zur Seite. Um ihn herum war es hell, und es war nicht diese von grauen Wolken verhangene Helligkeit Yoghs und auch nicht die grelle Helligkeit über der Ebene. Es war eine ganz normale Helligkeit, wie sie entstand, wenn die Morgensonne in das Schlafzimmer schien. Es war ein fürchterlicher Traum, stellte Jeremy Stafford fest. Wie kam es nur? Randolph Carters Erzählungen müssen meine Phantasie auf ungemein starke Art angeregt haben.

Er öffnete beide Augen und tastete nach der Bettdecke.

Und da merkte Jeremy Stafford, dass er von oben bis unten klatschnass war.

Diesmal riss er die Augen richtig auf und nahm die Umgebung wahr.

Er lag im Sand, und die schwachen Wellen des Ufers umspülten ihn. In seinen Stiefeln schmatzte das Wasser, und auf seinen Lippen hatten sich Salzkristalle gebildet.

Stafford drehte sich auf den Rücken und richtete sich auf.

Die Brandung rauschte, und er sah auf den weiten Ozean hinaus. Etwa zwanzig Yards entfernt lag die füllige Gestalt seines Angestellten. Barclay bewegte sich, auch er schien zu sich zu kommen.

Erst jetzt wurde Stafford bewusst, was geschehen war. Sie hatten sich zuletzt in dem Haus am Meeresgrund befunden. Sie waren von dem Sog hinaufgerissen worden, und sie hatten es überlebt. Die Tiefe konnte nicht von großer Bedeutung gewesen sein, sonst wären sie beim raschen Auftauchen den Dekompressionstod gestorben. Oder es war erneut Magie im Spiel gewesen.

Der Anwalt erhob sich schwankend und stapfte zu Barclay hinüber. Der Dicke nahm seine Annäherung wahr und quittierte sie mit einem lahmen: »Guten Morgen, Sir!«

Stafford sah zur Sonne hinüber.

»Es ist Nachmittag, wie ich sehe!« Er bückte sich und half seinem Begleiter auf. »Hoffentlich haben Sie kein Wasser in die Lunge bekommen Hickton!«

»Ich glaube nicht, Sir. Im Zustand der Bewusstlosigkeit macht der Körper keinen Fehler!«

Er blickte sich um und deutete auf den Hang hinauf, wo wie immer die Wetterfahne wehte.

»Wir befinden uns auf dieser Seite der Bucht, Sir. Dort oben liegt die Stadt!«

»Ja, ich weiß«, sagte der Advokat. »Und ich bin gespannt, was uns erwartet. Die Fahne sieht ziemlich neu aus, noch nicht zerzaust. Wurde nicht zwei Wochen vor unserem Aufbruch eine neue aufgezogen? Oder –«, er wagte kaum, den Gedanken auszusprechen, »stammt diese Fahne aus einem anderen Jahr oder Jahrzehnt?«

Sie sahen sich wortlos an. Es wurde ihnen bewusst, dass sie sich zwar in der unmittelbaren Umgebung ihrer Heimat aufhielten, aber nichts über den Zeitpunkt wussten, an dem sie an die Oberfläche zurückgekehrt waren.

Drüben, auf der anderen Seite der Bucht, ragten undeutlich die Basaltfelsen in den Himmel.

Stafford setzte sich, zog die Stiefel aus und schüttete das Wasser in den Sand. Barclay tat es ihm nach, und anschließend begannen sie am Strand entlangzuwandern. Das Meer war ruhig, nichts deutete darauf hin, dass es auf seinem Grund zu gewaltigen Strudeln gekommen sein musste.

»Dort, sehen Sie, Sir?« Der Dicke deutete nach Norden, wo ein Schatten in das Meer hineinragte. »Was ist das?«

Einer unbestimmten Ahnung folgend, schritt Stafford schneller aus und erreichte die Stelle in weniger als fünf Minuten. Er fand den Körper und erkannte sofort, um wen es sich handelte. Er drehte ihn herum und schüttelte ihn. Der Atem Randolph Carters ging gleichmäßig, doch er war noch nicht erwacht. Als er endlich die Augen aufschlug, da meinte Stafford, in die Augen des Alten zu blicken, der sie in dem Haus empfangen hatte. Aber die Augen besaßen einen leichten Grünschimmer, und da verstand der Anwalt einen weiteren Teil der Zusammenhänge.

»Hallo Meredith!«, sagte er. »Können Sie mich verstehen?«

Carter – der Randolph Carter, so wie sie ihn immer gekannt hatten – nickte mühsam. Er hustete und spuckte Sand aus, der sich in seinem Mund gesammelt hatte.

»Stafford und Barclay!«, brachte er mühsam hervor. »Sie sind zurück. Aber was ist alles geschehen? Wir haben den größten Fehler gemacht, den es gibt.«

»Sie haben ihn gemacht. Wir haben uns nur von Ihnen verleiten lassen!«, behauptete Hickton Barclay. »Ich schätze, die Konsequenzen werden wir nie richtig erfassen können!«

Stafford half Carter beim Aufstehen. Der Mystiker machte einen vollkommen erschöpften Eindruck.

»Ich brauche Schlaf, viel Schlaf!«, erklärte er. »Doch wichtiger ist die Gewissheit!« Er warf den Kopf in den Nacken.

»Was ist in dem Haus am Meeresgrund geschehen? Wie sind Sie hineingekommen?«

Jeremy Stafford setzte zu einem Bericht an, aber da brach Randolph Carter vor Erschöpfung bewusstlos zusammen. Der Anwalt konnte ihn gerade noch auffangen.

***

Vier Tage verstrichen. Randolph Carter hatte vom Arzt strikte Bettruhe verordnet bekommen, aber jetzt fühlte sich der Weltreisende wieder wohl und ließ Stafford und seinen Angestellten zum Tee bitten. Die beiden Männer hatten die Zeit wie auf Nadeln verbracht. Erst einmal hatten sie festgestellt, dass in Boston genau die Zeit vergangen war, wie sie auch Staffords Uhr anzeigte, nämlich knapp drei Tage. Barclay hatte das Schild an der Kanzlei entfernt, und dann hatten sich die beiden erst einmal getrennt, um richtig auszuschlafen. Danach hatte Stafford den völlig durchnässten Revolver gereinigt und den Dolch in die Kommode zurückgelegt. Seinen Stockdegen musste er abschreiben, der war irgendwo in der Tiefe zurückgeblieben. Da ein situierter Mann wie er jedoch über mehrere Modelle verfügte, störte ihn der Verlust nicht besonders.

Als die Kutsche vor dem Haus hinter den Haselnussbüschen hielt, da bemächtigte sich eine gewaltige Unruhe der beiden Männer.

Parks empfing sie bereits im Vorgarten. Der alte Butler wirkte erleichtert, aber auch bedrückt. Er schien zu ahnen, dass sich etwas Furchtbares zugetragen haben musste.

Randolph Carter erwartete sie in der Bibliothek. Er streckte ihnen zur Begrüßung die Arme entgegen und schüttelte ihnen ungewöhnlich lange die Hand. Seine Augen blickten ernst, das Grün in ihnen war vollständig verschwunden.

»Ich bin Ihnen eine Erklärung schuldig«, sagte er und lud sie ein, in den Sesseln Platz zu nehmen. »Seit Jahren spüre ich auf meinen Reisen den magischen Druck jener Wesen, die mir folgen. Sie wissen, dass ich auf der Suche nach ihren Geheimnissen bin. Von Jahr zu Jahr kamen sie mir näher, kreisten meine Heimstatt ein und fanden sie schließlich. Immer wenn ich ihre Annäherung erkannte, begab ich mich erneut auf eine Weltreise, um die Spur zu verwischen. Doch diesmal haben sie es zum ersten Mal geschafft, mich zu überrumpeln. Sie, Mister Stafford, haben es richtig erkannt. Ich war Meredith. Der Shoggote hat mich in das Reich unter dem Grund des Ozeans geholt, und er hat meinen Körper einer langsamen Umwandlung unterzogen. Er wollte mich zum Meister jener Sklaven machen, die Menschen genannt werden. Mit Hilfe der Saat des Verderbens sollte ich die Oberfläche des Planeten erobern und die Menschheit versklaven. Danach wären die GROSSEN ALTEN an die Oberfläche zurückgekehrt und hätten die Herrschaft angetreten.

Ihre Diener rechneten nicht mit meine Standfestigkeit. Ein winziger Teil meines Bewusstsein blieb erhalten. Er ermöglichte es mir, beide Ziele zu verfolgen, das ihre und das meine. Es gehörte zu meinem Plan, dass Sie mir folgen würden, Mister Stafford. Sie stellten einen Fremdkörper dar, der in meinem Sinn handeln konnte. Ich benutzte Ihre latente Begabung für übersinnliche Dinge, die mir seit geraumer Zeit bekannt ist. Ich hoffte, ich würde damit mein Ziel erreichen. Leider war ich zu schwach und habe versagt. Das, was jetzt auf uns zukommt, wird fürchterlich sein.«

Es klopfte. Parks kam herein und flüsterte Carter etwas ins Ohr. Der Weltreisende und Verfasser zahlreicher Bücher sprang auf.

»Aber das ist nicht möglich!«, rief er aus. Er fuhr zu seinen Gästen herum. »Das Haus auf der anderen Seite der Bucht existiert nicht mehr. Ich habe jemanden hingeschickt. Er berichtet, dass sich nicht einmal eine Spur dort befindet. Ich kann es mir nicht erklären. Die Diener der GROSSEN ALTEN werden sich doch nicht ihrer eigenen Machtmittel berauben!«

Um Jeremy Staffords Mund spielte plötzlich ein eigentümliches Lächeln. »Das nicht. Aber vielleicht ist die Ursache irgendwo anders zu finden, lieber Freund!«

Carter sah ihn mit einer Mischung aus Unglauben und Verwunderung an.

»Es kann sein, dass wieder mal ein sehr liebenswerter Herr vergessen hat, eine Tür zuzumachen und anschließend von mir davon abgehalten wurde, sie doch noch zu schließen. Es wird Zeit, dass Sie unseren Bericht anhören!«

Während Carter irgendwie erleichtert und erschüttert zugleich in seinen Sessel zurücksank, begannen die beiden Männer abwechselnd zu erzählen. Von ihrem Weg in das Haus, ihrer Rutschpartie in die Kaverne und dem Auftauchen im Brunnen von Yogh. Sie schilderten das Verhalten des Alten und auch Merediths, das ihnen in seiner Widersprüchlichkeit nun endlich verständlich war. Und sie schilderten ihre Erlebnisse von dem Zeitpunkt an, als Meredith sich von ihnen getrennt hatte. Wie sie durch das Tor in das Haus gelangt waren und Stafford mit dem Silberdolch die Haustür geöffnet hatte. Und als Stafford mit dem schloss, was er im Meer beobachtet hatte, bevor er bewusstlos wurde, da hielt es Randolph Carter nicht mehr in seinem Sitz. Er sprang auf und hüpfte hin und her.

»Unglaublich. Sie haben das Tor geöffnet und das Haus verlassen. Der Shoggote kam zu spät. Und das grüne Leuchten ...«

Er begann lauthals zu lachen, trat zu Hickton Barclay, zog ihn empor und drückte ihn impulsiv an sich.

»Und beinahe hätte ich Sie von Ihrem Fehler noch kuriert, jede Tür aufstehen zu lassen. Ich war ein Narr. Sehen Sie es mir nach, da ich nicht mehr Herr über mich selbst war. Wissen Sie, was Sie da getan haben? Nein, Sie können es nicht wissen!«

Er wandte sich zu Stafford.

»Sie haben dem Meer einen Weg in das Haus und in die Ebene gezeigt. Das Wasser hat seinen Weg nach Yogh gefunden und die unterirdischen Gänge und Gewölbe zerstört. Sie sind mit magischen Kräften aufgeladen und reagieren allergisch auf das Salzwasser und den hohen Druck. Und Sie haben ’UMR AT-TAWIL vernichtet. Das grüne Leuchten ist erloschen, die Macht dessen, der länger als das Leben währt, ist gebrochen.«

Wieder lachte er laut, und über seine Wangen kullerten Tränen.

»Ich habe Fehler gemacht, aber es war gut so. Ich habe von Ihnen abgelenkt. Und Sie beide, Sie haben die Menschheit vor einem schrecklichen Schicksal bewahrt. Natürlich gibt es noch andere Wege an die Oberfläche, es sind nach meinem Wissen mehrere Shoggoten in den Weltmeeren unterwegs, um auf ihre Chance zu lauern. Mit ihnen wird die Menschheit fertig. Aber der direkte Angriff konnte abgewehrt werden. Mister Stafford, Mister Barclay. Da tappen zwei völlig unerfahrene Menschen mitten in den Machtbereich der GROSSEN ALTEN hinein und kehren völlig unbeschadet zurück. Wie wollen wir es nennen? Ironie des Schicksals?«

Er lachte aus vollem Hals, und die beiden Helden wider Willen stimmten herzhaft ein.

Das flammende Ungeheuer

Im Police-Office stank es nach Rauch und Schweiß. Der klapprige, lautstark vor sich hinlärmende Ventilator vermochte es nicht, für eine einigermaßen zufriedenstellende Zirkulation zu sorgen. Unter der Decke des niedrigen Raumes trieb eine im gelben Kunstlicht deutlich sichtbare Dunstschicht hin und her. Sie bildete Schlieren mit bizarren Mustern, die gar nicht zu der nüchternen und sachlichen Atmosphäre passen wollten. Drei Männer in Uniform saßen hinter ihren Schreibtischen und bearbeiteten Formulare. Das wütende und unregelmäßige Klacken der Tasten und das hastig folgende Schlagen der Hämmer zeigte an, dass alle drei keine ausgeprägte Übung im Umgang mit Schreibmaschinen besaßen. Aus zusammengekniffenen Augen musterten sie das Papier, und einer wandte leicht den Kopf, als die Tür ging.

»Mac, lassen Sie die Tür offen, damit der Qualm abzieht«, brummte der Officer und wandte sich wieder seiner Arbeit zu. Irgendwo im Hintergrund tickte der Fernschreiber, aber keiner achtete darauf. Die Papierbahn reichte bis zum Boden hinab und schob sich über das lackierte Holz zwischen den Schreibtischen hindurch. In der Art einer Schlange durchquerte die Bahn das Office und fand schließlich an einem überquellenden Papierkorb Widerstand.

Irvin McMoughin schob die Tür vollständig auf und kam mit langen Schritten herein. Er duckte sich ein wenig unter der Dunstschicht und schüttelte den Kopf. Immer war es dasselbe. Die Beamten schienen nicht zu begreifen, dass sie sich mit der ewigen Raucherei einen lebensgefährlichen Arbeitsplatz schufen.

»Eines Tages frisst euch der Qualm auf«, sagte der Mann in Zivil und sah die drei Uniformierten der Reihe nach an. Parkins und Goodwin drüben an der Wand reagierten nicht und führten weiter ihren endlosen Kampf mit den Maschinen und Formularen. »Gibt es was Neues?«

»Reißen Sie es sich selbst ab«, antwortete Grimes, der ihn zuvor bereits angesprochen hatte. »Nehmen Sie sich vom Boden, was Sie brauchen.«

McMoughin nickte und schritt in den hinteren Teil des Raumes zum Fernschreiber. Er riss das Endlospapier ab und raffte die Bahn zusammen. Auf der Kante eines Tisches sitzend, ging er die Meldungen durch. Leise begann er sie der Reihe nach vorzulesen. Die drei Männer an ihren Schreibtischen hörten mit halbem Ohr zu.

»Nichts und wieder nichts«, erklärte er dann und legte den Stapel neben sich auf den Tisch. »Zwei verschwundene Katzen, ein Blechschaden mit Fahrerflucht und eine Reihe politischer Glaubensbekenntnisse unserer Regionalpolitiker. Ein richtiges Sommerloch, wenn ihr mich fragt. Wieso bin ich nicht auf den Kanarischen Inseln oder auf Mallorca? Tunesien wäre auch nicht schlecht. Die Nähe zu Gaddafi stört mich nicht besonders.«

»Dienst ist Dienst, und Schnaps ist Schnaps.« Grimes grinste und nahm endlich die beiden Zeigefinger von der Maschine. »Dort drüben liegen die Notizen der Tagesmeldungen aus unserem Distrikt. Vielleicht finden Sie da etwas!«

»Danke, Jeffrey! Wie steht es mit Whiskey? Habt ihr noch eine Flasche da?«

»Einen Rest«, erklärte Parkins und Goodwin ergänzte: »Sie dürfen beim nächsten Mal gern wieder eine mitbringen.«

Über das Gesicht McMoughins glitt ein verständnisvolles Grinsen.

Eine Hand wäscht die andere, dachte er. Er wusste es zu schätzen, dass er als einziger Mitarbeiter der örtlichen und regionalen Presse freien Zugang zum Office hatte. Dieses Vertrauensverhältnis hatte er sich in vielen Jahren erarbeiten müssen, es war ihm nicht einfach in den Schoß gefallen. Viel Fingerspitzengefühl gehörte dazu, gerade in seiner Position. Er saß zwischen zwei Stühlen, und der eine gehörte Ryker, seinem Chef bei den Glasgow News. Auf dem zweiten drängelten sich die Beamten des Distrikt-Office, die in drei Schichten arbeiteten.

Irvin McMoughin hörte immerfort Rykers Stimme im Ohr.

»Hören Sie, Mac, Sie sind hier der Fachmann für Klatsch und Sensationen. Sie haben vier Seiten zur Verfügung. Das sind vier mal vier Spalten jedes Wochenende. Ich will, dass die randvoll sind mit interessanten Neuigkeiten. Der Leser muss in der letzten Zeile den Eindruck haben, dass die Blätter überquellen und dass es nur die Hälfte dessen ist, was wir bringen könnten. Also klemmen Sie gefälligst Ihren Hintern zusammen und machen Sie sich an die Arbeit.«

Diese oder ähnliche Worte hörte McMoughin fast bei jeder Redaktionsbesprechung, und für gewöhnlich stellte es kein Problem dar, genug Material zu sammeln. Jetzt aber war Hochsommer und damit Urlaubszeit angesagt, und das Sommerloch dauerte im Normalfall bis zu zwei Monaten.

Der Reporter ging zur rechten Seite des Büros hinüber, wo die handschriftlichen Notizen der Beamten lagen. Er blätterte sie durch und schüttelte immer wieder enttäuscht den Kopf. Ein herabgefallener Blumentopf war zum Zankapfel zwischen zwei Nachbarn geworden. Irgendwo im Südteil der Stadt hatte jemand einen Lattenzaun abmontiert, der ihm nicht gehörte. In der Innenstadt hatte man zwei Ladendiebe erwischt, und drunten am River Clyde war aus unerfindlichen Gründen eines der kleineren Fischerboote leckgeschlagen.

»Hört euch das an«, lachte McMoughin. »Bei Bauer Cloughley sind zweihundert Hühner gestohlen worden. Was sagt man dazu? Eine Hühnermafia? Oder eine Kompanie Füchse?«

Die drei Officer lachten schallend.

»Der Bauer ist für seine schrulligen Ansichten bekannt und hat den beiden Constablern von der Streife genau das Gleiche erzählt, als sie den Diebstahl aufnahmen«, sagte Grimes. »Es gab keine Reifenspuren, obwohl der Boden nach dem Gewitter der letzten Nacht ziemlich aufgeweicht ist. Jemand hat das Gehege zerstört mitsamt dem Hühnerstall und das Federvieh einfach mitgenommen. Ein paar Federn sind gefunden worden, mehr nicht. Die Täter müssen sich in Richtung Wald entfernt haben.«

Irvin McMoughin wäre ein untauglicher Reporter gewesen, wenn er hier nicht plötzlich eine Sensation gewittert hätte.

»Es gibt nicht viele Möglichkeiten. Größere Raubtiere wie Bären oder Tiger führen wir in Schottlands Wäldern nicht. Es ist ebenso unglaubhaft, dass sich ein paar Dutzend Penner zusammengerottet haben, um den Hühnerstall zu überfallen. Oder kommen gar auf zweihundert Hühner zweihundert Lumpenbrüder? So viele haben wir in Glasgow gar nicht. Zudem verfügte dann jeder nur über ein Huhn, was unter dem Gesichtspunkt der Vorratshaltung völlig uneffektiv wäre.«

Wieder lachten die drei. Wie immer, wenn McMoughin bei ihnen reinschaute, kamen sie auf ihre Kosten.

»Falls Sie zu ihm rausfahren, Mac, der Bauer hat immer einen so dicken Bauch, wie er ihn jetzt spazieren führt«, prustete Grimes. »Er kann die Hühner nicht selbst verspeist haben. Unsere Männer hätten das zur Not auch noch untersucht.«

»Andererseits können zweihundert Hühner nicht einfach so verschwinden. Wenn ihr Federn gefunden habt, dann solltet ihr weitersuchen.«

»Zwecklos. Im Wald hört die Spur auf.«

Irvin McMoughin warf einen Blick auf seine Armbanduhr.

»Ich werde mir das trotzdem mal ansehen. Wir sehen uns morgen wieder!«

»In Ordnung. Vergessen Sie den Whiskey nicht.«

Der Reporter der Glasgow News eilte hinaus zum Wagen. Hinter ihm trieben die Schwaden des Qualms zur offenen Tür heraus und stiegen an der Fassade des Gebäudes empor in den Himmel.

McMoughin fuhr nach Westen, wo sieben Meilen vor der Stadt Cloughleys Hof lag. Er traf den Bauern beim Auftanken des Traktors und führte ein kurzes Gespräch mit ihm. Cloughley besaß die Gestalt eines Whiskeyfasses und machte trotz des Diebstahls einen behäbigen und zufriedenen Eindruck, als habe er tatsächlich alle Hühner selbst gegessen. Er zeigte ihm die Reste des Hühnerstalles und der Einzäunung, und der Reporter untersuchte die Balken und Pfosten. Ein Teil von ihnen war zerbrochen, aber die meisten hatte man einfach aus dem Boden gezogen und dann plattgedrückt.

Er nahm einen davon auf und wog ihn in den Armen. Die Diebe mussten ganz schön kräftig gewesen sein, Ringer, Artisten oder Ähnliches. Zigeuner?

Rasch rief er sich alle Informationen der letzten vier Wochen ins Gedächtnis. Im Umkreis von hundert Meilen gastierte derzeit kein Zirkus oder ein anderes Unternehmen vergleichbarer Art. Von unterschiedlichen Positionen aus machte er vier Aufnahmen mit der Kamera. »Ich werde mal rübergehen zum Wald«, erklärte er dann.

»Seien Sie vorsichtig. Die Kühe sind unruhig. Halten Sie sich besser außerhalb der Weidezäune«, warnte Cloughley ihn.

Der Reporter nickte und setzte sich in Bewegung. Die vollautomatische Kamera baumelte an seiner Brust. Er eilte an den Zäunen entlang und musterte die Pfähle und Drähte. Sie wiesen keinerlei Beschädigungen auf. Und es gab keine Spuren.

Es konnte keine mehr geben. Der nächtliche Regen hatte den Boden getränkt, und das Gras spross höher und grüner als in den vergangenen Wochen voller Trockenheit. Irvin McMoughin fand keinen einzigen Hinweis, und er erwartete es auch nicht. Wenn die Beamten am frühen Morgen nach Bekanntwerden des Diebstahls nichts gefunden hatten, war dies jetzt gegen Abend erst recht unwahrscheinlich.

Das Wetter war den Dieben günstig gewesen, und die Chance, sie jemals ausfindig zu machen, tendierte gegen Null.

Ein paar vereinzelte Hühnerfedern wiesen den Weg bis zum Waldrand, und dort endete diese einzige Spur, wie Grimes es gesagt hatte.

McMoughin untersuchte den Boden. Er schob sich zwischen die Büsche, suchte nach Abdrücken und fand sie nicht. Der Moder des Waldes drang in seines Nase, und er musste niesen. Nach ein paar Sekunden hatten sich seine Augen an das Halbdunkel gewöhnt, und er begann nach abgebrochenen Zweigen und ähnlichen Indizien Ausschau zu halten.

Da war nichts. Das Einzige, was Irvin McMoughin auf dem Rückweg zum Wagen entdeckte, war ein Kaninchenbau außerhalb der Büsche. Der Eingang war so groß, dass gut drei Meister Lampes nebeneinander hindurchgepasst hätten oder eineinhalb Füchse.

Wenn die Langohren nicht aufpassen, erleben sie einen kurzen Sommer, dachte er bei sich.

Er machte sich auf den Rückweg in die Stadt. Es war Donnerstag, und er stand noch immer mit leeren Händen für die Wochenendausgabe da. Es bedeutete, dass er sich mindestens die halbe Nacht um die Ohren schlagen musste, damit er die sechzehn Spalten mit ein paar aufgemöbelten Meldungen aus dem Ausland füllen konnte, deren Wahrheitsgehalt mehr als zweifelhaft war. An Mona dachte er in dieser Situation nicht. Sie hatten sich nicht zu einem festen Zeitpunkt verabredet, und er rechnete damit, dass sie frühestens Freitagabend bei ihm hereinschneite. Bis dahin befanden sich seine Seiten bereits im Druck. Dankbare Themen um diese Jahreszeit boten sich immer an. Sie tauchten in jedem weltweiten Sommerloch auf: Ufos über dem Pazifik. Mysteriöses Verschwinden eines Flugzeuges im Bermuda-Dreieck. Neues Elixier entdeckt, das die Lebenserwartung des Menschen verdoppelt, und so weiter.

***

Ein nervtötendes Klingeln in seinen Ohren ließ ihn langsam zu sich kommen. Er presste einen Fluch zwischen den Lippen hervor, wälzte sich herum und versuchte, das unangenehme Geräusch zu vergessen. Als es nach längerer Zeit noch immer nicht aufhörte, schob er einen Arm unter der Bettdecke hervor und tastete nach dem Wecker. Er fand ihn, drückte den Knopf auf der Oberseite und wollte erleichtert in die Gefilde der Träume zurücksinken.

Das Klingeln aber blieb. Es dauerte garantiert eine ganze Minute, ehe er begriff, dass es das Telefon war, das am Boden neben dem Bett stand. Er schob den Oberkörper zur Bettkante, griff nach unten und tastete nach dem Hörer.

Mit einer unkontrollierten Bewegung holte er ihn herauf zum Kopf und setzte ihn ans Ohr.

»Ja«, murmelte er. »Was ist?«

»Atchinson von der Nachtschicht hier. Tut mir leid Mac, aber wir müssen Sie aus dem Bett holen. Kostenloser Service des Police-Office sozusagen. Bei Cloughley ist der Teufel los.«

Mit einem Ruck war Irvin McMoughin hellwach.

»Danke, ich komme. Bin schon unterwegs.«

Es knackte in der Leitung, und er setzte sich auf die Bettkante und machte das Licht an. Der Wecker zeigte kurz vor vier Uhr. Er hatte gerade mal dreieinhalb Stunden geschlafen. Bis weit nach Mitternacht war er am Schreibtisch gesessen und hatte für die Wochenendausgabe gearbeitet.

Genau zwei Minuten benötigte er, um sich anzuziehen und die Wohnung zu verlassen. Seine Ausrüstung lag wie gewohnt im Kofferraum des alten Buick. Um sie brauchte er sich nicht zu kümmern.

Glücklicherweise war Hochsommer, und der Wagen sprang sofort an. Zur Winterszeit wäre es problematisch geworden.

McMoughin steuerte ihn durch die Innenstadt und hinaus nach Westen. In der Dunkelheit sah die Landschaft anders aus als bei Tag. Jeder Scheinwerferreflex zauberte Schatten auf den Asphalt und die angrenzenden Weiden und Getreideäcker. Dunkle, klobige Schatten wogten links von der Straße, und McMoughin erkannte eine Herde Kühe, die aufgeregt am elektrischen Zaun hin und her rannten und immer wieder versuchten, auf die Straße zu gelangen. Die elektrischen Schläge des Metalldrahtes hielten sie zurück.

Cloughleys Hof war schon von weitem zu erkennen. Mehrere Scheinwerfer leuchteten rund um das Gebäude.

Der Reporter drückte das Gaspedal bis zum Anschlag durch, raste die Landstraße entlang und bog schließlich mit jaulenden Reifen in die Zufahrt ein. Keine Viertelstunde nach dem Anruf aus dem Office hatte er sein Ziel erreicht, sprang aus dem Wagen, riss die Fotoausrüstung aus dem Kofferraum und baute sie zusammen. Er vergewisserte sich, dass ein lichtempfindlicher Film eingelegt war, dann rannte er an der Scheune vorüber zum Gatter, wo mehrere Männer standen.

»Irvin McMoughin, Glasgow News«, sagte er leise. »Was ist geschehen?«

Cloughley befand sich zu seinem Erstaunen nicht bei der Gruppe. Die Officer Thornway, Higgins und drei Knechte des Hofes hielten sich am Gatter auf und starrten in das Halbdunkel hinaus.

»Hey Mac. Gut, dass Sie da sind«, sagte Thornway. »Der Bauer hat uns alarmiert. Da draußen geht irgendetwas vor. Mehrmals haben Kühe geschrien, und die Herde ist hinüber an das andere Ende des Geländes geflohen.«

McMoughin kniff die Augen zusammen und lauschte. Außer dem Zittern des Bodens, verursacht durch die Stampede der Kühe, war nichts zu hören. Das Blätterwerk des Waldes rauschte im Wind, und der Reporter konnte hören, wie sich die Wipfel der Bäume schüttelten. Er legte den Kopf in den Nacken und starrte zum Himmel empor. Es war sternenklar bis zum Horizont. Kein Anzeichen eines Sturmes war zu erkennen, keine einzige Wolke verdeckte den Ausblick auf das All.

»Etwas stimmt nicht«, flüsterte er, und seine Stimme klang ratlos. Er befeuchtete den linken Zeigefinger und hielt ihn nach oben. Es war absolut windstill, und dennoch rauschte der Wald. Gebannt wartete er darauf, dass die ersten Böen die kleine Gruppe erreichten, doch es geschah nichts. Es war, als gäbe es dort drüben am Waldrand eine andere Welt, als begänne dort ein anderer Kontinent mit anderem Wetter.

Einer der Knechte stieß plötzlich einen Schrei aus und deutete nach rechts hinüber. Ruckartig wandten sie die Köpfe und starrten auf den Lichtschein. Er kam mitten aus dem Wald, stieg zwischen den Bäumen empor und wurde heller.

»Mein Gott«, murmelte Thornway. »Was ist das? Jerry, Scheinwerfer aus! Beeilt euch. Richtet sie alle auf den Wald und schaltet sie erst auf mein Kommando hin wieder ein.«

Vom Wohnhaus her klangen unterdrückte Schreie. McMoughin hörte, wie Cloughley beruhigend auf seine Familie einredete.

Die Männer rannten davon, und Augenblicke später wurde es dunkel.

Nur das Leuchten zwischen den Wipfeln blieb und verstärkte sich immer mehr. Je heller es wurde, desto deutlicher wogte und flackerte es.

Die Augen des Reporters wurden von dem Licht wie magisch angezogen. Er nahm es gar nicht wahr, dass er die Kamera vor das Gesicht hob, den Zoom auf höchste Brennweite stellte und eine Aufnahme nach der anderen machte. In seinem Okular sah er das Lodern sechsmal größer als in Wirklichkeit, und er erkannte die Gleichmäßigkeit der Bewegung, mit der es nach oben stieg und die Wipfel der Bäume unter sich ließ. Der Motor des automatischen Filmtransports summte leise neben seinem Ohr. Zwei Aufnahmen pro Sekunde machte er, und er hoffte inständig, dass die Lichtempfindlichkeit des Filmmaterials ausreichte, um die Erscheinung auf das Zelluloid zu bannen. Thornway neben ihm schnaufte laut, seine Finger umklammerten die Holzlatten des Gatters und rüttelten unbewusst daran.

Ein riesiger Feuerkreis wuchs über dem Wald auf, ein loderndes Etwas, das leicht schwankte und immer schneller in den Himmel stieg.

»Scheinwerfer ein«, rief der Officer. Lichtfinger entstanden in der Dunkelheit und griffen hinüber an den Waldsaum, verfingen sich in den Wipfeln der Kiefern und Fichten und versuchten, dem feurigen Gebilde zu folgen und es einzurahmen. Es nützte nichts oder nicht viel. Sie sahen nur den Flammenring und dazwischen die Schwärze der Nacht, eine tiefe, endlose Schwärze, in der es keine Sterne gab.

»Macht das Licht wieder aus«, sagte Irvin McMoughin laut. »Ich brauche Aufnahmen.«

Thornway war so geistesgegenwärtig, dass er erkannte, dass diese Aufnahmen auch der Polizei nützlich sein konnten. Er gab einen knappen Befehl, und wieder wurde es dunkel über dem Gelände.

Der lodernde Ring stieg immer weiter und immer schneller in den Himmel empor, und jetzt sahen sie auch, dass es kein kreisförmiges Gebilde war, sondern eher einem Oval oder Ellipsoid ähnelte. Es driftete in Richtung Norden und verschwand eine halbe Minute später hinter den Höhen und Wäldern des schottischen Hochlandes. Das Rauschen in den Wipfeln der Bäume war verstummt, nur die hektisch an der Straße hin und her rennenden Kühe waren zu hören.

Irgendwo im Hintergrund begann ein Kind zu weinen, und eine Frauenstimme sprach beruhigend auf es ein.

Thornway wandte sich ruckartig dem Reporter zu.

»Mac, was glauben Sie, was das war? Ein Ufo? Ein Schiff mit Außerirdischen?«

»Wenn Sie mich so direkt fragen, dann antworte ich mit ja. Bei dem Gebilde handelte es sich weder um ein Flugzeug, noch um einen Heißluftballon oder etwas Ähnliches. Es gibt hier auch keine geheime Versuchsanlage des britischen Geheimdienstes oder anderer Institutionen. Genaues wird erst die Auswertung der Bilder zeigen, aber Sie sollten davon ausgehen, dass es nicht von Menschen erschaffen worden ist.«

Higgins war inzwischen zum Streifenwagen gegangen und gab über Funk einen ausführlichen Bericht durch. Die übrigen Männer hielten sich weiter am Gatter auf. Der Horizont im Osten nahm schon seit einiger Zeit immer mehr an Helligkeit zu, bis zum Sonnenaufgang konnte es nicht mehr lange dauern. Die Dämmerung erhellte das Land und ließ die Konturen der Umgebung immer deutlicher werden. Mit dem beginnenden Tag wurde auch die Herde ruhiger, und Cloughley schickte seine Familie ins Haus, fuhr den bereitstehenden Wagen in die Scheune zurück und kam zu den Beamten und seinen Knechten herüber. Die Kühe trotteten herbei und suchten ihre Schlafplätze in der Nähe des Hofes auf. »Ich kann nichts Ungewöhnliches erkennen«, sagte der Bauer nach einem intensiven Rundblick. »Die Pfähle und der Zaun sind in Ordnung. Die Herde ...«

Er stockte und deutete dann in Richtung des Waldsaums. Ein paar Kühe lagen verstreut am Boden und rührten sich nicht.

Entschlossen setzte McMoughin sich in Bewegung. Er eilte an Thornway vorbei und folgte dem Weidezaun, wie er es am Vorabend schon einmal getan hatte. Der in den immer heller werdenden Tag hinaufragende Wald nahm sich aus wie eine vielfach gezackte, in sich verschlungene Mauer aus merkwürdigen schwarzen und grünen Steinen, die in Fremdartigkeit erstarrt waren und einen merkwürdigen Geruch verströmten. Nicht den von Tannennadeln und Harz. Nein, einen anderen, unbeschreiblichen.

Fünfzig Yards vom Waldsaum entfernt hielt der Reporter an. Er bückte sich und schlüpfte unter dem elektrisch geladenen Zaun hindurch. Vorsichtig und mit vorgehaltener Kamera eilte er auf die reglosen Körper der Kühe zu. Er kam an einem Kaninchenbau vorbei, aber es war nicht der, den er am Vorabend ausgemacht hatte. Jener lag weiter vorn außerhalb des Weidezauns in unmittelbarer Nähe des Waldes.

Wieder war es die ausgesprochen auffällige Größe der Röhre, die McMoughin auffiel. Er begann zu zweifeln, ob es sich tatsächlich um einen Kaninchenbau handelte oder vielleicht eher um einen Fuchsbau. Er bückte sich und versuchte, im Innern etwas zu erkennen.

Übelkeit erregender Gestank drang ihm entgegen. Hastig wandte er sich ab und hustete. Aus dem Loch stank es, als befände sich ein verwesender Kadaver von bedeutender Größe darin. Täuschte er sich, oder quoll tatsächlich leichter Dampf aus der Öffnung?

Er betätigte den Auslöser seiner Kamera und bannte das Loch auf seinen Film. Dann eilte er auf die erste Kuh zu. Thornway, Higgins, Cloughley und die Knechte folgten zögernd.

Was Irvin McMoughin sah, ließ ihn an seinem Verstand zweifeln. Vom Körper des ausgewachsenen Tieres war kaum mehr als die Hälfte übrig. Der Kopf fehlte, und die Unterseite war aufgerissen. Etwas hatte sich in die Eingeweide des Tieres gegraben, hatte die Haut und das Fleisch zerfetzt und das Tier ausgehöhlt. Nur die Gliedmaßen wiesen eine makellose Vollständigkeit aus, alles andere fehlte, die Gedärme, die Organe. Das Rückgrat war gebrochen, und einem plötzlichen Gedanken folgend glaubte McMoughin daran, dass etwas der Kuh das Rückenmark ausgesaugt hatte. Angeekelt wandte er sich ab und eilte weiter, doch er konnte den unaufhörlichen Schauer nicht mehr abschütteln, der ihm von der Kopfhaut über den Körper abwärts rann bis zu den Unterschenkeln und ihn trotz des warmen Hochsommermorgens frösteln ließ.

Er schenkte den übrigen Kadavern keinerlei Beachtung, ließ die ihm nachfolgenden Männer ihre eigenen Erfahrungen mit ihnen machen und strebte dem Waldsaum entgegen. Überall entdeckte er jetzt die Baue, zu groß für die geselligen Rangen, geräumig und passend für einen Kaninchenjäger wie den Fuchs.

Doch Füchse hatten noch nie Baue im freien Gelände angelegt. Sie zogen den Schutz des Waldes vor wie alle Räuber aus der Wirklichkeit, aus den Sagen und den Märchen.

Die Beine des Reporters bewegten sich mechanisch, fast von allein. Er achtete nicht auf die warnenden Rufe, die hinter seinem Rücken aufklangen. Das Zittern des Bodens, als Thornway heraneilte, nahm er nicht wahr und zuckte zusammen, als der Officer ihn an der Schulter packte.

»Mensch, Mac, seien Sie bloß vorsichtig. Kommen Sie zurück. Wir wissen nicht, was da vorn ... Wir müssen abwarten, bis sie uns einen Wagen mit einem Strahlenmessgerät schicken.«

Der Polizist glaubte, dass es tatsächlich ein Ufo gewesen war, dass hier Außerirdische gelandet waren und sich erst an den Hühnern und dann an den Kühen des Bauern schadlos gehalten hatten. Und irgendwann, vielleicht in der nächsten Nacht, würden sie kommen und die anderen Kühe heimsuchen und irgendwann Cloughley und seine Familie ...

»Der Gestank«, sagte McMoughin leise. »Er kommt aus diesen Löchern. Sie waren gestern Abend noch nicht da. Ein einziges nur habe ich entdeckt, und jetzt sind es ganz viele.«

»Ja, das ist mir klar, Mac. Kommen Sie.«

Widerwillig folgte er dem Beamten. Da es nichts mehr zu tun und zu sehen gab, setzte er sich in seinen Wagen und wartete, hielt die Kamera umklammert und schloss die Augen. Er sah dieses lodernde Ding vor sich, fremd und unheimlich, ja schon gespenstisch. Mit absoluter Sicherheit wusste er, dass noch nie ein Mensch der Neuzeit so etwas gesehen hatte. Er dachte an die Überlieferungen aus früheren Jahrhunderten, an die Zeichen am Himmel, die Kometen als Unglücksboten und brachte sie in seiner Phantasie mit diesem Ding zusammen. Die Frage, was es war und woher es stammte, würde wohl nicht so schnell beantwortet werden.

***

Sie kamen. Mehrere Mannschaftswagen tauchten draußen auf der Straße auf und hielten an der Zufahrt zum Hof. Die Polizisten verließen die Fahrzeuge und verteilten sich entlang des Weidezaunes und des Weges. Sie trugen Gewehre und hatten offenbar die Aufgabe, das Gelände weiträumig abzuschirmen. Ein Panzerspähwagen des Militärs traf ein und rumpelte auf den Hof. Zwei Männer in Schutzanzügen mit einer Art Geigerzähler stiegen aus, scheuchten den Bauern, die Knechte und die beiden Polizisten ins Wohnhaus und tappten schwerfällig in Richtung des Waldes. Den Journalisten in seinem Wagen übersahen sie. Mit dem staubsaugerähnlichen Ding strichen sie über das Gras, die Öffnungen der Baue und verschwanden zwischen den Bäumen. Was sie dort fanden, blieb vorerst ihr Geheimnis, und es dauerte über eine halbe Stunde, ehe sie zurückkehrten. Sie öffneten die Schutzanzüge und gaben Entwarnung. Gleichzeitig verkündeten sie, dass das Gelände ab sofort als militärisches Sperrgebiet zu betrachten war.

Zu diesem Zeitpunkt hatte Irvin McMoughin bereits seinen Wagen verlassen und sich hinter der Scheune in Sicherheit gebracht. Das lange Gebäude als Deckung nutzend, eilte er über den Hausboden hinweg, durchquerte die Gemüsegärten der Bäuerin und den daran anschließenden Hühnerstall oder das, was in der Nacht davor von ihm übrig geblieben war. Er achtete mehr auf das, was sich hinter ihm befand, und als er zwischen Haus und Scheune eine Uniform entdeckte, warf er sich platt auf den Boden und wartete, bis die Luft rein war. Anschließend robbte er mit Bewegungen davon, die denen einer Eidechse glichen. Nur brachte er sie hundertmal langsamer zustande. Er bewegte sich in den Bereich des Gestanks hinein, und er gewann den Eindruck, dass dieser überall am Boden wesentlich intensiver vorherrschte als in knapp zwei Yards Höhe. Weit draußen zogen die Polizisten mit ihren Gewehren entlang, schritten die ihnen zugeteilten Sektoren ab und demonstrierten auf diese Weise die Unzugänglichkeit des Geländes.

Irgendwie schaffte McMoughin es, durch keinen von ihnen entdeckt zu werden. Er erreichte den Waldsaum und ließ sich hinter die vordersten Büsche sinken. Es kam selten vor in seinem Beruf, dass er sich als Indianer betätigen musste, und der Unterschied zwischen einer Rothaut und ihm bestand ganz sicher darin, dass ihm schon nach zwanzig Yards die Knie und Ellenbogen wehtaten und er spätestens morgen einen fürchterlichen Muskelkater in den Oberschenkeln und den Unterarmen haben würde.

Als er zu Atem gekommen war, setzte er seinen Weg fort. Er hielt sich etwa in der Richtung, in der die beiden Männer mit dem Geigerzähler marschiert waren. Mit dem linken Arm machte er sich den Weg frei, mit dem rechten hielt er die Kamera schussbereit. Irgendwo voraus musste die Stelle sein.

Er roch noch immer nichts, obwohl er fest davon überzeugt war, dass es hier irgendwo gebrannt hatte.

Das Grün des Waldes endete abrupt, und er zuckte zusammen und blieb stehen. Eine schwarze und verkohlte Leere gähnte ihm entgegen, und er klammerte sich unwillkürlich an den Ästen des letzten Gebüschs fest. Sein Atem beschleunigte sich, fassungslos starrte er auf das Gelände. In einem Bereich von hundert Yards Länge und siebzig Yards Breite war der Wald vollständig verzehrt. Keine Pflanze hatte der Hitze widerstanden, und die Stämme der Büsche und Bäume ragten wie steife schwarze Finger in die Höhe und gemahnten daran, dass hier etwas Unbegreifliches geschehen war. Und es gab keinen Brandgeruch, auch nicht, als McMoughin dichter an die Brandrodung heranrückte. Er berührte ihren Rand, strich mit den Fingerspitzen an dem sauber abgetrennten Bereich entlang und versuchte, etwas zu erfassen, wo es nichts zu erfassen gab. Die beiden Männer in den Schutzanzügen waren bis hierher vorgedrungen, er entdeckte ihre Fußabdrücke auf dem verbrannten Boden. Er erinnerte sich an das Rauschen des Waldes trotz der Windstille. Die Bewegungen der Wipfel mussten durch Hitze entstanden sein.

Die erschütternde Wahrheit begann in seinen Gedanken eine Form zu bilden und Gestalt anzunehmen.

Es war kein Feuer gewesen und kein Licht, sondern etwas anderes, für den Menschen Unbegreifliches. Etwas, was sie nie hätten sehen dürfen.

In diesen Augenblicken war Irvin McMoughin nur zu gern bereit, an ein Ufo und an Außerirdische zu glauben.

Langsam zog er sich von dem Oval zurück, geriet wieder in den Bereich des fürchterlichen Gestanks und entdeckte plötzlich zwei metallen blinkende Stäbe vor sich, die auf seine Brust und seinen Bauch zielten.

»Nehmen Sie langsam die Hände hoch und verschränken Sie sie hinter dem Kopf, falls Sie meine Sprache verstehen«, sagte einer der beiden Soldaten in ihren Tarnanzügen. »Sprechen Sie Englisch?«

Irvin McMoughin nickte verdattert und befolgte den Befehl. Die beiden Männer ließen ihn vor sich hergehen und brachten ihn in die Nähe des Hofes. Sie behandelten ihn wie ein rohes Ei und fragten ihn erneut, ob er verstand und begriff, was sie redeten.

Schließlich platzte er vor Lachen heraus, und Thornway eilte herbei und machte dem Missverständnis ein Ende. McMoughin durfte gehen und machte, dass er seine Kamera unter dem Fahrersitz verbarg und vom Hof fuhr.

Mit einem merkwürdigen Gefühl im Bauch kehrte er in die Stadt zurück, einem Gefühl, wie er es noch nie in seinem Leben verspürt hatte. So sehr er sich fragte, was sie da beobachtet hatte, er fand keine Antwort, die ihn zufriedenstellte.

Er wusste nur eines. Es hatte sich etwas ereignet, was das bisherige Weltbild der Menschen verändern konnte und verändern würde, falls sie es jemals erfuhren.

Er, Irvin McMoughin, war der einzige Reporter, der es beobachtet hatte.

Und er überlegte, wie lange es wohl dauern mochte, bis der Secret Service ihm seine Aufwartung machte.

***

Ryker tobte. Die rotblonden Haare hingen ihm wirr in die Stirn, und seine Finger zuckten, als wolle er Irvin McMoughin jeden Augenblick an den Hals springen. Unter gewöhnlichen Umständen hätte der Reporter diesen Gefühlsausbruch mit Gleichmut zur Kenntnis genommen, denn er kannte seinen Chef, dieses Lamm von einem Menschen, fast zwei Meter groß und mit dem Gemüt eines Ochsen. Er wusste seine gespielten cholerischen Ausbrüche genau einzuschätzen, mit denen er die Redaktion und alle für die Zeitung arbeitenden Reporter in Schach hielt und problemlos dirigierte. Übrigens die Grundvoraussetzung dafür, dass der Betrieb funktionierte und die Zeitung jeden Morgen um fünf Uhr überall im Land zugestellt werden konnte.

»Das ist Mist«, empörte er sich. »Man kann kaum etwas erkennen. Einen leuchtenden Ring. Mann, wenn wir das den Leuten als Ufo verkaufen wollen, dann erklären die uns für verrückt und kündigen ihr Abo.«

»Es ging nicht besser. Im Westen, wo das Ding sich im Wald verbarg, war es noch vollständig dunkel«, wagte McMoughin einen Einwand. »Um ein besseres Ergebnis zu erzielen, hätte ich Filmmaterial gebraucht, wie es die NASA verwendet. Und da herrscht in unserer Region Fehlanzeige.«

»Sie hätten näher an das Ding herangehen können, Mac. Haben Sie noch nie die Mondsichel angeschaut, wenn sie ganz dünn ist und ihr Licht die übrige Oberfläche des Erdtrabanten aufhellt? So muss es auch hier sein.«

Der Reporter schnaufte und schilderte, was er mit eigenen Augen gesehen hatte. Um den lodernden Kranz herum waren die Sterne zu sehen gewesen. In seinem Innern aber war es stockdunkel gewesen. Es hatte keinen Widerschein des Lichtkranzes gegeben, und selbst eine superempfindliche Filmschicht hätte kein anderes Ergebnis gebracht als das, was er in seinem zur Dunkelkammer umfunktionierten Badezimmer herausgeholt hatte. Zwei Bilder hingen noch auf der Wäscheleine über der Wanne, sie waren bei eingeschalteten Scheinwerfern entstanden.

Wieder und wieder nahm Ryker die großformatigen Abzüge in die Hand, schob die Brille nach oben und hielt sich die Bilder nahe vor die Augen.

»Nichts«, knurrte er. »Da ist verdammt nochmal nichts.«

Er missachtete das Klingeln des Telefons, warf die Fotos auf seinen Schreibtisch und stützte das Kinn in die Hand.

»Andererseits passt es gut ins Sommerloch. Ich werde mit der Agentur sprechen, ob die nicht ein paar gefälschte UFO-Bilder haben, die sie rüberfaxen können. Was ist mit dem Interview?«

»Ich bin mit Cloughley kurz vor Mittag verabredet. Der Bauer muss die übriggebliebenen Kühe versorgen, muss sie melken und seine Felder bestellen. Er hat zudem heute Nacht kaum geschlafen. Es ist ein Wunder, dass er überhaupt zu einem Gespräch bereit ist. Wohl nur deshalb, weil er mich schon kennt.«

Noch immer schrillte der Apparat auf der linken Seite des Tisches. Ryker warf ihm einen missmutigen Blick zu, dann schoss sein Arm nach vorn und riss den Hörer von der Gabel. »Was gibt es?«, bellte er. »Welcher Idiot stört mich gerade jetz...? Oh, Verzeihen Sie, Mayor. Es hat mir niemand gesagt, dass es ein Gespräch von außerhalb des Hauses ist. – Was es mit dem geheimnisvollen Ding auf sich hat? Wir wissen es nicht. Cloughley dürfte auch nicht schlauer sein als wir. – Ja, ganz genau. Ich bin vollkommen Ihrer Meinung, Mayor. – Was macht er? Er will seinen Hof verkaufen? Sind Sie ganz sicher, dass das kein Scherz eines Ihrer Beamten ist? – Ja, gut, ich habe verstanden. Vielen Dank, Mayor. Ich werde es ausrichten.«

Er warf den Hörer auf die Gabel zurück, und McMoughin konnte mitverfolgen, wie das Gesicht seines Chefs sich rötete und eine immer dunklere Färbung annahm. Er wiederholte laut, was der Bürgermeister gesagt hatte.

»Tun Sie etwas«, fuhr er fort. »Mayor Orleigh hat erfahren, dass Sie an der Sache dran sind. Reden Sie mit dem Bauern. Bringen Sie ihn zur Vernunft.«

McMoughin schüttelte ungläubig den Kopf. Noch am Morgen hatte Cloughley einen ruhigen und unerschütterlichen Eindruck gemacht. Und jetzt diese Reaktion. Erklärbar war es schon. Natürlich dachte er zuerst an seine Familie und an das Vieh. Nach reiflicher Überlegung hatte er offenbar den Entschluss gefasst, seinen Hof aufzugeben.

So sehr Irvin McMoughin darüber nachdachte, desto stärker wurde sein Verdacht, dass sich seit dem Morgen erneut etwas ereignet hatte, was Cloughley bisher verschwieg. Der Reporter fasste den Entschluss, so schnell wie möglich in Kontakt mit ihm zu treten.

Ryker betrachtete inzwischen die übrigen Bilder, und seinem Gesicht war anzusehen, dass er damit noch weniger anfangen konnte.

»Löcher im Gras, wenigstens sind die deutlich. Jeder einzelne Halm ist zu erkennen«, kommentierte er. »Wieso sind keine Karnickel oder andere Nager drauf?«

»Weil es aus diesen Löchern so fürchterlich stinkt, dass sich kein Tier dieser Erde hineinwagen würde. Zudem besitzen die Löcher einen Durchmesser, dass selbst der dicke Satchey hineinpassen würde.«

Satchey arbeitete an den Rotationsmaschinen im Hintergebäude und war bekannt dafür, dass er pro Schicht fünf Liter Wasser trank und mindestens zehn ausschwitzte.

Ryker seufzte und schob die Abzüge zu einem Stapel zusammen, den er in der Schublade verschwinden ließ.

»Bringen Sie mir bis nach der Mittagspause Neuigkeiten, für die ich grünes Licht geben kann, Mac. Vergessen Sie nicht, bis fünfzehn Uhr brauche ich das komplette Material für Ihre Kolumne!«

McMoughin nickte und sah zu, dass er ins Freie und zu seinem Wagen kam. Das flaue Gefühl in seinem Magen hatte sich verstärkt, seit er von der merkwürdigen Reaktion des Bauern wusste. Er schwang sich in seinen altertümlichen Buick und raste los. Als er die Stadt verließ, schob sich eine riesige Wolkenbank vor die Sonne. Erst nahm einfach nur die Helligkeit ein Stück ab, dann wurde es regelrecht finster, und er schaltete die Scheinwerfer ein und rechnete jeden Augenblick mit Blitzen und einem fürchterlichen Donnerkrach.

Aber es blieb still, und der Wind, der an seinem Wagen entlangstreifte, entstand einzig und allein durch die schnelle Fortbewegung des Fahrzeugs.

***

Nichts hatte sich geändert. Das Fahrzeug und die paar Soldaten in ihren Tarnfarben wirkten aus der Ferne wie knorrige, merkwürdig verrenkte Baumstrünke mit allerlei Auswüchsen. Dazwischen ragten Zinnsoldaten gleich die Polizisten in ihren Uniformen auf.

Gespenstisch, das war es, was McMoughin empfand, als er den Wagen auf die Sperre zusteuerte und den Beamten seinen Presseausweis entgegenstreckte. Die beiden nickten wortlos und ließen ihn passieren. Er spürte ihre Blicke in seinem Nacken und verfolgte durch den Rückspiegel, wie sie ihn im Auge behielten, bis er sein Ziel erreicht hatte.

Auf dem Hof herrschte geschäftiges Treiben. Zwei Möbelwagen standen neben dem Haus, vor der Scheune warteten mehrere mit Möbeln und Kleinkram beladene Erntewagen und Pritschenkarren auf den Abtransport. Die Rinder zwängten sich in einem eilig errichteten Pferch direkt neben der Scheune.

Cloughley bugsierte gerade einen Lader aus der Scheune und hielt den Traktor an, als er den Reporter erkannte. Er winkte ihm zu, dass er Platz brauche, und McMoughin stieß zurück und stellte das Fahrzeug dicht am Haus ab.

»Was wollen Sie?«, rief der Bauer. »Ich habe keine Zeit.«

McMoughin stieg aus, hängte sich die Fotoausrüstung über und ging auf ihn zu.

»Erinnern Sie sich nicht, dass wir telefonisch ein Interview vereinbart haben?«, fragte er. Cloughley verzog das Gesicht.

»Das bringt doch nichts«, murrte er. »Sie haben Ihre Story und Ihre Bilder bereits. Was wollen Sie mehr?«

»Was ist vorgefallen, Cloughley? Kommen Sie, es hat doch keinen Sinn, wenn Sie es verschweigen. Wer hat das alles inszeniert? Wissen Sie es?«

»Verdammt!« Der Bauer stellte den Motor ab und stieg vom Traktor. Er eilte auf McMoughin zu und deutete gleichzeitig in Richtung Straße. »Warum verschwinden Sie nicht endlich? Machen Sie es uns doch nicht so schwer. Es hat alles keinen Sinn mehr. Wir ziehen noch heute hier aus, nehmen die wichtigsten Sachen mit und kommen erst einmal bei Verwandten in Paisley unter. Na und? Bald wird niemand mehr von dem reden, was sich hier ereignet hat. Das Gelände wird eine Zeitlang militärisches Sperrgebiet sein, und vielleicht kauft mir der Staat meine Ländereien ab. Ich werde für mich und meine Familie anderswo eine neue Existenz aufbauen.«

»Zeigen Sie mir, was los ist, Cloughley. Dies ist nicht Ihre Privatangelegenheit. Die ganze Stadt und ihre Menschen sind davon berührt. Sie dürfen nichts verheimlichen.«

»Tu ich ja nicht. Die Polizisten und Soldaten haben es bereits in Augenschein genommen. Aber Sie haben recht. Wieso soll ich es Ihnen nicht zeigen? Kommen Sie.«

Er führte ihn in das Haus, durch den hellen, weiß gekalkten Korridor und die knarrende Treppe in den Keller hinab. Cloughley öffnete die Tür zum Gewölbe und starrte den Reporter aufmerksam an. Fürchterlicher Gestank drang ihnen entgegen, eine giftige Woge voller Scheußlichkeit und Fremdartigkeit brandete vor ihnen auf, und McMoughin machte unwillkürlich einen Schritt zurück. Brechreiz stieg in ihm auf, aber er unterdrückte ihn und schob sich Schritt für Schritt in den Keller hinein. In dem Rundbogengewölbe brannten mehrere Lampen, und in ihrem Licht sah Irvin McMoughin die Löcher im Lehmboden. Dunkel und groß lagen sie da, als habe jemand mit schwarzer Farbe ein Muster auf den gelbbraunen Boden gemalt.

Cloughley bewegte den Arm im Halbkreis vor sich.

»Sie sind überall, dreißig Stück insgesamt. Gehen Sie nicht weiter, ich garantiere nicht, dass der Lehmboden zwischen ihnen hält. Und was passiert, wenn Sie den Halt verlieren und in die Tiefe stürzen, weiß ich nicht. Wollen Sie es ausprobieren?«

McMoughin schüttelte den Kopf und begann zu fotografieren. Während die Kamera arbeitete, nahm Cloughley eine Taschenlampe von einem Regal und leuchtete die Öffnungen im Boden an.

»Es muss in der Nacht passiert sein, wahrscheinlich in der Zeit, in der die ganze Familie draußen vor dem Haus stand«, sagte er leise und mit bebender Stimme. »Die Löcher sind überall. Hier, auf der Weide, am zerstörten Hühnerstall, unter den Hecken und dem Grasland. Vermutlich auch unter dem Fundament des Hauses. Der Gestank ist selbst in der Wohnung kaum auszuhalten, und die Kühe haben heute Morgen kaum Milch gegeben, obwohl ihre Euter beinahe platzen. Wir werden in etwa einer Stunde mit der Herde aufbrechen und sie zunächst nach Nordwesten treiben. Die Polizei hat alles vorbereitet. Sobald der Tag vorüber ist, wird hier niemand mehr sein außer den Soldaten und einem Sonderkommando der militärischen Abwehr. Es sind Panzer und eine Hubschrauberstaffel angekündigt. Reicht Ihnen das als Information?«

»Die Informationen drum herum sind für mich nicht besonders wichtig. Dazu habe ich Augen«, antwortete der Reporter. »Viel wichtiger für mich ist, was sich dahinter verbirgt. Das lodernde Ding geht mir nicht aus dem Kopf, Cloughley. Es hat eine Bedeutung, und ich weiß nicht, ob es richtig ist, von einem Ufo zu sprechen. Was war es wirklich? Haben Sie es vorher schon einmal gesehen?«

»Vielleicht schon. Ein paar Tage vorher gab es abends ein Licht weit im Norden hinter den Hügeln, das lange Zeit unverändert blieb. Wir hielten es für Wetterleuchten oder ein Nordlicht. Niemand hat sich darüber Gedanken gemacht. Es könnte dieses Ding gewesen sein.«

Der penetrante Gestank vertrieb die beiden Männer aus dem Keller, und sie eilten hinauf an die frische Luft, wo sie erst einmal tief durchatmeten.

»Ich begreife, dass Sie nicht hierbleiben können«, sagte McMoughin, als sich das Gefühl der Übelkeit in ihm gelegt hatte. »Und ich denke, dass ich nun alle Informationen besitze, die Sie mir geben können.«

»So ist es«, schnaufte der Bauer. »Oder nennen Sie mir einen Grund, warum ich etwas verschweigen sollte.«

Den gab es schon. McMoughin deutete hinüber zu den Polizisten und Soldaten, die das Gelände weiträumig absicherten.

»Militärische Geheimhaltung wäre das Einzige, was ich mir vorstellen könnte, Cloughley.«

Der Bauer lachte.

»Verschwinden Sie jetzt. Schreiben Sie irgendeinen Bericht über die Wahnvorstellungen des Bauern Cloughley. Mehr ist nicht drin.«

»Wer weiß.« Irvin McMoughin ging zum Buick und stieg ein. »Unheimliche Vorgänge auf Cloughleys Hof, so ähnlich wird die Titelzeile lauten. Ein schwacher Aufreißer, zugegeben. Die Leute werden meinen Bericht für Unsinn halten, denn so etwas gibt es in der Wirklichkeit nicht. Alles Gute, Cloughley. Ich denke, wir werden uns irgendwann wieder begegnen, bei einer Pressekonferenz vielleicht.«

Der Bauer brummte etwas in seinen Bart und stieg wieder auf den Traktor. McMoughin startete den Motor und verließ den Hof heute bereits zum zweiten Mal. Und irgendwie ahnte er, dass es noch nicht das letzte Mal an diesem Freitag sein würde.

Ein Blick auf die Datumsanzeige seiner Armbanduhr ließ ihn den Kopf schütteln.

Es war nicht einmal Freitag der dreizehnte, wie er gern angenommen hätte.

Er fuhr nach Hause, um seine Kolumne fertigzustellen und in der Redaktion abzugeben.

***

Das Kratzen und Schaben wurde immer lauter. Es fraß sich in seinen Ohren fest, und quälte seine Trommelfelle mit einem unheilvollen und zerstörerischen Vibrieren. Es hörte sich an, als gruben unzählige stählerne Klauen ihre Stachel in das harte Holz, aus dem die Balken der Decke und der Fußboden gefertigt waren.

Der Reporter stand reglos da, gleichsam erstarrt im Frost. Die Hitze, die bis in seinen Kopf gestiegen war, hatte sich längst verflüchtigt. Alles in seinem Innern drängte danach, diesen Ort zu verlassen, sich in den Wagen zu werfen und schleunigst die Flucht zu ergreifen. Er bereute es, dass ihn sein Weg von Ryker und der einstündigen Redaktionsbesprechung direkt hierher geführt hatte.

Lautlos bewegten sich seine Lippen und formten den Namen des Officers. Sein Hals war ausgetrocknet, er brachte keinen Ton hervor, nicht einmal ein Krächzen.

Droben im Erdgeschoß des Hofes hörte er den Polizisten umhergehen, Türen öffnen und wieder schließen.

Verdammt, Thornway! schrien die Gedanken McMoughins. Hören Sie es nicht? Bekommen Sie dort oben rein gar nichts mit?

Das Kratzen wurde lauter und kam jetzt von allen Seiten, aus dem Lehm und aus dem Kalk darauf, mit dem das Mauerwerk verputzt war. Gleichzeitig veränderte sich das sanfte Vibrieren des Untergrundes in ein Wackeln, als bäume sich unter dem Haus etwas Übermächtiges auf, um den Druck von oben mitsamt dem Gebäude von sich abzuschütteln.

McMoughin begriff plötzlich. Mit einem einzigen Gedanken erfasste er, was da vor sich ging. Der Kloß in seiner Kehle löste sich.

»Thornway!«, schrie er laut. Augenblicke später tauchte der Officer an der Treppe auf.

»Was ist los, Mac? Wo stecken Sie?«

»Hier!« Das Krächzen war es, das den Polizisten bewog, die Treppe herabzusteigen und seinen Fuß in den Keller zu setzen. Er sah McMoughin, noch immer mit dem Taschentuch auf das Gesicht gepresst. Der infernalische Gestank blieb allgegenwärtig, und es schien, als habe er noch zugenommen.

»Das Zittern«, murmelte Irvin McMoughin. »Es ist das Zittern. Spüren Sie es nicht? Da ist etwas, da unten!«

Übergangslos kehrte das Leben in ihn zurück. Er sprang auf den Officer zu, riss ihn am Arm und zerrte ihn zur Treppe. Thornway folgte ihm hastig. Jetzt, wo der Reporter ihn darauf aufmerksam gemacht hatte, spürte er es auch. Es nahm an Intensität zu.

»Es ist, als würde jemand den Boden unter unseren Füßen davontragen. Aber das kann nicht sein, Mac. Ich habe mal einen Bericht über tektonische Verschiebungen gelesen. So etwas ist es. Alles hat eine natürliche Erklärung.«

McMoughin hatte das obere Ende der hölzernen Treppe bereits erreicht. Der Fotoapparat schwankte wie eine erloschene Lampe vor seiner Brust.

»Und was ist mit den Löchern?«, rief er. »Kaninchenbaue, Fuchsbaue! Dass ich nicht lache. Nein, Thornway, das ist etwas anderes. Etwas ganz anderes. Kommen Sie, ich zeige es Ihnen!« Gemeinsam verließen sie das Wohngebäude und eilten mit langen Schritten über den Hof hinaus auf die Weiden, McMoughin immer einen Schritt voraus. Die Soldaten vom Panzerspähwagen schauten neugierig zu ihnen herüber, ließen sie aber gewähren. Wie so oft wirkte auch hier die Uniform des Beamten Wunder.

Der Himmel über ihnen dunkelte ab, die Abenddämmerung senkte sich über das Land.

Am ersten Loch ließ der Mann von den Glasgow News sich nieder. Er zog die kleine Taschenlampe hervor und leuchtete die Ränder ab.

»Es ist so etwas wie ein Beweis, Thornway. Es fiel mir auf, als ich das erste Loch sah. Wie jetzt war es Abend, und ich maß der Beobachtung keine Bedeutung bei. Ich hielt es für eine optische Täuschung. Schauen Sie sich die Ränder genau an.«

Der Officer kniete sich neben ihn und hielt den Atem an. Aus dem Loch stank er erbärmlich, und der Gestank war derselbe wie drinnen im Keller des Bauernhauses.

»Die Ränder wirken abgeschabt, Mac. Als habe jemand mit einem Spachtel oder einem Spaten gearbeitet.«

»Richtig. Die Absätze, die durch die Arbeit mit einem solchen Gerät entstehen, nehmen sich in der Art von winzigen Rändern oder Treppenstufen aus, die abwärts führen. Die hier aber«, seine Stimme hob sich deutlich, »kommen uns entgegen. Sie sehen aus, als habe jemand eine Treppe verkehrt herum eingebaut. Was schließen Sie daraus?«

»Nein, Mac. Das kann ich nicht glauben. Das ist ganz und gar unmöglich. Sie täuschen sich!«

»Ich gäbe viel darum zu wissen, dass ich mich täusche. Aber es ist keine Täuschung, keine Halluzination. Da unten in der Tiefe bohrt und wühlt etwas, und es hat bereits Löcher bis an die Oberfläche gegraben. Sind die Hühner da hineingefallen, und hat sich das Unbegreifliche die Gedärme der Kühe hinabgeholt?«

»Hören Sie auf, Mac! Das ist barer Unsinn!« Thornways Worte glichen einem Hilfeschrei.

McMoughin achtete nicht darauf. Er fuhr herum. Wie in Zeitlupe hoch sich sein rechter Arm und deutete zurück auf das Gebäude.

Das Haus wackelte. Es schüttelte sich wie ein unwilliger Gaul, und die ersten Ziegel fielen herab und zersprangen auf dem Boden.

Für die beiden Männer gab es keine Überlegung mehr, kein Nachdenken. Angesichts des Unbegreiflichen weigerte sich ihr Verstand, weiterhin zu funktionieren. Die Instinkte gewannen die Oberhand und trieben sie zur Flucht, weg von dieser Stätte, weg von dem aufgegebenen Hof und dem Gelände.

»Barer Unsinn«, presste der Reporter zwischen den Zähnen hervor. »Mehr nicht. Klar. Bei wem von uns beiden ist die Schraube locker?«

Der Boden unter ihren Füßen geriet in Bewegung. Der Grassoden begann sich zu heben und zu senken, und gleichzeitig klang ein Geräusch auf, das an das Zischen einer Peitsche erinnerte, nur viel lauter und durchdringender. Es ging den beiden Männern durch Mark und Bein.

Die Beamten, die das Gelände abriegelten, waren längst aufmerksam geworden. Sie entsicherten ihre MPis, und einer von ihnen winkte herüber, als wolle er sie auf die Gefahr in ihren Rücken aufmerksam machen.

McMoughin blickte über die Schulter zurück. Das Haus stürzte in sich zusammen. Übergangslos verwandelte es sich in einen Haufen aus verklumpten Bruchsteinen, Lehm, Ziegel und geborstenen Balken. Eine Staubwolke stieg auf und hüllte das Trümmerfeld ein, entzog es dem Blick der Männer.

Die Scheune begann zu wanken. Ihre Holzkonstruktion hielt dem Toben des Untergrundes ein wenig länger stand als das Wohngebäude. Sie schüttelte sich eine Weile, ehe die ersten Balken brachen und das Unheil über die Heulager und Maschinen hereinbrach, die der Bauer beim überhasteten Auszug zurückgelassen hatte.

Danach beruhigte sich der Untergrund ein wenig, und die beiden Fliehenden hielten an und schöpften Atem. Noch immer fassungslos starrten sie hinüber zu den Resten des Hofes und versuchten, das Unbegreifliche zu verarbeiten.

Die Beamten riefen sich laute Kommandos zu, offensichtlich stritten sie sich mit den Soldaten. McMoughin und Thornway beachteten es nicht. Der Reporter deutete hinüber zum Tor, wo sich die Staubwolke verlief und der Boden sichtbar wurde.

Die Erde spaltete sich. Zunächst lief ein feiner, dunkler Strich über das Grün und Braun. Ein, zwei Atemzüge später klaffte er auseinander und wuchs zu einem fingerbreiten Riss an. Schwarzer Dampf stieg auf und verbreitete sich rasch nach allen Seiten. Es begann zu stinken, intensiver und fürchterlicher, als sie es von den Löchern her kannten. Mit vor Nase und Mund gepressten Händen rannten sie weiter, hielten auf den Weidezaun zu und ließen den Riss nicht aus dem Auge. Der Spalt im Boden klaffte weiter auseinander, inzwischen hätte ein Mensch bequem darin Platz gefunden. Der Riss entfernte sich vom Gelände des Hofes und folgte den beiden Männern. Thornway erkannte es und stieß einen Schrei aus. So schnell es ging, schlüpften sie unter dem Weidezaun durch. Der Reporter von den Glasgow News streifte den dünnen Draht. Er erhielt keinen elektrischen Schlag, die Energieversorgung war unterbrochen.

Irgendwo in ihrer Nähe gab es einen peitschenden Knall. Gleichzeitig krachten einzelne Schüsse, denen eine Salve aus einer Maschinenpistole folgte.

Irvin McMoughin verfluchte die Männer innerlich. Sie begannen die Nerven zu verlieren und ballerten sinnlos herum. Auch drüben bei ihren Stellungen bebte jetzt die Erde, und dazwischen wölbte sich der Untergrund und bildete eine Beule, die rasch zu einer Höhe von drei, vier Yards emporwuchs und ihm und Thornway die Sicht auf den Panzerspähwagen nahm. Sie schlugen einen Haken und wandten sich wieder in Richtung des Zaunes. McMoughin wusste seinen Wagen am Rand des Grundstücks, weit genug weg von Haus und Scheune, dass er nicht von herabfallenden Trümmern beschädigt werden konnte. Auch Thornway begriff, dass der Wagen ihre einzige Chance war, dem Inferno mit einigermaßen heiler Haut zu entkommen.

Keuchend und mit weiten Schritten hasteten sie hinüber, unentwegt von den finsteren Mächten verfolgt, die sich durch den Untergrund wühlten und wühlten und wühlten, ständig auf ihrer Spur. Der Riss hatte seine Richtung geändert und lief hinter ihnen her, immer breiter und schneller. Die Wölbung auf der Weide dehnte sich immer mehr aus und verwandelte sich in einen Hügel von der Höhe eines Einfamilienhauses.

Wieder knallte irgendwo eine Peitsche, gefolgt von einer Druckwelle, die sie fast von den Beinen warf. Dreckschollen und Grasbüschel holten sie ein und deckten sie zu, und Thornway brach in die Knie und stürzte. McMoughin bekam seinen Arm zu fassen und riss ihn wieder empor.

»Schnell!«, hustete er. »Laufen Sie um Ihr Leben!«

Irgendwo dicht bei ihnen klatschte etwas auf den Boden, und bestialischer Gestank hüllte sie ein und versuchte sie zu lähmen. Aus den Augenwinkeln nahm McMoughin den dunklen Schatten wahr, einem biegsamen und sich ständig in Bewegung befindlichen Baumstamm gleich, der nach ihnen griff.

Erneut erklang die Peitsche. Thornway blieb ruckartig stehen, als sei er gegen eine unsichtbare Mauer gerannt. Im nächsten Augenblick wurde er von den Füßen gerissen.

McMoughins Augen weiteten sich. Er hielt an, um keinen Preis bereit, seinen Begleiter jetzt allein zu lassen.

»Hau ab«, stieß Thornway hervor. Der Officer rührte sich nicht, er hatte sich völlig aufgegeben. Er stand unter Schock, seine Augen rollten und vermochten nicht mehr, einen bestimmten Punkt zu fixieren.

McMoughin sah den oberschenkeldicken schwarzen Strang, der im Hügel begann und in irrwitzigen Zuckungen auf dem Gras lag. Das Ende des riesigen Tentakels hatte sich um das linke Fußgelenk des Officers geschlungen und zog ihn mit hektischen Rucken davon.

Der Reporter handelte, ohne zu überlegen. Er besaß keine Waffe, und die Beamten drüben bei ihren Fahrzeugen konnten nicht schießen, ohne ihn zu gefährden. Das einzige Hilfsmittel war das Feuerzeug in seiner Hosentasche. Er riss es heraus, schob den Regler auf höchste Leistung und warf sich Thornway hinterher. Der schwarze, dunkle Strang bog sich und quietschte dabei, als handle es sich um Gummi. McMoughin zündete das Feuerzeug und hielt die Flamme dicht an die abartige Masse.

Ein schwarzer Schatten zuckte ihm entgegen. Ein Schlag schmetterte ihn in den Dreck. Über ihm wurde Thornway davongeschleudert und fiel irgendwo in der Nähe des Risses zu Boden. Der gut zehn Yards lange Tentakel hatte den Officer losgelassen und bewegte sich unkontrolliert hin und her. Seine Spitze tastete in McMoughins Richtung und zog sich zu einem neuen Schlag zusammen.

Der Gestank ließ den Reporter fast bewusstlos werden. Mit Mühe hielt er seine Sinne zusammen und rollte sich hastig zur Seite. Seine Finger umklammerten das jetzt funktionslose Feuerzeug.

Feuer! Das war die Waffe, mit der sie das Ding in Schach halten konnten. Sie mussten einen Flammenwerfer beschaffen oder etwas Ähnliches. Mit Feuer konnten sie das Ding vielleicht sogar vernichten.

Der Gedanke, dass das Wesen von dem unbekannten Flugobjekt stammte und hier abgesetzt worden war, erschien ihm immer unwahrscheinlicher. Aus zusammengekniffenen Augen starrte er auf den wogenden Hügel, von dem das Erdreich und die Grasschollen immer mehr abrutschten. Für den Bruchteil eines Augenblicks glaubte er, eine riesige schwarze Masse zu sehen, die heftig wogte und wallte, eingehüllt in eine Wolke tödlichen Gestanks. Weitere Tentakel brachen aus dem Untergrund hervor und zuckten in ihre Richtung.

McMoughin kam taumelnd auf die Beine und folgte Thornway, der die Flucht fortsetzte. Der Officer humpelte stark, sein Knöchel musste halb zerquetscht sein. In das Toben hinter ihnen und um sie herum mischte sich das Gebrüll der Beamten und Soldaten, die ihre Stellungen verlassen hatten und zur Straße flohen.

Das Knistern und Prasseln drüben auf dem Hof verhieß nichts Gutes. Die Scheune brannte. Vermutlich hatte eine der zerfetzten Stromleitungen das eingelagerte Stroh entzündet.

Feuer war ihre Rettung!

Fast blind zog der Reporter den Polizisten mit sich in Richtung der brennenden Scheune. Die beiden Männer schlugen Haken und beobachteten den Untergrund. Von links eilte der Riss im Boden auf sie zu, und hinter ihnen tobte der riesige Tentakelarm und schlug nach ihnen, ohne sie zu treffen. Er wusste genau, wo sie sich befanden, aber er reagierte auf ihre Karnickelsprünge viel zu langsam. Hätte einer der Schläge des langen Fangarms sie getroffen, hätte er sie zerschmettert.

Mit einem weiten Sprung retteten sie sich über den aufklaffenden Riss hinweg, der einem gierig geöffneten Maul glich, das sie verschlingen wollte. Der aufsteigende Qualm und die lodernden Flammen der Scheune empfingen sie und hüllten sie ein. Thornway stürzte und blieb liegen. McMoughin sah nur seinen Schatten und griff blindlings zu. Er zerrte ihn auf die Beine zurück und stützte ihn. Humpelnd und mit vermindertem Tempo ging es weiter. Die Umgebung um sie herum versank in einem Chaos aus

Rauch, Staub und Hitze, die ihnen die Sicht nahmen. Aus dieser Nebelwand zuckten mehrere Tentakel heran und kündeten von der gefährlichen Nähe des unbegreiflichen Ungeheuers. Die schwarzen Stränge knallten auf den Boden und hinterließen tiefe Furchen. Im Zickzack begannen die Männer durch den brennenden Vorhang zu rennen, hielten sich so dicht wie möglich am Feuer und verloren dadurch wertvolle Zeit. Für einen Augenblick glaubte McMoughin die Silhouette des Buicks zu erkennen. Noch zwanzig Yards höchstens bis zur Rettung. Aber dann waren wieder die Flammen da und der Rauch, der sich als Beißen in ihre Augen setzte, sie unaufhörlich tränen ließ und ihnen die letzte Sichtmöglichkeit nahm.

Irgendwie schafften sie es aber doch. Der Buick tauchte unvermittelt vor ihnen auf, und sie warfen sich hinein. Eisiger Schreck durchzuckte McMoughin. Er fand den Autoschlüssel nicht und glaubte, ihn verloren zu haben. Dann aber entdeckte er ihn doch noch, eingegraben in das Taschentuch, als wolle er sich dort verstecken. Mit fliegenden Fingern holte er ihn hervor und steckte ihn in das Zündschloss. Es wunderte ihn nicht, dass das Schloss auf seltsame Weise verbogen war und der Schlüssel nicht passte. Irgendwie war es sowieso der verkehrte Schlüssel, und selbst die Hilfestellung von Thornway reichte nicht, um ihn bis zum Anschlag ins Schloss zu bringen.

Ein Schlag traf den Wagen und hinterließ eine bedenkliche Furche im Dach. Der aus Leder gefertigte Himmel beulte sich nach innen und erhielt Risse. Und noch immer passte der Schlüssel nicht.

Eine Ewigkeit schien zu vergehen, bis es McMoughin endlich gelang, den Schlüssel einzustecken. Er drehte ihn und trat das Gas voll durch. Er rechnete nicht damit, dass der Wagen ansprang, aber es war schließlich Sommer, und das alte Vehikel wollte ihn offenbar wenigstens in dieser schier ausweglosen Situation nicht im Stich lassen. Tuckernd kam der Motor, heulte dann auf, während der Fahrer bereits den Gang einlegte und die Kupplung kommen ließ. Der alte Buick vollführte einen Satz nach vorn, direkt in die peitschenden Tentakel hinein. Rechts vom Wagen wogte höchstens fünfzehn Yards entfernt der Hügel und bewegte sich auf sie zu.

McMoughin ließ den Buick davonschießen. Die Reifen radierten durch den Staub des Hofes und zogen Rillen in den harten Lehmboden. Auf dem Blech knallte und prasselte es wie bei starkem Hagelschlag, und jedes Geräusch ging einher mit dem Knirschen von Blech. Der Wagen erreichte die Zufahrt, und der Hagel wurde weniger und hörte dann ganz auf.

McMoughin jagte den Buick hinaus zur Straße und bog in die Asphaltbahn ein. Erst dann nahm er das Gas ein wenig zurück und musterte das Gelände. Aus ungläubigen Augen starrte er zum Fenster hinaus. Seine Augen entdeckten nichts. Es gab keinen Hügel und auch sonst nichts, was auf die unheimlichen Vorgänge hinwies. Lediglich die überall verstreuten Grasbüschel und der aufgewirbelte Dreck zeigten, dass da tatsächlich etwas gewesen war.

Und natürlich waren da auch noch die Polizisten und die Soldaten. Sie hatten das Gelände fluchtartig verlassen und sich an der Straße gesammelt. Die Mannschaftsfahrzeuge und der Panzerspähwagen rollten langsam voran, während die Männer einstiegen. McMoughin schloss zu ihnen auf und stieg aus.

Von der Stadt her näherte sich eine Hubschrauberstaffel aus fünf Maschinen, und er sah die glänzenden Raketen, die an ihrer Unterseite hingen. Die Hubschrauber begannen zu kreisen.

Thornway verließ den Wagen ebenfalls. Totenbleich musterte er den Buick und dann den Reporter. McMoughin sagte kein Wort. Er spürte die Blutleere im eigenen Gesicht, und ihm war so schlecht, dass er nur darauf wartete, sich endlich übergeben zu können, weil es eine Erlösung für ihn darstellte. Das Blech des Buick stank mörderisch, und in den mindestens hundert Dellen hatte sich klebriger Schleim gesammelt. Unwillkürlich rückte er von dem Wagen ab.

Ein Soldat mit den Abzeichen eines Sergeanten kam zu ihnen herüber und machte eine einladende Bewegung hinüber zum Panzerspähwagen.

»Sir, ich habe Anweisung erhalten, Sie und den Officer mitzunehmen. Bitte machen Sie keine Schwierigkeiten. Einer meiner Männer wird Ihren Wagen in die Stadt fahren.«

McMoughin und Thornway nickten matt. Sie konnten sich denken, was es bedeutete. Die Vorfälle auf Cloughleys Anwesen sollten unter allen Umständen geheimgehalten werden.

***

Eigentlich machte Sir Patrick Hounshield einen absolut inkompetenten Eindruck. Von kleiner Statur, ging er McMoughin höchstens bis zur Schulter. Mit leicht eingezogenem Kopf lief er in dem engen Büro hin und her. Bei näherem Hinsehen ließ sich erkennen, dass er unter einer Gehbehinderung litt, vermutlich ein altes Kriegsleiden. Endlich blieb er stehen und beugte sich über den Tisch. Seine Augen blickten traurig, fast resignierend, und die kleinen, schmalen Hände bewegten sich wie eigenständige Wesen auf der Tischplatte hin und her, nach links, nach rechts, wieder zurück und erneut nach links. Sir Patrick war weit über siebzig Jahre alt.

»Gentlemen«, begann er mit leiser, heller Stimme. »Sie werden sich nicht wundern, dass ich Sie habe kommen lassen. Die Ereignisse sind von solcher Art, dass wir keine andere Möglichkeit sahen. Dieses lodernde Ding oder was immer es war, beschreiben Sie es mir.«

Nacheinander gaben Thornway und McMoughin ihre Darstellungen ab. Sie hatten das fliegende Ding nur bei Nacht gesehen, konnten es nur seinen Umrissen nach beschreiben und nicht etwa in seinem Aussehen. Sir Patrick stellte dies nicht zufrieden, aber es blieb ihm nichts anderes übrig, als sich damit abzufinden.

»Einverstanden«, murmelte er und setzte sich in seinen Sessel. Er verschwand beinahe hinter dem massiven Schreibtisch, und Irvin McMoughin hatte Mühe, sich ein Grinsen zu verbeißen. »Die geheimdienstliche Untersuchung des Filmmaterials wird auch keine anderen Ergebnisse zeitigen.«

Damit war es also heraus. Sir Patrick war Mitarbeiter des Secret Service, ein sehr hoher Mitarbeiter vermutlich.

»Sie haben mein Filmmaterial an sich genommen und es untersucht?«, hakte der Reporter nach. »Sie hätten mich wenigstens vorher fragen können.«

»Wir haben Ihr Verständnis vorausgesetzt, Mac«, erklärte Sir Patrick und stellte mit der Nennung des Kosenamens unter Beweis, dass er sich bereits eingehend über die Person des Journalisten informiert hatte. »Sie erhalten es auch zurück und brauchen sich nicht um Ihre Story zu sorgen. Was Sie davon veröffentlichen dürfen, das müssen Sie allerdings uns überlassen.«

McMoughin nickte langsam. In jedem anderen Fall hätte er lautstark protestiert und alle Hebel in Bewegung gesetzt, um Einschränkungen der Pressefreiheit zu verhindern. Ja, er wäre nie so dusselig gewesen, einfach die Ausrüstung und vor allem die Filmspulen im Wagen liegen zu lassen. Er hätte den aktuellen Film aus der Kamera entfernt und irgendwo versteckt, und das unter den Augen der Soldaten und hinter Thornways Rücken.

In diesem Fall dachte er anders. Was sie erlebt hatten, ließ sich kaum in Worte fassen. Die Eindrücke seiner Sinne vermengten sich mit seinen Gedanken zu einem unvorstellbaren Wust, aus dem immer wieder blitzartig Einzelheiten auftauchten und sich in seinem Bewusstsein festsetzten.

Auf Cloughleys Hof gab es etwas Fremdartiges, etwas, das sich durch den Untergrund wühlte und an die Oberfläche drängte. Das Gebilde mit dem lodernden Rand – falls es überhaupt der Rand gewesen war – hatte etwas auf diesem Planeten abgesetzt, etwas, was noch nie ein Mensch von Angesicht zu Angesicht gesehen hatte. Etwas Abartiges, unendlich Fürchterliches. Allein der Gedanke daran reichte aus, dem Journalisten einen eiskalten Schauer über den Rücken zu jagen.

»Der Gedanke an ein unbekanntes Flugobjekt erscheint in diesem Zusammenhang naheliegend«, drangen die Worte Sir Patricks wie von fern an seine Ohren. »Aber bisher verfügen wir über keinerlei Beweise. Niemand hat das Ding gesehen, lediglich ein Bauer in den nördlichen Highlands hat gemeldet, dass er in seinem Wald ein verbranntes Areal von ovaler Form ausgemacht hat. Wir haben eine Untersuchungskommission auf den Weg geschickt und erwarten ihren Bericht. Er dürfte nicht von dem abweichen, was wir über den verbrannten Wald bei Cloughleys Hof wissen.«

»Und was wollen Sie jetzt tun, Sir?«, fragte Thornway.

»Das Areal um das Anwesen ist bereits weiträumig abgeriegelt. Niemand kommt mehr heran. Spezialeinheiten sind unterwegs, um die Sicherung zu übernehmen. Nichts, was sich dort ereignet hat oder weiter ereignen wird, darf an die Öffentlichkeit dringen. Ich brauche Sie sicher nicht an Ihre persönliche Schweigepflicht zu erinnern.«

Bei diesen Worten sah er nicht den Officer, sondern Irvin McMoughin an. Der Reporter nickte.

»Das ist klar. Allerdings werden Sie es nicht schaffen, mir die Story des Jahres einfach wegzunehmen. Irgendwann schreibe ich sie.«

»Sie erhalten von uns Nachricht, sobald Sie es dürfen.« Sir Patrick lächelte süffisant. »Und wenn es im nächsten Jahrtausend ist.«

Das war nicht viel. Noch nicht einmal zehn Jahre. Was würde bis dahin sein? War dann Gras über die Geschichte gewachsen? Oder stand den Bewohnern Schottlands oder der ganzen Insel etwas bevor, was sie alle das Fürchten lehren würde?

»Ein Hinweis noch, Sir«, antwortete er. »Das Tentakelding ist hitzeempfindlich. Mit einem Feuerzeug gelang es mir, es so zu erschrecken, dass es den Fuß des Officers freigab.«

Der Knöchel Thornways war dick geschwollen und inzwischen verbunden.

Für ein paar Augenblicke schienen die Augen Sir Patricks den Reporter zu durchdringen. Dann seufzte er und bedankte sich.

»Vielleicht ist dies der wichtigste Hinweis in der ganzen Angelegenheit«, meinte er. »Doch wie passt das lodernde Ding aus dem Wald mit der Hitzeempfindlichkeit der Kreatur unter der Oberfläche zusammen?«

Darauf gab es vorerst keine Antwort, und Sir Patrick entließ die beiden Männer mit ein paar freundlichen Worten und weiteren Verhaltenshinweisen.

***

An der Wohnungstür wartete Mona, eine zornige Mona. Sie musterte ihn von oben bis unten, und ihr Gesicht verwandelte sich endgültig in eine Grimasse aus Hohn und Schadenfreude.

»Dachte ich es mir doch!«, rief sie schrill. »Wie du aussiehst. Du musst ja völlig übergeschnappt sein. Hattest du früher nicht hellblonde Haare und eine lupenreine Gesichtshaut? Mit welchem Flittchen hast du dich eingelassen, dass dich der Zuhälter derart massakriert hat?«

Es war, als übergösse ihn jemand mit Eiswasser. Er blieb stehen und ließ den Handlauf des Treppengeländers los.

»Ich habe wohl nicht richtig gehört«, flüsterte er. »Bist du krank?«

Er sah nur den heranschießenden Schatten und hörte das Klatschen. Im nächsten Augenblick wurde es auf seiner linken Wange heiß.

»Da, das hast du tausendfach verdient. Denkst du, ich bin so blöd und merke nicht, dass du dich herumtreibst? Wo hast du die ganze Zeit gesteckt?«

»Ich habe gearbeitet.« Er schob sich an ihr vorbei, zog den Schlüssel aus der Tasche und öffnete die Wohnungstür. »Ist das etwas Neues, oder wieso regst du dich plötzlich darüber auf?«

»Letzte Nacht warst du nicht zu Hause. Ich habe es bis kurz vor Mitternacht versucht. Ich habe Sturm geklingelt. Willst du behaupten, dass du die ganze Nacht beruflich zu tun hattest? Lachhaft! Und heute Morgen hast du ebenfalls nicht aufgemacht.«

»Das ist kein Wunder. Ich habe bis kurz vor Mitternacht gearbeitet, bei lauter Musik aus dem Kopfhörer. Da konnte ich dein Klingeln nicht hören. Ich war mir meinen Gedanken ganz woanders. Und um vier Uhr morgens bin ich bereits wieder aus dem Haus gegangen.«

»Und das soll ich dir glauben!«, höhnte Mona. »Für wie blöd hältst du mich? Schau dich doch an! Total abgerissen und dreckig. Du hast dich mit irgendeinem Kerl wegen einer Frau geprügelt. Und nach Alkohol riechst du auch!«

»Das ist das Desinfektionsmittel, mit dem ich Officer Thornways Knöchel eingerieben habe.«

»Du und deine Officer. Wieso bist du nicht gleich Polizist geworden? Dann hättest du wenigstens eine geregelte Arbeitszeit. Ich habe es satt, hier ständig vor verschlossenen Türen zu stehen!«

»Ich werde Mister Brewster bitten, dass er einen weiteren Schlüssel anfertigen lässt.«

Mr. Brewster war der Hausmeister.

»Danke, ich verzichte gern.«

Sie rauschte an ihn vorbei und die Treppe hinunter. Ein Blick durch das Fenster auf die Straße ließ sie innehalten. Sie klammerte sich am Fenstersims fest und starrte hinab auf den Buick.

»Der Wagen. Der schöne Buick!«, ächzte sie. »Ein Traum von einem Oldtimer. Was hast du mit ihm gemacht?« Ihre Stimme steigerte sich zu einer hysterischen Anklage. »Du kannst nicht normal sein!«

»Der Wagen ist von einem bösen Geist besessen. Ich habe mit ihm geboxt«, erwiderte er. »Siehst man das nicht?«

Mona gab keine Antwort und stürmte weiter die Treppe hinab.

»Dreckskerl«, hörte er sie rufen. »Du bist total verrückt. Weißt du eigentlich noch, was du tust? Wie heißt sie? Sag mir wenigstens ihren Namen!«

Er schloss die Tür, und zwar von innen. Er kannte Mona. Wenn sie sich in etwas hineinsteigerte und sich ihre Gedanken in eine Sackgasse verirrten, dann kam sie so schnell nicht mehr heraus. Es würde ein paar Tage und Nächte dauern. Er würde es aussitzen wie immer, und es gab ihm Gelegenheit, sich seiner Arbeit zu widmen. Noch allerdings wusste er nicht, wie er es Ryker beibringen konnte, ohne die Schweigepflicht zu brechen, die Sir Patrick ihm auferlegt hatte.

Er fragte sich, ob er als Journalist überhaupt daran gebunden war. Nach einer Weile des Nachdenkens bejahte er diese Frage. Es war eine Sache des Verantwortungsbewusstseins, das in seinem Beruf in hohem Maße gefordert war.

***

Die folgende Nacht zählte zum Fürchterlichsten, was er je mitgemacht hatte. Eigentlich war er sich am nächsten Morgen sicher, dass es die schlimmste in seinem bisherigen Leben gewesen war. Dreimal musste er duschen und den Pyjama wechseln. Immer wieder wurde er in seinen Träumen von gierigen Monstern gejagt, die alle etwas von einem Bären an sich hatten. Ihre Absicht war es eindeutig, seine Bauchdecke zu öffnen und ihm die Gedärme herauszureißen. Der Gedanke, alles wirklich erlebt zu haben und erst jeweils im letzten Augenblick erwacht zu sein, machte ihn fertig, und er trank ein paar Schnäpse und kochte sich um drei Uhr morgens einen Tee. Als er dann endlich in einen tiefen und traumlosen Schlaf fiel, graute draußen bereits der Morgen. Er schlief bis elf und duschte ein viertes Mal. Er ertappte sich dabei, wie er immer wieder in den Spiegel sah, als müsse er sich vergewissern, dass es ihn noch gab und dieses Wesen im Spiegel tatsächlich er selbst war und nicht irgendein Ungeheuer.

Langsam begann er Abstand zu gewinnen zu dem, was er erlebt hatte. Seine Gedanken verarbeiteten die Eindrücke, verglichen die vielen möglichen Erklärungen miteinander. Das Entsetzen in seinem Innern, das ihn die ganze Nacht nicht losgelassen hatte, zog sich zurück und verschwand. Es machte seiner üblichen journalistischen Neugier Platz.

Aber da gab es noch etwas anderes, und er spürte es deutlich. Tief in seinem Innern existierte ein Impuls, den es vorher nicht gegeben hatte. Er war durch die Erlebnisse entstanden, und er stellte mehr dar als bloße Neugier. Mit seiner gewohnten journalistischen Arbeitsweise konnte er dem nicht gerecht werden, was vorgefallen war. Dazu entzog es sich viel zu vehement allen bisherigen Erklärungsversuchen und versteckte sich vor dem Tageslicht.

Was war es? Offenbar stellte es eine Gefahr für die Menschen und für ihren Lebensraum dar. Es reagierte auf Hitze, die einzige Achillesferse, die sie bisher ausfindig gemacht hatten. Dass zwischen ihm und dem lodernden Ding in der Luft ein Zusammenhang bestand, ließ sich nur schwer leugnen. Es lag auf der Hand, folgte aller menschlichen Logik und dem, was sie mit eigenen Augen gesehen hatten.

Er frühstückte am Fenster, starrte auf den demolierten Wagen hinab und sah den Passanten zu, wie sie stehen blieben, kopfschüttelnd das Fahrzeug musterten und mit gerümpften Nasen davoneilten. Er machte dem Ganzen ein Ende, indem er hinabging und wegfuhr.

Jim in der Waschgarage staunte nicht schlecht, als McMoughin das zerdellte Fahrzeug zum Waschen brachte. Noch immer hing der Schleim auf dem Lack, und er stank erbärmlich.

»Kommst du von einer Misthaufen-Rallye und hast den ersten Preis gewonnen?«, scherzte der Mechaniker. »Sag mal, du weißt doch als Journalist ziemlich viel, meistens alles. Wieso ist die Ausfallstraße nach Westen gesperrt?«

»Es hat dort eine Absenkung des Bodens gegeben. Doline nennt man das wohl. Die Straße ist unpassierbar, und es kann Wochen dauern, bis das Gelände aufgegraben, der tektonische Bruch analysiert und das Loch wieder zugeschüttet ist. Mehr weiß ich auch nicht. Menschen sind keine zu Schaden gekommen.«

»Was für ein Glück. Das Militär riegelt die Gefahrenzone ab, nicht wahr? Es sind ein paar Fahrzeuge mit Tarnanstrich gesehen worden. Fast könnte man an eine geheime Operation gegen einen ausländischen Geheimdienst denken.«

Wie recht du hast, dachte der Reporter. Er fuhr den Wagen in die Waschanlage und blieb sitzen. Um ihn herum nahmen die Bürsten ihre Tätigkeit auf, und er verglich sie mit den Tentakeln des Ungeheuers, die aus dem Hügel gekrochen waren. Er stellte sich vor, sich im Innern des unfassbaren Wesens zu befinden, und er fragte sich, was geschehen würde, wenn das lodernde Oval plötzlich hier draußen über der Straße auftauchte.

Als er das Fahrzeug hinaus ins Freie fuhr, sah es aus wie neu, aber der erste Eindruck täuschte. Überall, wo die Tentakel Dellen in das Blech geschlagen hatten, war der Lack gesprungen. In den feinen Rissen hatte sich Schleim abgesetzt, den nicht einmal die Waschanlage vollkommen entfernen konnte. Er stank noch immer, aber es war nicht mehr so schlimm wie vorher.

McMoughin bezahlte und verabschiedete sich von Jim. Unter der Tür jedoch machte er nochmals kehrt. Einer inneren Eingebung folgend fragte er den Mechaniker nach einem Schweißgerät mit einer kleinen Sauerstoffflasche, die man sich auf den Rücken binden konnte. Jim lieh sie ihm ohne zu fragen, wozu er sie benötigte, und das war ihm gerade recht. Er vergewisserte sich, dass die Flasche gefüllt war, blechte eine Anzahlung und kehrte in seine Wohnung zurück.

Unruhig ging er umher, von einem Zimmer ins andere. Immer wieder setzte er sich an seinen Arbeitsplatz und notierte im Sekundenstil alles, was er seit Donnerstag erlebt hatte. Die etwa vierzig Blätter faltete er anschließend zusammen und verwahrte sie an einem Ort, an dem nur er sie finden würde.

Am frühen Nachmittag ging er hinab in die Straße zur Telefonzelle und rief im Police-Office an. Er erkundigte sich an Thornway. Grimes war am Apparat.

»Wir wissen nicht, was los ist, Mac«, vernahm er. »Thornway hat sich nicht mehr blicken lassen. Aber wir haben von unserer vorgesetzten Dienststelle ein Fernschreiben erhalten. Demnach ist Thornway für unbestimmte Zeit beurlaubt worden.«

»Danke, Grimes!«

Er legte auf, zögerte kurz und versuchte es dann bei Mona. Sie nahm ab, erkannte seine Stimme und legte sofort wieder auf.

Schulterzuckend verließ er die Zelle und kehrte in seine Wohnung zurück.

McMoughin hatte es plötzlich eilig, seine Ausrüstung zu vervollständigen, sich zusätzliche Klamotten bereitzulegen und alles in den Wagen zu schaffen. Ein letzter Blick in alle Zimmer der Wohnung zeigte ihm, dass nichts auf sein Verschwinden hinwies. Alles sah aus wie immer, wenn er aus dem Haus ging. Er schloss die Tür ab und warf im Treppenhaus einen Blick aus dem Fenster. Nichts war da, was ihn misstrauisch machte. Es gab kein fremdes Fahrzeug in der Straße, und niemand beobachtete das Gebäude.

Er verließ das Haus, stieg in den Wagen und fuhr nach Norden. Wie er später erfuhr, verpasste der Secret Service ihn um ganze fünfzehn Minuten. Die Leute vom Geheimdienst wollten ihn aus dem Verkehr ziehen und für eine Weile in eine Villa bei London schaffen.

Sie kamen zu spät, und das Schicksal nahm seinen Lauf.

***

Seine Neugier hatte sich in quälende Unrast verwandelt. Nie im Leben wäre er in der Lage gewesen, genau zu beschreiben, was es war, das ihn trieb. Etwas Übermächtiges verführte ihn auf merkwürdige Art und Weise zum Handeln. Er schien jede Vorsicht zu vergessen, und seine Augen fixierten unaufhörlich jenen Bereich, der dort jenseits der Straße lag und von Scheinwerfern ausgeleuchtet wurde. Er verließ den Wagen, mit dem er sich über den Waldweg bis an die abgeschirmte Zone herangeschlichen hatte. Sanft strich er über das zerbeulte Blech, so als sei es ein Abschied für lange Zeit oder für – immer. Er ließ den Buick offen und schulterte seine Last, die ihn hinderte und unbeweglich machte. Er hängte sich den Fotoapparat um und machte sich auf den Weg. Ein halbes Dutzend Ersatzfilme führte er mit sich, und an seinem Gürtel baumelten eine Feldflasche mit Wasser, die Taschenlampe und ein kleiner Beutel mit einem hastig zurechtgemachten Frühstück.

Die Nacht legte sich wie ein Leichentuch über die Landschaft. Vorsichtig näherte er sich dem Kordon der Fahrzeuge und der Kette der Soldaten, die das Gelände hermetisch abschirmten. Sie hatten einen Bereich von mindestens einem Quadratkilometer umzingelt, und McMoughin benötigte eine halbe Stunde, um an Hand der ständigen Wanderungen der vielen kleinen Lichtkegel den Rhythmus zu bestimmen, in dem sich die Soldaten entlang einer unsichtbaren Markierungslinie bewegten und das Gelände überwachten.

In der Deckung des Buschwerks schlich er sich an die in diesem Fall feindlichen Linien heran und wartete den günstigsten Augenblick ab. Ein paar tastende Schritte vorwärts, und er verschwand im Gestrüpp zwischen den Bäumen. Fast hätte er den feinen Stolperdraht berührt, den sie gespannt hatten. Der Zufall kam ihm zu Hilfe, dass er seine Lampe gerade im richtigen Augenblick aufblitzen ließ, ihn entdeckte und darüber hinwegstieg.

Der Wald verschluckte ihn, und er setzte seinen Weg ungehindert fort. Es roch nach Minze und Wacholder, nach Kiefernharz und Maulbeere. McMoughin, der in seiner Kinder- und Jugendzeit oft durch die Wälder gestreift war, erkannte jeden Vogel an seinem Schrei und wusste, wo es Beerenbüsche mit saftigen Früchten gab.

In dieser Nacht jedoch achtete er auf etwas anderes. Der Wind wehte aus Osten und trieb ihm den Gestank entgegen. Er folgte ihm und achtete darauf, dass er nicht in eines der Löcher stürzte, die er anfänglich für Kaninchenbaue gehalten hatte.

Je näher er Cloughleys Anwesen kam, desto stärker spürte er das leichte Zittern und Vibrieren des Bodens. Ein Vergleich mit dem Zittern der Böden und Häuser in der Nähe von U-Bahn-Schächten drängte sich ihm auf. Hier jedoch handelte es sich nicht um ein Produkt von Menschen, sondern um etwas anderes, das nicht zu den Vorstellungen der Menschheit über die Evolution ihres Planeten passte. Es war etwas Fremdes, und der Gedanke, dass es lange Zeit unter der Oberfläche versteckt gelauert hatte oder dass es von diesem lodernden Ding auf der Erde abgesetzt worden war, jagte dem Reporter wiederholt einen Schauer über den Rücken.

Wenn jedes Loch, das er im Keller des Gehöfts und draußen auf der Weide gesehen hatte, für einen Tentakel stand, dann besaß das Ungeheuer mindestens fünfzig Extremitäten, und gemessen an deren Dicke musste das Wesen unter dem Hügel riesig sein.

Es schien, dass es sich um ein nachtaktives Monstrum handelte, das aber auch am Tag zum Leben erwachte, wenn es Beute witterte.

Die zweite Erscheinungsform, jenes lodernde Ding am Himmel, war seit jener ersten Nacht nicht mehr aufgetaucht, so als habe es tatsächlich nur dieses Ungeheuer abgesetzt und den Planeten danach wieder verlassen.

McMoughin erreichte den Platz, an dem das Ding geruht und den Wald verbrannt hatte. Er leuchtete die Fläche ab und stellte fest, dass sich nichts verändert hatte. Es fehlten die charakteristischen Löcher im Boden, die darauf hindeuteten, dass hier ein oder mehrere Wesen ein Fahrzeug verlassen und sich in den Untergrund gegraben hatten.

Die groteske Situation, in der er sich befand, wurde ihm überdeutlich. Er schlich sich durch ein Sperrgebiet auf der Suche nach der Wahrheit und einer Sensation. Was ihn beflügelte, war der Wunsch, die Wahrheit herauszufinden. Dass er damit über Nacht berühmt werden konnte, glaubte er mit keinem Atemzug. Wenn er es schaffte, mit einer packenden Reportage und brauchbaren Fotos an die Öffentlichkeit zu treten, würden sie ihn dennoch für verrückt halten oder von Amts wegen für verrückt erklären. Sie würden es zu einem typischen Produkt des Sommerloches machen.

Vom Waldrand aus warf er einen Blick hinaus auf die Weiden und das Gehöft. Riesige Suchscheinwerfer kreisten im Minutentakt, die breiten Strahlen wanderten über das Gelände und streiften die zerstörten Gebäude.

Er überlegte, wie er weiter vorgehen sollte. Selbst wenn es ihm gelang, ein paar Aufnahmen von dem Ungetüm zu machen, brauchte es nicht viel Vorstellungskraft, um sich auszumalen, dass er den Zeitpunkt solcher Aufnahmen vermutlich nicht lange überleben würde. War es das wirklich wert?

Ein Bersten und Krachen ließ ihn zusammenzucken. Er richtete seine Aufmerksamkeit auf die Umgebung. Die großen Scheinwerfer hielten in ihrer gleichmäßigen Fahrt inne, die Lichtstrahlen ruckten hin und her und zeigten dann ohne Ausnahme auf den Bereich des Gehöfts mit den zerstörten Gebäuden.

Die Trümmerhaufen begannen zu leben. Sie wogten auf und ab, vollführten einen seltsam anmutenden Tanz, und dort, wo die Erde auseinanderplatzte, stiegen dunkle Schwaden empor und verteilten sich. Der Wind trieb sie rasch herbei, und McMoughin zog rasch das Taschentuch hervor und presste es auf Mund und Nase. Dort drüben schepperte und krachte es, die Trümmer wirbelten empor, stürzten übereinander und wurden erneut emporgeschleudert. Unter ihnen wogte der Boden, er sah deutlich die Bewegungen, mit denen sich die wildgewordene Ausgeburt einer schlimmen Phantasie bemerkbar machte und doch real vorhanden war. Vereinzelte zuckten Tentakel empor und spielten mit den Trümmern wie mit kleinen Bauklötzen.

McMoughin fotografierte, was das Zeug hielt. Aus der Deckung von Ästen und Zweigen heraus hielt er alles im Bild fest, was sich ereignete und die Scheinwerfer in Tageshelle tauchten. Dabei vergaß er die Gefahr, in der er sich selbst befand. Der Boden begann unter ihm zu schwanken, und er ließ die Kamera sinken. Risse bildeten sich im Untergrund, ein deutliches Zeichen, dass das Monstrum auf ihn aufmerksam geworden war.

Mit einer wilden, ruckartigen Bewegung wölbte sich der Untergrund und warf ihn hinaus in Freie. Er verlor das Taschentuch, ruderte mit den Armen und achtete darauf, dass er nicht mit der Stahlflasche auf den Boden prallte und sich den Rücken verletzte. Er fing sich ab, kam auf die Beine und schnellte sich vorwärts. Er wollte in den Wald zurückkehren, aber es ging nicht. Der Boden warf sich hinter ihm zu einer zwei, drei Yards hohen Mauer auf, die ihm wie eine Meereswoge folgte. Er rannte und rannte, und der Untergrund machte die Bewegung unaufhörlich mit, so dass er ständig bergab lief. Er stolperte über einen zerbrochenen Pflock, taumelte zur Seite und geriet in den Lichtkegel eines Scheinwerfers. Sofort entdeckten sie ihn. Ein Lautsprecher oder Megaphon klang auf.

»Wer immer Sie sind, kommen Sie sofort hier herüber! Dies ist eine Anweisung der Polizei!«

Er lachte lautlos. Polizei nannten sie sich. Wer tarnte sich hier eigentlich und warum? Das fremde Wesen mit seinen finsteren Zielen, oder die Spezialeinheit des Secret Service bei ihren Umtrieben?

Der Boden unter ihm schwankte heftiger. Die Welle aus Gras und Dreck erfasste ihn vollständig und trug ihn mit sich fort, den Trümmern des Hofes entgegen. Er rannte parallel zu ihrem Kamm entlang und trachtete, das freie und ruhige Gelände zu erreichen. Wieder surrte der Motor der Kamera und machte im Sekundenrhythmus Aufnahmen. Er hielt sie mit der einen Hand, mit der anderen umklammerte er die Düse des Schneidbrenners.

Doch da war nichts, wogegen er sich mit Hilfe der Flamme wehren konnte.

Unaufhörlich trieb ihn die Woge dort hinüber, wo das Wohnhaus gestanden hatte. Ein finsterer Schlund gähnte ihm entgegen, eine tiefe Grube, um die herum die Trümmer zu einem mannshohen Wall aufgeschüttet waren.

»Verdammt, das ist McMoughin«, hörte er die Stimme aus dem Lautsprecher. »Los, holt ihn raus!«

Der Reporter sah nicht, wie sie das tun wollten. Ein Donnerschlag ließ ihn fast taub werden. Aus dem Loch zwischen den Trümmern schoss eruptionsartig die Erde hervor und verteilte sich nach allen Seiten. Dann stieg langsam ein Koloss von schwarzer Farbe in die Höhe und verschluckte alles Licht, das ihn erreichte. Seine Oberfläche dampfte und verströmte diesen bestialischen Gestank, intensiver und tödlicher, als McMoughin ihn bisher kannte. Wie Säure drang er in seine Nase und ließ ihn beinahe das Bewusstsein verlieren. Das Ungetüm wirkte wie ein riesiger, aufgeblasener Ballon. Der dampfende Körper wogte hin und her und besaß keine einheitliche Form. Es war etwas völlig Fremdartiges, Finsteres, etwas, was ein Mensch nicht begreifen konnte.

»Moloch!«, schrie er. »Endlich zeigst du dich!«

Drüben bei den Panzern und Scheinwerfern wurde es totenstill. Nur hier, am unmittelbaren Ort des Geschehens, orgelte und dröhnte es. Noch immer arbeitete der Motor der Kamera, und das beruhigte McMoughin ein wenig. Wenn er schon nicht Lebens hier herauskam, dann wollte er der Nachwelt wenigstens brauchbare Aufnahmen des Ungeheuers vererben.

Mona! durchzuckte ihn ein Gedanke. Vielleicht erkennst du wenigstens dann, wie sehr du mir Unrecht getan hast!

Noch immer ritt er wie ein Surfer auf der Woge, die ihn hinüber zu dem Koloss trug, zu diesem tentakelbewehrten Monstrum aus einer Welt, die nichts, aber auch überhaupt nichts mit der gemein hatte, wie die Menschen sie kannten.

Die Tentakel peitschten wie eigenständige Lebewesen hin und her, nach links und rechts, nach vorn und hinten und oben. Sie schnellten auf ihn zu und zuckten zurück. Sie hätten ihn ohne weiteres erreichen und mit einem Schlag töten können.

Aber es geschah nicht. Das Wesen genoss die aussichtslose Lage seines Opfers, und Irvin McMoughin schalt sich einen Narren, dass er sich auf so etwas eingelassen hatte. Er drehte den Kopf hin und her. Seine Augen musterten das Gelände, suchten irgendeinen nicht vorhandenen Ausweg, und sein Inneres hoffte in einem letzten Aufbäumen auf ein Wunder.

Doch da war nichts. Er empfand einzig und allein die plötzliche Leere in seinem Innern, so, als sauge jemand die Seele aus seinem Körper heraus.

Mona, verzeih mir, flehte er. Ich bin ein Idiot.

Ein Teil der Scheinwerfer ließ von der Szene ab und schwenkte nach Norden. Die Lichtkegel stachen in den wolkenverhangenen Nachthimmel hinein und markierten das lodernde Gebilde, das von Norden her über den Wald schwebte und hoch über der Straße hängenblieb. Wieder war nur der ovale Ring des unheimlichen Feuers zu erkennen, nichts vom eigentlichen Körper des Dings oder Fahrzeugs.

Und noch immer wartete der Moloch ab, während McMoughin ihm auf halber Höhe der Woge entgegeneilte. Ein leises Klicken vor der Brust zeigte an, dass der Motor der Kamera seinen Betrieb einstellte. Der Film war voll.

Links lagen die Trümmer des Hühnerstalls, sie befanden sich von seiner Position aus gut drei Yards unter ihm. Er warf sich an der Woge entlang und sprang in mehreren Etappen in die Tiefe. Der Untergrund gab nach, er versank bis über die Knöchel darin. Mit einem letzten, verzweifelten Sprung erreichte er den Boden und schlug zwischen Holzlatten und Hühnermist auf. Er schnellte sich empor und hechtete zwischen den Trümmern hindurch. Einer der Scheinwerfer war ihm gefolgt, und in seinem Licht entdeckte McMoughin die steinerne Umrandung eines Brunnens. Ein paar gesplisste Bretter und ein Teil des Daches lagen auf der Öffnung.

Mit weiten Sätzen rannte er darauf zu, stemmte sich dagegen und legte den Brunnen frei. Hinter ihm schlug etwas in den Boden ein und grub eine tiefe Furche in das von den Hühnern gelockerte Erdreich. McMoughin zog das Feuerzeug hervor, drehte am Rad auf dem Rücken und zündete die Düse. Ein greller Flammenspeer raste schräg nach oben in die Nacht, fuhr ruckartig herum und stach nach dem Tentakel, der in seiner Nähe auffuhr und zum nächsten, zum tödlichen Schlag ausholte. Das gummiartig schleimige Ding zuckte zurück und verschwand in der Dunkelheit. Aus der Richtung des Monstrums kam ein Quieken wie von einem Schwein, das bei lebendigem Leib abgestochen wurde. Der Moloch begann zu zappeln und den Untergrund in Schwingung zu versetzen. Dicht neben dem Brunnen klaffte ein breiter Riss auf und drohte den Journalisten zu verschlingen. Er griff mit der freien Hand nach dem Brunnenrand und schwang sich auf das Mauerwerk. In der Mitte hing das Seil in seiner Rolle, und drunten in der Tiefe lag der Eimer auf dem ausgetrockneten Grund.

Entschlossen drehte McMoughin das Rad an der Flasche zu, steckte die Düse in seinen Gürtel und packte die beiden Teile des Seils. So schnell es ging, ließ er sich hinab in die Tiefe gleiten. Über ihm schlug etwas ein und zertrümmerte die gesamte Einfassung des alten Brunnens. Dicke Mauersteine stürzten herab und streiften ihn. Einer traf die Stahlflasche auf seinem Rücken. Die Spitze einer dicken schwarzen Schlange zuckte zu ihm herab und tastete nach ihm. Er hängte sich mit einer Hand an das Seil, zog mit der anderen das Feuerzeug aus der Brusttasche und hielt sich den Tentakel damit vom Leib. Seine Füße berührten den Grund, und er ließ das Seil los. Er leuchtete mit der Lampe und entdeckte die Ursache, dass dieser Brunnen kein Wasser führte. Auf der Westseite gab es einen Einbruch, vermutlich hervorgerufen durch die Wühlarbeit des Molochs. Ein Riss führte tief in das Erdreich, und McMoughin leuchtete hinein und lauschte.

Er hörte nichts. Auch droben auf der Oberfläche war es still geworden. Kein Tentakel zuckte mehr, kein Beben oder Vibrieren drang bis zu ihm durch. Irgendwo auf einem der Militärfahrzeuge heulte eine Sirene. Donnerschläge klangen auf, sie stammten aus großkalibrigen Waffen. Jemand hatte das Feuer eröffnet, entweder auf den Moloch oder das lodernde Ding am Himmel.

Oder auf beide.

Dann schrien Menschen. Aber es waren Kommandos, keine Todesschreie. Diese klangen anders, ganz anders. McMoughin hatte schon Menschen im Todeskampf schreien gehört, damals beim Erdbeben, das die halbe Unterstadt und die Viertel am Hafen verwüstet hatte. Ihren Tonfall und diese Laut gewordene Qual würde er nie mehr in seinem Leben vergessen.

Hier war es anders. Hier zählte er nicht zu den Rettern und den Helfern bei der Bergung. Hier war er selbst das Opfer, und er wusste, dass eine Rückkehr an die Oberfläche für ihn nicht in Frage kam.

Nicht, solange es Nacht war. Vielleicht bei Tag, falls der Moloch schlief.

Blieb ihm nur, in diesem engen Schacht zu stecken und den Flammenwerfer als Waffe bereitzuhalten. Oder –

Entschlossen setzte er sich in Bewegung.

***

Der Riss erweiterte sich und endete in einem Stollen, dessen Wände von einer milchigen, glasigen Masse überzogen waren, die ihm ein gespenstisches, unwirkliches Aussehen verliehen. Er maß acht bis zehn Yards im Durchmesser, und der Boden war ebenfalls von dieser trüben Schicht bedeckt. Sie war von feuchter, ziemlich schmieriger Konsistenz und hätte einem Schlittschuhläufer alles abverlangt. Für einen Fußgänger mit einer Sauerstoffflasche auf dem Rücken stellte sie ein schier unüberwindbares Hindernis dar. Ständig glitt er bei dem Versuch aus, den nach Westen führenden Stollen zu betreten. Mit rudernden Armen kämpfte er um sein Gleichgewicht und trachtete danach, sich an der Wandung zu halten. Die Taschenlampe baumelte an seinem Gürtel und wies ihm den Weg.

Schritt für Schritt arbeitete er sich voran. Hier unten war nichts von dem Gestank zu bemerken, den der Moloch an der Oberfläche verbreitete. Es fehlten die charakteristischen Risse und Löcher, und keiner der Tentakel machte den Versuch, ihm hierher zu folgen.

Seine historischen Kenntnisse über die Glasgow vorgelagerten Regionen hatten sich bisher als fundiert erwiesen, jetzt aber musste er einsehen, dass es Dinge gab, die wahrscheinlich in alten Archiven verborgen lagen, ohne dass sich ein einziger Mensch der Jetztzeit noch daran erinnerte. Vor langer Zeit, es waren mit Sicherheit mehr als drei Jahrhunderte her, musste es hier ein Bergwerk gegeben haben, und in einem dieser Stollen befand er sich. Das Wasser hatte in seiner immerwährenden Beharrlichkeit das Kalkgestein ausgewaschen und Tropfsteine gebildet. Sie hingen von der Decke herab und wuchsen aus dem Boden empor, stets bemüht, sich irgendwo in der Mitte einst zusammenzufinden und Bestandteil eines nicht zu überwindenden Hindernissen zu werden. Je weiter McMoughin vordrang, desto zahlreicher wurden sie, und er sah sich genötigt, den einigermaßen sicheren Halt an der Wandung zu verlassen, sich an diesen glitschigen und ewig tropfenden Säulen des Wachstums entlangzuarbeiten und auf diese Weise viel Zeit zu verlieren.

Als er die erste Viertelmeile zurückgelegt hatte, war er überzeugt, dass der Stollen in Richtung der Küste führte. Er spürte einen leichten Luftzug, der ihm zeigte, dass der Stollen eine zweite Öffnung besaß, so klein oder so groß, dass der alte Gang mit Luft versorgt wurde. Es bestand folglich keine Gefahr zu ersticken, und es gab keine Probleme beim Einsatz des Flammenwerfers.

McMoughins Gedanken kreisten unablässig um das, was er in der vergangenen halben Stunde erlebt hatte. Er legte sich alle Eindrücke zurecht und versuchte, sie zu einem sinnvollen Puzzle zusammenzufügen. Es gelang ihm nicht.

Immer wieder griff er nach der Brusttasche und überzeugte sich vom Vorhandensein seines Feuerzeugs. Glücklicherweise erfüllten sich seine geheimen Befürchtungen nicht. Nichts bedrohte ihn hier unten. Er bewegte sich in einem Bereich ewiger Ruhe, in dem nichts zu hören war außer dem Schmatzen seiner Schuhe auf dem glitschigen Untergrund.

Nach einer guten Meile geriet der Reporter an eine Treppe, die die gesamte Breite des Stollens in Anspruch nahm und in die Tiefe führte. Er zählte dreiundzwanzig Stufen. Sie waren im Zentrum sehr kurz und wurden nach außen hin breiter. Das Merkwürdigste an ihnen jedoch war, dass sie nicht in der Mitte ausgetreten waren, sondern an den Rändern, als seien hier Wesen mit sehr breitem Becken und weit auseinander stehenden Beinen gegangen.

Du machst dich noch verrückt, redete er sich ein. Natürlich hat es eine natürliche Bewandtnis damit. Du kommst nur nicht darauf. Vergiss es ganz schnell und höre auf, alles mit fremden Erscheinungsformen erklären zu wollen.

Vorsichtig setzte er einen Fuß vor den anderen und stieg die Stufen hinab. Auch hier versperrten die Stalaktiten und Stalagmiten einen Teil des Stollens und zwangen ihn zu bizarren Umwegen fast wie in einem Labyrinth mit dem Unterschied, dass es hier keine festgefügten Wände gab und er den weiteren Verlauf erkennen konnte. Am Ende der Treppe erweiterte sich der Stollen zu einer Halle von gut hundert Yards Durchmesser. Eine richtige Tropfsteinhöhle erwartete ihn, und als er ein paar Schritte hinein machte, stellte er fest, dass der Untergrund hier trocken war. Kein schmieriger Belag behinderte ihn mehr, und er setzte seinen Weg mit vermehrter Eile fort.

Der Lichtkegel seiner Lampe streifte mehrere dunkle Stellen in der großen Halle. Es handelte sich um Mauern, die sich zu Gevierten mit wuchtigen Dächern zusammenfügten. Es gab Öffnungen in den Wänden und sogar Türen. Er suchte sich das vorderste dieser kleinen Häuser aus, zog den Kopf zwischen die Schultern und trat hinein.

Ein Schrei des Entsetzens drängte über seine Lippen.

Überall lagen Gerippe, schön verteilt im Schatten von Tropfsteinen und in manchen Fällen wohlgeordnet. Jemand hatte sich die Mühe gemacht, die Oberschenkelknochen zusammenzulegen, die Becken zu sammeln und die Schädel zu gleichmäßigen Reihen an der hinteren Wand aufzupflanzen. Sie grinsten ihn in ihrer Hohläugigkeit an und schienen lautlos zu ihm zu sprechen. Aber es war nur das unruhig hin und her wandernde Licht der am Gürtel baumelnden Taschenlampe, das diesen Eindruck erweckte.

Ein eisiger Schauer rann seinen Rücken hinab, als er die Metallringe und Ketten sah, die aus den Wänden ragten. In ihnen hingen weitere Gerippe, die nach oben hin in Mumien übergingen, dort, wo sich die Haut auf den Knochen erhalten hatte und verdorrt war. Unten herum waren die in ihren Eisen hängenden Gestalten fein säuberlich bis auf die Knochen abgenagt.

Und das alles war von einer milchig trüben Schicht Kalk überzogen, vom Wasser aus den Wänden und dem Dach gewaschen und auf diese Körper übertragen. Es stellte eine Konservierung dar, wie nur die Natur sie in ihrer Unverrückbarkeit hervorbringen konnte.

Der Anblick brachte McMoughin aus der Fassung. Nicht der Eindruck der in ihren Fesseln hängenden Toten war es, sondern die Erkenntnis, dass es sich hier nicht um Menschen der vergangenen Jahrhunderte handelte. Die Schädel waren kleiner und runder, als es bei Menschen je der Fall gewesen war. Wenn er sich ins Gedächtnis rief, wie sich die Schädelproportionen des Cro-Magnon und des Neandertalers darstellten, und weit zurück in die menschliche Vergangenheit zum Australopithecus ging, dann hatte dieser Rundschädel hier nichts mit ihnen gemeinsam, ja er stellte sich eher als Weiterentwicklung des Menschen der heutigen

Zeit dar, runder und vollkommener, allerdings nicht mit einer zu erwartenden Aufwölbung des Hinterkopfes auf Grund einer vergrößerten Gehirnmasse. Die Arme und Beine des Wesens wirkten dünn und lang, und der vertrocknete Oberkörper schimmerte unter der Kalkschicht farbig. Bei genauem Hinleuchten entdeckte McMoughin eine Schuppenhaut, vertrocknet und an vielen Stellen kahl, aber immer noch deutlich erkennbar. Und die Hände waren zwischen den dünnen Fingern bis ganz nach vorn zu den gebogenen Krallen mit Schwimmhäuten ausgestattet, was darauf hinwies, dass diese Wesen wenigstens teilweise im Wasser gelebt hatten.

Dies waren keine Menschen!

Jetzt, wo sich der Blick des Journalisten geschärft hatte, entdeckte er ein paar weitere Merkwürdigkeiten. Die Häuser waren aus achteckig behauenen Steinen zusammengefügt und mit einem Mörtel verbunden, der dieselbe Farbe wie die Steine besaß, auch jetzt noch, nach langer Zeit. Das Dach bestand aus langen steinernen Balken, die in der Art von Spanten irgendwo aus dem Fels geschlagen und nahtlos aneinandergefügt worden waren. Die ganze Konstruktion erweckte den Eindruck, als müsse sie ursprünglich hohem Druck von oben standhalten, und Irvin McMoughin zog die Parallele zu den Schwimmhäuten. Möglicherweise handelte es sich bei dieser Bauweise um eine, die unter Wasser benutzt worden war. Wozu dann aber die Fenster und die Tür, wie sie gewöhnlich nur Landbewohner benötigten?

Was er vor sich sah, war aus keinem Zeitalter der menschlichen Geschichte bekannt. Es musste aus einer grauen Vorzeit stammen, von der die Archäologen noch nichts wussten und das mit Sicherheit ihr Weltbild verändern würde.

Die Perspektiven, die sich auftaten, brachten McMoughins Gedanken vollkommen durcheinander. Er begriff endgültig, dass der Stollen nicht zu einem mittelalterlichen Bergwerk gehörte. Er hatte viel früher existiert, Äonen vorher. Alles hier unten war nichtmenschlich in dem Sinn, wie er es mit dem Wissensstand seiner Zeit betrachtete.

Er nahm sich die Zeit, einen neuen Film einzulegen und das Innere des Gebäudes auf das Zelluloid zu bannen. Dann ging er hinaus und fotografierte die gesamte Grotte mit den Gebäuden.

Ein Rascheln und Wuseln in seinem Rücken ließ ihn herumfahren. Für den Bruchteil eines Augenblicks starrte er in mehrere Dutzend kleiner, phosphoreszierender Augen, bis die Lampe ihm die unheimlichen Erscheinungen als Nager herkömmlicher Art mit den üblichen nackten Schwänzen enthüllte.

Ratten waren es, ganz gewöhnliche Ratten, und sie ließen ihn erleichtert aufatmen. Ihre Anwesenheit wirkte trotz ihres ekelerregenden Aussehens beruhigend auf ihn, und er stieß unwillkürlich einen Seufzer aus.

»Hallo«, sagte er, und es klang dumpf von den Wänden der steinernen Kate zurück. »Wart ihr das? Wie lange ist es her, dass ihr die Bedauernswerten aufgefressen habt? Gab es euch damals schon? Was könnt ihr mir erzählen?«

Die Ratten wichen vor ihm zurück, sie scheuten die Lampe. Das Licht blendete sie, machte sie vermutlich fast blind. Aber sie würden sich daran gewöhnen. Er scheuchte sie mit ein paar Armbewegungen davon. Mit raschen Schritten durchquerte er die Felsenhalle und hielt auf die Fortsetzung des Stollens zu, die sich als dunkler Fleck in der Wölbung der Grotte abzeichnete.

Und dort erwarteten sie ihn. Es waren nicht ein paar Dutzend, auch nicht Hunderte, sondern Tausende. Sie hatten sich um den Ausgang geschart, ein schier unüberschaubares Heer, das ihm den Weg versperrte. Sie fiepten und fauchten und fletschten die Zähne. Deutlich erkannte er ihre Entschlossenheit, ihn keinen Schritt weitergehen zu lassen.

***

Wie in einem Film lief alles vor ihm ab, die Hetzjagd und Flucht, das fürchterliche Ende, das er sich in seiner Phantasie ausmalte, und der Schmerz, den er in den ersten Sekunden empfand, als sie über ihn herfielen. Er wusste, dass er kurz davor stand, die Nerven zu verlieren. Jede falsche Bewegung konnte ihn in eine lebensbedrohende Situation bringen. Mechanisch griff er nach der Düse, öffnete das Rad an der Flasche und zündete den Feuerstrahl.

Mit einem Fauchen baute er sich auf, und das Heer der Ratten rückte von ihm ab und wich nach beiden Seiten aus. Sie betrachteten ihn als ihre Beute und wollten ihn in die Zange nehmen. Unter gewöhnlichen Umständen wäre er ihnen zum Opfer gefallen. So aber rettete ihn das Feuer.

McMoughin schwenkte die Düse nach rechts und trieb die Tiere nach links hinüber. In ihrer Furcht vor der versengenden Hitze trampelten sie übereinander und flüchteten quiekend in die Finsternis. Die Fortsetzung des Stollens lag jetzt frei vor ihm, und er eilte hastig hinein. Hatte er erwartet, wieder einen schmierigen und lebensgefährlichen Boden vorzufinden, so sah er sich positiv überrascht. Der Untergrund war fest und trocken wie in der Grotte. Mit langen Schritten stürmte er vorwärts, stetig darauf bedacht, die gut acht Inches lange Flamme hinter sich und das rasch aufschließende Heer der tückischen Winzlinge auf Distanz zu halten.

Ratten, das waren die Piranhas des Festlandes. Sie tauchten überall dort auf, wo es lohnende Beute gab. Einzeln scheuten sie sich vor Menschen, aber zusammengerottet konnten sie selbst einer Gruppe bewaffneter Männer zur Gefahr werden.

Das Heer folgte ihm unaufhörlich und in immer gleichem Abstand. Das Trippeln der winzigen Füßchen steigerte sich zu einem Inferno, das seine Gehörnerven überstrapazierte und ihm Dinge vorzugaukeln begann, die nicht vorhanden waren. Er hielt inne, weil er sich plötzlich einbildete, vor einer Wand zu stehen. Für ein paar Augenblicke schwand seine Konzentration, und die Flamme stieg nach oben zur Decke. Sofort setzten die Ratten nach und zielten auf seine Beine. Im letzten Augenblick konnte er sie gerade noch von sich abhalten. Aus zusammengekniffenen Augen erkannte er, dass die vermeintliche Wand aus dem Licht seiner Taschenlampe bestand und nicht wirklich existierte.

Sauerstoffmangel droht! durchzuckte ein Gedanke sein Bewusstsein. Die Flamme verbraucht zu viel Luft. Ich muss mich beeilen.

Irgendwo voraus erahnte er die Mündung des Stollens. Dort musste es eine weitere Grotte oder einen Ausgang an die Oberfläche geben.

Er rannte schneller, zog die Flamme am Boden hinter sich her und schwenkte sie in raschen Bewegungen von links nach rechts und zurück. Dadurch schuf er einen geschlossenen Vorhang aus Hitze und verhinderte, dass die Ratten eine Lücke nutzten, an ihm vorbeischlüpften und ihn von zwei Seiten angriffen. Entsprechend seiner Trockenheit wies der Stollen keine Tropfsteine auf, die ihn am Vorankommen hinderten. Er führte in mehreren Krümmungen durch ein Felsmassiv, das ziemlich weit bis zum

Erdboden hinaufreichte. Es war hier auch kein Kalkgestein mehr, das ihn begleitete. Die Wände glitzerten verführerisch und zeugten von hartem Granit, ab und zu durchbrochen von dunklen Basaltadern.

Granit und Basalt ineinander. Dies war ein Phänomen, das es seinem Wissen nach nirgendwo auf der Erde in solcher Ausprägung gab.

Endlos verrann die Zeit. Sein Brustbein begann zu stechen. Die Kamera schlug ständig dagegen, und die Sauerstoffflasche auf dem Rücken entwickelte langsam Zentnerlasten und zehrte an seinen Kräften. Seine Beine und Arme bewegten sich automatisch, und er schätzte, dass er mehrere Meilen zurücklegte, ständig halb nach hinten gewandt.

Die Ratten folgten, ohne sich in Gefahr zu begeben. Es war, als wüssten die Tiere genau, dass ihnen ihr Opfer nicht mehr entkommen konnte und alles nur eine Frage der Zeit war.

McMoughin spürte wieder den Luftzug, diesmal stärker. Der Hauch strich durch seine Haare und ließ ihn hoffen, der Öffnung ein bedeutendes Stück näher gekommen zu sein.

Zu allem Unheil wurde der Boden wieder glitschiger, und er mäßigte sein Tempo und versuchte, den Atem zu drosseln. Es fiel ihm immer schwerer, sich gleichzeitig auf die Verfolger und den Weg zu konzentrieren. Seine Beine fühlten sich an wie eine bleierne, schwammige Masse, und sein Atem ging unregelmäßig und in heftigen Stößen. In seinem Rachen rasselte es, und das Blut in den Schläfen begann wie wild zu pochen. Das Einzige, was ihn in dieser Phase noch bei Bewusstsein hielt, war die deutliche Zunahme des Sauerstoffes. Und genau hier lag die Gefahr, die er nicht erkannte. Die Erleichterung führte zur Unaufmerksamkeit, und die Ratten, die aufrückten und fast an seinen Fersen klebten, spürten mit ihrem Instinkt jeder noch so feinen und kleinen Veränderung in seinem Gebaren und seiner Ausstrahlung nach.

Und sie reagierten. Plötzlich spürte er das Streifen von Pelz an seinen Beinen. Ein Dutzend der Tiere hatte sich der Flamme entgegengeworfen. Drei oder vier wurden erfasst und verbrannten zu hässlichen Blutklumpen. Die anderen kamen durch und befanden sich jetzt auf der sicheren und geschützten Seite. McMoughin arbeitete hektischer mit dem Flammenwerfer und leuchtete die Durchgebrochenen mit der Taschenlampe an. Sie fielen nicht auf den Trick mit dem Licht herein. Sie starrten ihn unentwegt an und rannten vor ihm her. In ihren tückisch glitzernden Augen lag kein Stumpfsinn, eher etwas wie das Wissen um seine Verletzlichkeit.

Voraus in der Ferne glomm ein winziges Licht – eine Lampe oder Tageshelle. Er wusste es nicht, hoffte es nur, dass es der Ausgang war. Die Aktivität der Ratten deutete auf Letzteres hin. Sie wollten verhindern, dass er ins Freie gelangte. Sie versuchten, die Chance wahrzunehmen, die ihnen blieb.

Mit den Füßen stieß er sie von sich, als sie ihn von vorn angriffen, während er sich nach hinten weiter mit dem Flammenwerfer schützte. Täuschte er sich, oder flackerte der Feuerstrahl ein wenig?

Nur weg hier! schrien seine Gedanken. Weg aus diesen Katakomben des Wahnsinns. Hinaus aus diesem Reich, das noch nie ein Mensch zu Gesicht bekommen hat!

Nur diese anderen, die Geschuppten. Sie waren keine aus seiner eigenen Rasse. Keine von den Cro-Magnon oder den Neandertalern oder anderen Gliedern der Kette. Andere Wesen existierten hier unten, ein Fressen für die Wissenschaftler und Philosophen, ein Schreckgespenst für die Anthropologen und ihr Weltengebäude, mit dem sie die anderen Bereiche der Altertumswissenschaften seit Jahrhunderten und Jahrtausenden von sich abhängig machten.

Der Lichtfleck voraus wuchs zu einer großen, gezackten Scheibe an, McMoughin erkannte den Widerschein an der Wandung des Stollens. Die Luft wurde frischer und würziger, der Luftzug so stark, dass er dem Rennenden die Haare aus der Stirn trieb. Ein Rauschen wie in einer Muschel klang auf und schwoll mit jedem Schritt an, den er tat. Hinter ihm setzte der Flammenwerfer aus, der Inhalt der Flasche war aufgebraucht.

Übergangslos begann der Sturm der Ratten auf seinen Körper. McMoughin bewegte die Stange mit der Düse weiter hin und her und benutzte sie als Schlaginstrument. Unablässig traf er Rattenkörper und schleuderte sie zur Seite. Die Ratten vor sich irritierte er durch tänzelnde Schritte und trat mehrere von ihnen tot. Zwei verbissen sich in seine Schuhe, und er schleuderte sie davon.

Die Ratten hinter ihm trampelten über ihre toten und verletzten Artgenossen hinweg. Ohne Ausnahme waren sie auf den Körper des Menschen fixiert, der sich mit wilden Schlägen wehrte. Stöße gegen die Stahlflasche auf dem Rücken zeigten ihm, dass die Ratten ihn ansprangen. Eine verfing sich in seiner Hose, und er schlug den weichen Körper mit einem heftigen Schlag zur Seite. Das Ende des Stollens lag jetzt als greller Lichtkegel vor ihm. Es gelang ihm, mit der freien Hand den Gurt zu lösen und die Stahlflasche gegen das sich aufbäumende Heer der Ratten zu werfen. Dadurch schuf er vorübergehend ein Hindernis und verschaffte sich ein wenig Luft und einen Vorsprung von vielleicht einer halben Sekunde. Mehr war es sicherlich nicht, aber es reichte aus, das Ende des Stollens und die Öffnung zu erreichen, durch die grelles Tageslicht hereinfiel. Mehrere Tiere sprangen gegen seinen Rücken und krallten sich in das Hemd. Andere versuchten, sich in seine Hosenbeine zu verbeißen. Ohne zu überlegen, krümmte er sich zusammen und schob sich durch die Öffnung, die gerade mal einen Yard Durchmesser besitzen mochte. Die Ratten passten nicht mit hindurch und fielen von ihm ab. Das Hemd und die Hose zerrissen an mehreren Stellen.

McMoughin blinzelte in das Tageslicht und stellte fest, dass er sich in einem Brunnen befand, der in Durchmesser und Mauerwerk dem entsprach, durch den er herabgekommen war. Statt eines Schöpfwerkes führte eine metallene Leiter nach oben, und dies war seine Chance und Rettung. Er fasste nach den Sprossen der Leiter und kletterte hastig empor.

Hinter ihm rauschte es. Wie ein Schwall Wasser aus einem aufgeplatzten Rohr strömten die Ratten ins Freie und sprangen nach oben. Sie klammerten sich an seinen Rücken und seine Beine, verbissen sich in seine Waden und in seine Hüften. Er spürte den Schmerz der kleinen scharfen Zähne, als piekten ihn Dutzende von Stecknadeln. Mehrere der Tiere erreichten seinen Nacken, so dass ihm nichts anderes übrig blieb, als innezuhalten und sie mit einer Hand wegzureißen. Gleichzeitig schnellten sich andere an seinem Körper empor und verbissen sich in seine Arme.

McMoughin begann zu kämpfen. Mit heftigen Rucken riss er sich an den Sprossen aufwärts. Der Rand des Brunnens tauchte vor seinem Kopf auf. Zwei Sprossen noch, dann hatte er es geschafft. Erneut schüttelte er sich und warf einen Großteil der an ihm hängenden Ratten ab. Gleichzeitig aber knirschte das Mauerwerk, lösten sich die uralten Halterungen, bog sich die Leiter vom Brunnenschacht weg nach innen. McMoughin kippte, und ein Blick nach unten zeigte ihm, dass dort das Grauen und der Tod auf ihn warteten. Die Ratten erkannten, in welcher Gefahr er schwebte. Sie wurden ruhig, ordneten ihre Reihen und machten sogar Platz, damit er herabstürzte, ohne sie durch die Wucht des Aufpralls zu töten.

Mit einem hässlichen Knacken brachen die Längsholmen der verrosteten Leiter ab und rissen ihn in die Tiefe.

***

In seinen Ohren dröhnte es wie von gewaltigen Gongschlägen, und auf seiner Stirn brannte ein Feuer, das ihn verzehrte. Seine Augen nahmen einen milchigen Schleier wahr, der nicht zurückwich und ihn von allen Seiten einhüllte. Es stank nach Fischtran, der Geruch reizte ihn und verursachte Übelkeit in ihm fast wie die, die ihn auf Cloughleys Hof übermannt hatte. Er spürte die dünnen Leiber von Schlangen an seinem Körper und erstarrte.

Mit einem Schrei fuhr er empor, verharrte halb aufgerichtet und blinzelte. Irgendwie gelang es ihm, die milchige Augentrübung loszuwerden und seine Umgebung besser zu erkennen. Er sah Schatten, die sich bewegten, große Schatten wie von riesigen Ratten. Sie trugen Kleider, und er hörte ihr undeutliches Gemurmel. Langsam begann er aus dem eisigen Wasser des Jenseits emporzutauchen an das Licht der Wirklichkeit. Die Schlangen auf seiner Haut entpuppten sich als Menschenfinger, die ihn hielten. Er lehnte an einem Bein und atmete mit heftigen Stößen ein und aus. Die Erkenntnis, dass er sich unter Seinesgleichen befand, ließ ihn augenblicklich ruhiger werden. Der Blutdruck senkte sich spürbar ab, sein Pulsschlag beruhigte sich und raste nicht mehr. Das Klopfen in seinen Schläfen hörte auf, und das Gemurmel um ihn herum verlor seine Ähnlichkeit mit dem Murmeln eines Baches. Die Laute gewannen an Klarheit, und er begann einzelne Worte zu unterscheiden. Er gab sich einen Ruck und richtete den Oberkörper vollständig auf. Männer stützte ihn, einer tastete von oben bis unten seinen Körper ab und schüttelte den Kopf.

»Nichts«, sagte er. »Er hat Glück gehabt und sich nichts gebrochen. Das ist wie ein Wunder.«

Sie tätschelten ihm zum ungezählten Mal die Wangen und redeten langsam auf ihn ein.

»Wer bist du?«, verstand er. »Sage uns wenigstens deinen Namen!«

»Ich bin Mac«, ächzte er. Sein Hals war ausgetrocknet wie nach mehreren Wochen Darbens in der Wüste. In seiner Kehle steckte ein dicker Kloß, der auch nach mehrmaligem Schlucken nicht rutschte. »Bitte Wasser!«

»Warte!«

Jemand entfernte sich, er sah es an dem Schatten, den die Sonne auf die Felswand warf. Der Eindruck der hoch aufragenden Wand ließ ihn erschauern. Er versuchte, sich an das zu erinnern, was mit ihm geschehen war. Er hatte die Ratten abgeschüttelt und war die Leiter emporgeklettert, und dann war diese Leiter gebrochen, und er war zurück in die Tiefe gestürzt.

Dies war seine Erinnerung, aber da war noch etwas, was er jedoch nicht zu fassen mochte, so sehr er auch mit seinen Gedanken danach griff. Er fühlte sich merkwürdig leicht, als schwebe er auf Wolken, und in seinem Bewusstsein fraß sich die Erkenntnis fest, dass er unter einer Halluzination litt, die ihm seine Rettung vorgaukelte. In Wirklichkeit lag er sterbend irgendwo in dem dunklen Stollen, und die Ratten nagten an ihm.

Hastig scheuchte er die Erkenntnis zur Seite, gab sich ganz dem wohltuenden Gedanken hin, dass man ihn gefunden hatte. Der Schatten kehrte zurück, ein Becher wurde an seinen Mund gesetzt, und er sog das kühlende Nass in sich hinein. Zwei Becher voll trank er, und eine Stimme, die er als Männerstimme erkannte, kommentierte den Vorgang.

»Er muss hier mehrere Tage in der Sonne gelegen haben, bewusstlos und halb verdurstet. Ein Glück, dass heute Sonntag ist. Unter der Woche hätten wir ihn vermutlich nie entdeckt.«

Heftig wandte er den Kopf und starrte zu dem bärtigen Kerl empor, an dessen Bein er noch immer lehnte.

»Sonntag?«, murmelte er, diesmal deutlich klarer. »Welches Datum?«

Der Mann nannte den Tag, und Irvin McMoughin lächelte erleichtert.

»Es ist also heute. Ich habe nicht tagelang irgendwo gelegen. Ich kann nur kurze Zeit bewusstlos gewesen sein. Heute Nacht noch habe ich mich in dem Stollen aufgehalten. Ich habe sie gesehen. Und da waren auch Ratten, Tausende von Ratten, die mich verfolgten.«

»Er phantasiert, Ben«, sagte eine Frauenstimme. »Hier an der Steilküste gibt es nirgends Ratten und auch keine Stollen.«

Zwei Männer zogen ihn hoch auf die Beine, und er sah, dass sie am Fuß einer Steilwand standen, hinter sich den fünfzig Yards breiten Uferstreifen und die Brandung. Weiter rechts lagen ihre Hütten, zwischen den sie die Netze gespannt hatten. In einem kleinen, mit Felsbrocken gesäumten Becken lagen ihre Boote.

»Das ist der Firth of Clyde, ja?«, fragte er.

»Natürlich, Kerl. Was sonst. Du befindest dich direkt an der River Bay. Wo kommst du her?«

»Aus Glasgow. Ich bin heute Nacht dort aufgebrochen.«

»Der Kerl ist ein Langstreckenläufer, oder er lügt wie gedruckt!«, vermutete die Frau, die das Wasser gebracht hatte.

Das Wort »gedruckt« löste mehrere Assoziationen in Irvin McMoughin aus. Er erinnerte sich, warum er unterwegs gewesen war. Und er dachte daran, dass er schleunigst in der Redaktion anrufen musste. Mit Erleichterung nahm er wahr, dass gleich neben ihm seine Kamera lag, unbeschädigt, wie er hoffte. Er musste sofort die Bilder entwickeln und sie irgendwie in die Montagsausgabe bringen.

Er dehnte und streckte sich, überzeugte sich so, dass alle seine Glieder heil geblieben waren. Dass Hose und Hemd nur in Fetzen an ihm hingen und Arme und Beine mehrere Dutzend Blutkrusten aufwiesen, beachtete er kaum.

»Ich bin Ben«, sagte der Hüne, an dessen Bein er gelehnt hatte. »Du bist hier in Balleigh.«

»Mein Name ist Irvin McMoughin. Ich bin Reporter bei den Glasgow News und einer wichtigen Sache auf der Spur. Bringt mich so schnell wie möglich zum Brunnenschacht.«

Sie führten ihn einen schmalen Pfad zwischen den Felsen hinab zu ihrem Trinkwasserbrunnen. Er war aus roh behauenen Steinen und mit grobem Mörtel gemauert, und ähnlich wie auf Cloughleys Hof ragte über dem Schacht ein Holzgestell mit einer Seilwinde auf, an der die Wassereimer hinab zum Grundwasser gelassen wurden. Der Wasserspiegel begann drei Yards unter dem Rand, und McMoughin schüttelte heftig den Kopf.

»Das ist nicht der Brunnen mit der Leiter, den ich heraufgeklettert bin.«

Sie verstanden ihn nicht und nahmen ihn erst einmal mit in Bens Hütte, wo sie ihm ein Frühstück vorsetzten.

Kaffee und geräucherten Fisch, dazu ein Stück hartes Brot. Als er sich gestärkt hatte, bedankte er sich und erkundigte sich nach dem nächsten Telefon.

Der Mann namens Ben lachte.

»Höre Mac, du willst uns wohl auf den Arm nehmen. Oder du bist ein Schlafwandler. Wie anders ist es zu erklären, dass du nicht weißt, wie du hierhergekommen bist. Wie ein Schmuggler oder Dealer siehst du nicht aus.«

»Ich bin Journalist, das sagte ich doch. Und ich muss so schnell wie möglich mit Ryker telefonieren, Ben. Das ist mein Chef!«

»Also gut. Ich habe ein Motorrad. Ich bringe dich hinauf zur Straße zum nächsten Telefon. Es sind von hier aus fünf Meilen.«

Minuten später machten sie sich auf die abenteuerliche Fahrt über den Kieselstrand und zwischen den scharfkantigen Felsen der vorstehenden Klippen hindurch zu dem schmalen Weg, der in einem Felsenriss hinauf bis zum oberen Ende der Steilküste führte. Sie erreichten die Straße und wenig später das Telefonhäuschen. Mit fliegenden Fingern steckte McMoughin ein paar Münzen in den Apparat und begann zu wählen. Die Sache war dringend, und Ryker war sonntags nicht im Büro. Glücklicherweise wusste er die Privatnummer des Chefs auswendig. Es dauerte ewig, bis der Hörer abgenommen wurde und sich eine verschlafene Stimme meldete.

»Wer stört?«, murrte Ryker.

»McMoughin hier, ich bin einer ungeheuerlichen Sache auf der Spur, Mister Ryker.«

»Mac?« Ryker wurde hellwach. »Wo stecken Sie?«

»In einer Telefonzelle auf dem Land. Kann ein Wagen mich abholen?«

»Nein. Ich werde weder etwas veranlassen noch selbst etwas tun. Wissen Sie, was hier los ist, Mac? Der Secret Service fahndet nach Ihnen. Alle Filmaufnahmen sind beschlagnahmt worden. Ich vermute, man hat auch Ihre Wohnung durchsucht. Wenn Ihnen Ihre Gesundheit lieb ist, dann tauchen Sie unter.« Er brüllte so laut in den Hörer, dass Ben, der unter der Tür der Zelle stand, jedes Wort mitbekam. »Haben Sie mich verstanden? Rufen Sie wieder an, sobald Gras über die Sache gewachsen ist. Wenn ich Sir Patrick richtig verstanden habe, hat das Ganze etwas mit der Sicherheit des Landes zu tun.«

Es klickte, Ryker hatte aufgelegt. McMoughin wandte sich um und sah Ben eindringlich an.

»Reicht das, um zu beweisen, dass da ein ganz dicker Hefeteig am Gehen ist?«, fragte er.

Der Fischer nickte stumm. Sie kehrten zum Motorrad zurück und machten sich auf in Richtung Balleigh. Ben zweigte nicht von der Straße ab in den Felsenriss hinein, sondern fuhr weiter bis zu einem kleinen Wäldchen, das sich unmittelbar an der Steilküste entlangzog und ungefähr über Balleigh liegen musste.

»Den vielen Wunden nach könntest du von hier oben irgendwo abgestürzt sein«, sagte der Fischer. »Aber wer war der Schutzengel, der dich gerettet hat?«

Sie erreichten das Wäldchen, und McMoughin sprang aus dem Sattel, ehe Ben das Fahrzeug angehalten hatte.

»Schau dort hinüber. Siehst du den verbrannten Wald?«, rief der Journalist.

Der Fischer stieg ab, ließ das Rad fallen und rannte hinter ihm her.

McMoughins plötzliche Unrast war unbeschreiblich. Er stürmte zwischen die Büsche und Bäume hinein und bahnte sich mit den Armen den Weg. Dicht an dem verbrannten

Oval blieb er stehen und ließ seine Augen wandern. Ben langte keuchend bei ihm an und gab ein unterdrücktes Stöhnen von sich.

»Das Oval hat dieselbe Größe wie im Wald bei Cloughleys Hof«, sagte McMoughin. »Alles ist verbrannt. Und dort, siehst du das?« Er rannte zur Mitte des Ovals hinüber und klammerte sich an den Rand des Brunnens. »Es ist der Schacht. Hier, die abgebrochene Leiter, und dort drunten die verschmorten Kadaver der Ratten. Das hier ist das Ende des Stollens, der in Cloughleys Brunnen beginnt. Irgendwann werden ihn auch die Leute vom Geheimdienst finden. Vielleicht haben sie die Skelette bereits entdeckt. Sie werden mich jagen, Ben. Sie wollen die Filme, und sie werden versuchen, mich mundtot zu machen. Was zählt ein Menschenleben im Vergleich mit dem, was auf dem Spiel steht.«

»Dann hat Dennis also doch nicht phantasiert«, murmelte Ben. Er zuckte mit den Schultern. »Er ist ein Typ, der nie genug kriegt. Selbst heute Nacht war er auf Fang, und als er im Morgengrauen zurückkehrte, hat er angeblich oben auf den Klippen ein feuriges Gebilde beobachtet, das an der Felswand hinabsank. Später soll es hinaus auf das Meer gezogen sein, hinüber zu den Inseln. Im Gegenlicht der Morgensonne war es kaum auszumachen. Dennis trinkt gern und viel, kein Wunder, dass wir seine Worte für Seemannsgarn hielten.«

»Das ist die heißeste Spur, die ich jemals verfolgt habe.« McMoughin warf einen letzten Blick hinab in den ausgetrockneten Brunnen. Er musterte die dunkle Öffnung, die in den Stollen führte. Keine zehn Pferde brachten ihn nochmals dort hinab.

»Aber wir sind wenigstens hinüber an die Steilwand gegangen«, fuhr Ben fort. »Und dort haben wir dich gefunden!«

Irvin McMoughin zuckte sichtbar zusammen. Wortlos eilte er zum Motorrad zurück und wartete, bis Ben bei ihm angelangt war.

»Kann ich eine Weile bei euch bleiben?«

»In Ordnung, Mac. Wir werden dichthalten. Keiner von uns hat ein Interesse daran, dass der Secret Service kommt und unsere Hütten umgräbt oder gar anzündet. Aber was ist das für ein Ding, das lodert und alles verbrennt? Wer baut es, wenn es sich nicht um ein unbekanntes Objekt von den Sternen handelt? Die Mafia oder die Kubaner?«

McMoughin stand ganz unter dem Eindruck des an der Felswand absinkenden Gebildes und hörte nur halb zu.

»Es ist nicht gesagt, dass es sich um ein technisches Gebilde handelt, Ben. Und der Secret Service ist intelligent genug, auch diesen Gedanken in seine Überlegungen einzubeziehen. Was glaubst du, warum die wie der Teufel hinter mir her sind? Sie waren Zeugen dessen, was heute Nacht auf Cloughleys Hof los war. Sie haben mich erkannt. Sie wissen, dass ich Fotos gemacht habe. Sie dürfen nichts unversucht lassen, um zu verhindern, dass diese Bilder an die Öffentlichkeit gelangen.«

»Willst du sie denn veröffentlichen, Mac?«

»Ich weiß es noch nicht. Fest steht, dass ich jetzt nicht aufgebe, wo ich so nah am Ziel bin.«

Er wandte den Kopf, blickte hinaus auf die Bay und folgte mit den Augen deren Verlauf hinaus in den Firth of Clyde, wo die Inseln lagen.

***

Es war ganz merkwürdig. Alles andere hätte er in seinem Zustand erwartet. Nicht diese seltsame innere Ruhe und Abgeklärtheit, mit der er alles sah. Während er vor Bens

Hütte auf der schiefen Holzbank saß und dem gleichmäßigen Rauschen der Brandung lauschte, versuchte er, Ordnung in seine Gedanken zu bringen. Inzwischen erinnerte er sich an jede Einzelheit dessen, was er erlebt hatte. Sein letzter Eindruck war gewesen, dass er mitten zwischen die Ratten gestürzt war. Ein, höchstens zwei Minuten konnte es dauern, bis die Legionen der Nacktschwänzigen ihn bis auf die Knochen abgenagt hatten.

Dennoch lebte er. Auf eine ihm unbegreifliche und nicht erinnerliche Weise war es ihm gelungen, trotz des Absturzes unversehrt aus dem Brunnenschacht zu gelangen. In seiner Verwirrung musste er einen schmalen Felseinschnitt in der Steilwand gefunden haben, durch den ihm der Abstieg gelang, ohne dass er sich weitere Verletzungen zuzog. Die verkrusteten Wunden an seinem Körper stammten einzig und allein von den Bissen der Ratten, die ihn attackiert hatten.

Und das gab Irvin McMoughin mehr zu denken als alles andere.

Wenn er tatsächlich die Wand hinabgeklettert war, dann mussten wenigstens seine Hände und seine Schuhe Abschürfungen aufweisen, die die scharfkantigen Felsen ihnen zugefügt hatten. Doch da war nichts außer dem Staub und den Kratzern aus früherer Zeit und ein paar Lehmbrocken an den Sohlen, die aus dem glitschigen Bereich des Stollens stammten und ihm erneut vor Augen führten, dass er alles selbst erlebt und nicht nur geträumt hatte.

Die einzige Spur existierte in der Aussage des Fischers Dennis Clipboard, der das lodernde Gebilde entdeckt hatte. Es musste in den Stunden des Morgengrauens gewesen sein, etwa zu dem Zeitpunkt, als er aus dem Stollen kroch und die Leiter hinaufkletterte. Das Ding war an der Felswand herabgesunken bis zu deren Fuß, wo sie später ihn gefunden hatten, bewusstlos und beinahe am Verdursten. McMoughin hatte seither mindestens zwei Liter Wasser zu sich genommen, einen Kaffee getrunken und nach dem Frühstück mehrere eilig aus einem Felsenkeller herbeigeschaffte Äpfel und eine Banane verzehrt. Es war ihm in seinem Zustand nichts anderes übriggeblieben, als sich erst einmal nur für die Wohltaten zu bedanken.

Später würde er sich erkenntlich zeigen und dafür sorgen, dass die Bewohner dieser kleinen Ansammlung von ärmlichen Holzhütten, die den beeindruckenden Namen Balleigh trugen, mit Gemüse und Früchten beliefert wurden, die bei ihnen mit Sicherheit oftmals Mangelware darstellten. Wichtig für ihre Gesundheit waren die Vitamine allemal, der Fisch allein reichte nicht für eine ausgewogene Kost.

Ben arbeitete drunten am Strand und richtete sein Boot her. Er schöpfte das Brackwasser aus, reinigte die beiden Sitzbänke und schmierte die Scharniere neu. Anschließend winkte er zu ihm herüber, und der Journalist erhob sich und schritt mit schmerzenden Oberschenkelmuskeln an den Hütten vorbei und über den Kieselstrand. Der Fischer hatte ihm versprochen, ihn zusammen mit Dennis noch bei Tag hinaus zu den Inseln zu bringen. Dennis war überzeugt, dass das feurige Gebilde irgendwo bei Lorneshae zu finden war.

Clipboard tauchte auf, und wenig später nahm das Boot Wasser unter den Kiel. Die beiden und der Fischer griffen in die Riemen, nutzten den Sog der Brandung aus und ließen das Land rasch hinter sich zurück. Irvin McMoughin war müde, und das Schaukeln des Fischerbootes tat ein übriges. Er schlief im Sitzen ein, und als er erwachte, waren über zwei Stunden vergangen. Die beiden Männer hatten ihn in eine Decke gewickelt und auf die Bank gelegt.

»Du hättest dich beim Umfallen verletzen können«, brummte Ben. Danach saßen sie sich lange schweigend gegenüber, drei Mitglieder einer kleinen, verschworenen Gemeinschaft, deren Ziel es war, einer Sache auf den Grund zu gehen, von der sie alle ein klein wenig etwas wussten. McMoughin hatte ihnen erzählt, was ihm seit dem Donnerstagnachmittag widerfahren war. Die Fischer glaubten ihm aufs Wort, trotz der Abgeschiedenheit ihres Lebensraumes war ihr Geist wach, ihre Intelligenz unterschied sich in Nichts von der der Stadtbewohner. Sie verglichen die Vorgänge mit alten Sagen und Berichten. Vieles, was jahrhundertelang als Seemannsgarn abgetan worden war, schien jetzt einen gewaltigen Schritt in die Nähe der Wirklichkeit gerückt zu werden.

Der kleine Kahn verließ unter den kräftigen Schlägen der beiden Ruderer die Bay, durchquerte den Firth und hielt auf die vorgelagerten Inseln zu.

»Was ist es?«, brach Dennis schließlich das Schweigen, nachdem er einen kräftigen Zug aus seinem Flachmann zu sich genommen hatte. »Es fliegt durch die Luft, treibt träge wie ein Fladen dahin und lodert ringsum wie von Feuer, als habe jemand seinen Rand mit Öl begossen und angezündet. Wie kann es sich in der Luft halten? Durch den Auftrieb der selbsterzeugten Wärme?«

»Ein technisches Gebilde dieser Form könnte ohne zusätzliche Motoren nie fliegen«, dachte McMoughin laut und wusste im nächsten Augenblick, dass seine Gedanken ihn wohl in die unmittelbare Nähe der Wahrheit führten. »Also ist es nicht künstlichen, sondern natürlichen Ursprungs. Ebenso wie der fürchterliche Moloch aus der Tiefe. Vergesst die Überlegungen bezüglich Ufos und Außerirdischen. Es gibt heutzutage Menschen, die sich nicht von diesen Vorstellungen lösen können, weil sie keine

Ahnung von den Problemen einer weiten Reise zwischen den Sternen haben. In der Literatur liest es sich wesentlich einfacher, als es technisch machbar ist.«

»Du meinst also, dass das, was wir hier irgendwo finden werden, ein Lebewesen ist, das von unserem Planeten stammt. Ebenso wie der Moloch?«, meinte Ben.

»Es ist von allen Möglichkeiten die wahrscheinlichste.« McMoughin seufzte leise. »Das eine Ungeheuer wühlt sich von unten herauf an die Oberfläche, das andere beherrscht die Lüfte. Fragt mich nicht, welche globalen physikalischen Voraussetzungen gegeben sein müssen, damit diese Wesen aktiv werden können. Hängt es mit den starken tektonischen Bewegungen der letzten Jahre zusammen, mit den vielen Vulkanausbrüchen? Ich weiß es nicht. Und vergesst die Geschuppten mit den kleinen Köpfen nicht. Sie sind mit Sicherheit älter als die Vorfahren der Menschen. Allein der Zeitraum, in dem die Tropfsteine sie vollständig mit einem dicken und gleichmäßigen Kalkfilm überziehen konnten, reicht in eine Vergangenheit zurück, aus der wir keine Überlieferungen der menschlichen Kultur mehr besitzen.«

Sie erreichten die Inseln und hielten auf Lorneshae zu. Abwechselnd musterten sie mit Dennis' Fernglas das Eiland, ohne etwas zu entdecken. Also änderten sie den Kurs und nahmen das zweite Eiland ins Visier, wenig später das dritte. Die Spuren waren, wenn man wusste, wonach man suchte, nicht schwer zu erkennen.

»Es ist Carfeye«, sagte McMoughin. »Ich sehe die Brandspuren. Oben zwischen den Felszinnen muss das Wesen stecken. Dort bleibt es dem Blick der Seefahrer verborgen und ist auch aus der Luft kaum auszumachen.«

Wieder machte das Glas die Runde, und die beiden Fischer stimmten ihm zu. Sie verdoppelten ihre Anstrengungen und lenkten das Boot auf dem schnellsten Weg an ihr Ziel.

Es war später Nachmittag, als sie im Schutz einer kleinen Bucht anlegten und Ben hinauf zwischen die Felsen deutete.

»Alles läuft wie abgesprochen. Wir warten höchstens bis morgen früh, Mac. Bist du bis dahin nicht zurückgekehrt, verständigen wir die Polizei.«

»Keine Sorge. Ich werde noch vor Mitternacht zurückkehren.«

Sie reichten sich die Hand, und die beiden Fischer drückten kräftig. In ihren Augen entdeckte McMoughin so etwas wie Wehmut und dachte bei sich, dass sie wohl der Meinung waren, dass es ein Abschied für immer sei.

»Rudert hinüber zur Nachbarinsel und kehrt nach Einbruch der Dunkelheit zurück«, schlug er ihnen vor, doch sie schüttelten den Kopf.

»Wir werden unsere Kräfte für den entscheidenden Augenblick aufsparen. Falls das Ding unser Boot angreift, kann das entscheidend sein. Übrigens, Mac, vergiss nicht: Wasser und Feuer vertragen sich nicht. Also wird uns das Ungeheuer nicht viel anhaben können, solange wir tauchen können. Und wenn nicht gerade ein Riesenoktopus aus der Tiefe erscheint und uns als Beute annimmt, brauchen wir uns um unsere Zukunft keine Sorgen zu machen.«

Sie blieben im Boot sitzen, verkanteten ein Ruder zwischen den Felsen und der Ruderbank und verhinderten so, dass das Boot von der Strömung hinaus in die Förde getrieben wurde.

***

Er zitterte. Nicht die Anstrengungen des Aufstiegs waren es, auch nicht die Nachwirkungen der vergangenen Nacht mit der anstrengenden Flucht durch den Stollen, die das bewirkten. Die Ursache lag im psychischen Bereich.

Fiebrige Erwartung hatte ihn erfasst und hielt ihn fest umklammert. Er bedauerte jeden Augenblick, in dem er beide Hände benötigte, um sich über Felsvorsprünge zu ziehen. Angst erfüllte ihn, die Kamera nicht rechtzeitig schussbereit zu haben.

Hastig erklomm er die steinernen Bastionen bis hinauf zu den obersten Spitzen der Insel, von wo er sich einen Blick auf ihr Inneres erhoffte. Ein einziges Mal verschnaufte er kurz vor dem Ziel, und seine Augen irrten fahrig umher und suchten dieses fliegende Wesen. Noch immer nagten Zweifel in ihm, dass es sich tatsächlich um ein Lebewesen handelte. Tief in seinem Innern wünschte er sich noch immer ein künstliches Gebilde, dazu gebaut, Menschen zu erschrecken und in Atem zu halten.

Er machte zehn Schritte zwischen die letzten Felsen hinein – und sah es.

Aus dem Schatten der Gesteinsnadeln entdeckte er die gleißende Helligkeit auf dem Plateau, und er kniff die Augen zusammen und tat zwei weitere, lautlose Schritte nach vorn.

Da lag es, hundert Yards lang und siebzig breit, ein schwarzer Teppich mit einem glühenden Rand, dessen Hitze selbst das Gestein zum Schmelzen brachte. Eine glasierte Bodenschicht umsäumte das Wesen. Entfernt glich es einem riesigen Rochen, allerdings ohne den stachelbewehrten Schwanz und ohne die Augenhöcker auf der Körperoberseite. Es besaß überhaupt keine Sinnesorgane im eigentlichen Sinn, wenigstens nicht auf der Oberseite, die McMoughin als den Rücken des Wesens ansah. Die nachtschwarze Oberfläche schimmerte wie Samt, und der glühende Rand war einmal dunkelrot, dann leuchtete er wieder hell auf, ein immerwährender Rhythmus, der den Atemzügen eines Menschen glich.

Leise surrte der Motor der Kamera, hielt in zwei Bildern pro Sekunde fest, was der Mensch sah. Die Filmschicht, in ihrer Lichtempfindlichkeit wesentlich leistungsfähiger als das menschliche Auge, würde im Nachhinein Details zu Tage fördern, die McMoughin jetzt entgingen.

Das also ist es, dachte er mit einer tiefen Verwunderung, und eine plötzliche Ruhe erfasste ihn. Jetzt, wo er es wusste, wie es aussah, wich die Aufregung von ihm, und die Neugier verdrängte Angst. Seine journalistischen Methoden nützten ihm hier nichts, er stand als Mensch und Vertreter seiner Rasse einem Fremdwesen gegenüber. Da half kein Nachdenken und Taktieren.

Bedächtig löste er sich von den Felsnadeln und trat ins Freie.

»Wer bist du?«, fragte er laut.

Er vermochte nicht zu sagen, ob das Wesen seine bisherige Annäherung wahrgenommen hatte. Jetzt auf jeden Fall reagierte es, und die Antwort auf seine Worte bestand in einem Flammenvorhang, der emporschoss und ihn blendete. Übergangslos hatte sich der glühende Rand des riesigen Fladens entzündet. Gleichzeitig begann sich der schwarze Teppich wie ein Stück Meeresoberfläche zu wellen.

Sekunden vergingen, in denen McMoughin angespannt lauschte, beobachtete und fotografierte. Eigenartigerweise verspürte er keinerlei Angst in sich. Er hatte seine Empfindungen voll unter Kontrolle und fühlte sich wie ein Wissenschaftler, der das Neue mit nüchterner Akribie zu erforschen suchte.

Ein eigenartiges Singen klang auf, und es kam nicht von den Felsen oder vom Meer. Es entstand in seinem Kopf, und es nahm an Deutlichkeit zu. Er unterschied die Töne einer fremden und für ihn unverständlichen Musik, und dazwischen glaubte er das Schreien eines Säuglings zu vernehmen. Wie in einem Traum bewegte er sich vorwärts, setzte sorgfältig einen Fuß vor den anderen und schritt auf das Ungeheuer zu.

Der lodernde Teppich löste sich vom Untergrund, stieg zehn, fünfzehn Yards in die Höhe und begann sich zusammenzurollen. Er nahm die Gestalt eines schräg in der Luft hängenden Schlauches mit weiten, flatternden Enden an, und das Feuer an seinem Rand wurde stärker und heller. Geblendet schloss McMoughin die Augen. Er schritt weiter, bis er direkt unter dem Gebilde stand. Es war, als würde er einem unwiderstehlichen Zwang folgen, und doch tat er es aus freiem Willen. Längst hatte er erkannt, dass es für ihn jetzt kein Zurück mehr gab. Je weiter er sich dem fremdartigen Wesen näherte, desto deutlicher wurde das Gefühl in ihm, dass er bereits einmal Kontakt mit ihm gehabt hatte. Droben an der Steilküste. Es gab nur diese eine Erklärung für seine Rettung vor den Ratten und sein Erwachen am Fuß der Steilwand.

Dieses lodernde Ding hatte es getan. Es hatte ihn aus dem Brunnenschacht gerettet und auf irgendeine Weise hinab zu den Fischern gebracht. Es hatte ihn dabei vermutlich anfassen müssen, und jetzt stand er hier und spürte tief in seinem Innern, dass der Kontakt zu diesem Wesen nicht lebensbedrohend für ihn war. Er würde keinerlei Schäden davontragen, höchstens den quälenden Durst spüren, der mit der Hitze zusammenhing, die dieses Wesen verströmte.

McMoughin bemerkte nichts von dieser Hitze. Die Luft um ihn herum erwärmte sich nicht. Sie blieb lau wie zuvor, und der Seewind strich zwischen den Felsen hindurch und erzeugte absonderliche Töne.

Das Wesen hing jetzt unmittelbar über ihm und senkte sich langsam abwärts. Die Kamera surrte, und er hielt sie nach oben gerichtet, um den Vorgang zu dokumentieren. Mit einem winzigen Zipfel seines Bewusstseins nahm er wahr, dass der Film zu Ende war und der Apparat seinen Dienst einstellte.

Um McMoughin herum wurde es dunkel. Nur oben am Himmel existierte ein winziger Lichtfleck, und auch der verschwand, als das Wesen ihn vollständig einhüllte und ihn in der selbstgeschaffenen Kammer barg. Vom lodernden Rand war hier drinnen nichts zu erkennen, aber dafür spürte er einen Druck in seinem Kopf, der bisher nicht vorhanden gewesen war. Er verursachte keine Schmerzen, war einfach nur gegenwärtig.

Und noch immer erfüllte dieses Singen sein Bewusstsein. Es machte ihn ruhig und ausgeglichen, und langsam kristallisierte sich eine leise und wispernde Stimme heraus.

»Wer bist du?«, wiederholte er seine Frage.

Er erhielt Antwort. In seinem Kopf entstanden Worte seiner eigenen Sprache. Deutlich erreichten sie sein Bewusstsein.

»Ich bin Cthuga, der Feurige, einer der GROSSEN ALTEN. Du würdest mich als Wesen von völliger Fremdartigkeit bezeichnen, und doch gehöre ich zu diesem Planeten unendlich länger als du selbst oder deine Vorfahren. Das Eis hat mich vor einer kurzen Zeitspanne freigelassen, die du in einem Jahrhundert messen würdest. Seither lebe ich auf der Oberfläche dieser Welt und studiere die Menschen. Du nennst dich Irvin McMoughin, ein wohlklingender Name, der gut zu denen der GROSSEN ALTEN passen würde. In dir strahlt ein starker und entschlossener Geist.

Du hältst ihn offen für die Wunder der Welt. Geister wie dich braucht ein Volk, das einen ganzen Planeten bevölkert. Vermehre dich kräftig, dann handelst du im Sinn der Evolution.«

Etwas wie Heiterkeit überkam McMoughin, aber er unterdrückte sie und lauschte weiter den Gedanken Cthugas. Deutlich spürte er, dass da nichts von dem zerstörerischen Potential in diesem Wesen steckte, wie es der Moloch besaß. Welche Verbindungen gab es zwischen beiden?

»Es ist ein Shoggote, ein Wesen aus dem Protoplasma der Urzeit«, gab Cthuga ihm die Antwort. »Es handelt rein instinktiv und intelligenzlos nach dem alten Muster. Nichts ist tot, das ewig liegt, als bis die Zeit den Tod besiegt. Tief auf dem Grund des Ozeans, den ihr Atlantik nennt, haben sich im vulkanischen Urgestein Spalten und Risse gebildet. Dadurch gelang es einigen der Dienerkreaturen, sich aus ihren Gefängnissen zu befreien. Sie haben sich auf den Weg an die Oberfläche des Planeten gemacht, die für sie so völlig fremdartig geworden ist. Ihre Aufgabe ist es, diese Welt für die vorzubereiten, die einst über sie geherrscht haben.«

McMoughins Gedanken begannen sich zu jagen. Langsam kristallisierte sich in seinem Bewusstsein ein Bild heraus, das ihn erschreckte. Wie stark mussten erst die Herren sein, wenn die Dienerkreaturen es schon einzeln schafften, ganze Landstriche zu bedrohen. Er bekam Atemnot und schnappte nach Luft, und Cthuga erhöhte die Ventilation in der Kammer, die er mit seinem Körper geschaffen hatte.

»Die Erde gehört der Menschheit«, argumentierte er. In seinem Hals bildete sich ein dicker Kloß, und seine Lippen bewegten sich unregelmäßig, ein Muskelzucken, mehr nicht. »Die Menschenrasse ist auf dieser Welt entstanden. Sie hat ein Recht, darauf zu leben.«

»Ja«, klang die Stimme des Fremdartigen in ihm auf. »Und die GROSSEN ALTEN wissen das. Sie wussten es schon immer, dass es eines Tages dazu kommen würde. Es hat ihnen nichts bedeutet. Dieser Planet wurde für sie zur Zuflucht und später zum Gefängnis. Sie sind dazu verdammt, für immer hier zu bleiben. In ihren Gefängnissen tief in der Kruste des Planeten, weit unter den Meeren, warten sie auf ihre Zeit. Und diese Zeit wird kommen, und vielleicht wird es dann die Menschen und deren Vorfahren nicht mehr geben. Lange vor euch ist die Große Rasse von Yith unterlegen, und so wird es ein zweites Mal sein.«

Irvin McMoughin schwankte. Er suchte nach einem Halt, aber seine Finger fanden nur die glatte Oberfläche dieses Wesens, die sich gleichzeitig warm und kalt anfühlte, ein seltsames Phänomen eines Wechselblüters, das es auf der Erde in dieser Form nicht gab.

Die Erde war die Zuflucht der GROSSEN ALTEN gewesen. Es bedeutete, dass sie nicht von diesem Planeten stammten. Die Große Rasse von Yith hingegen ...

»Wie sahen sie aus, die von Yith?« Das war alles, was er angesichts der Tragweite seines neuen Wissens als Frage zustande brachte. Weitergehende Gedanken versickerten in ihm wie in einem Schwamm.

»Du hast sie gesehen, die Skelette mit den kleinen Köpfen und den Schwimmhäuten zwischen den Fingern und Zehen. Sie haben die Ozeane bewohnt und sich langsam zu Landbewohnern entwickelt, damals, als die GROSSEN ALTEN auf ihrer Flucht diesen Planeten fanden, der in seiner gewalttätigen Urtümlichkeit ihren Lebensbedingungen entsprach. In der Zeitrechnung der Menschen würdest du sagen, dass es zweihundert Millionen Jahre her ist, unzählige Generationen. Wenn die GROSSEN ALTEN jetzt herauf an die Oberfläche kämen, würden sie diesen Planeten nicht wiedererkennen. Aber sie müssten bleiben und sich diese Welt untertan machen.«

Mit aller Willensanstrengung, zu der er fähig war, drückte McMoughin den Kloß in seinem Hals nach unten.

»Ich verstehe«, hauchte er. »Sie würden diese Welt verändern und damit die Menschheit ausrotten.«

»Den Menschen bliebe nur der Ozean, aber darin können sie nicht leben.« Cthugas Gedanken besaßen weder Aggression noch Anteilnahme. Sie stellten einfach Gegebenheiten fest. Der Feurige, selbst einer der GROSSEN ALTEN aus jener Zeit, besaß gegenüber dem Lauf der Welt keine Emotionen.

»Dann hat die Menschheit nur eine einzige Wahl, Cthuga.«

»Seit hundert Jahren beobachtete ich diesen Planeten. Ich weiß, dass die Menschen gefährliche Waffen besitzen, mit denen sie den ganzen Planeten vernichten können. Aber sie sind nicht in der Lage, etwas zu zerstören, was nicht auf diesem Planeten entstanden ist. Gegen das Protoplasma der Urzeit kommen sie mit ihren Bomben und Kanonen nicht an. Begreife, Mensch, dass die GROSSEN ALTEN keine andere Wahl haben. Die ÄLTEREN GÖTTER, die uns einst in die Tiefe dieses Planeten verbannten, haben die Verbindungen zu den anderen Toren zerstört, die zwischen den Dimensionen liegen. YOG-SOTHOTH ist unser Tor, der Schlüssel zum Tor und gleichzeitig sein Wächter. Er gehörte einst zu einem universellen Netz von Toren, aber nun ist er einsam, ein Krüppel, ein Wesen, das herrscht, und dennoch ein Herrscher ohne Reich. Einst kamen wir von den Sternen ...«

McMoughin bekam Platzangst. Er stieß mit den Ellenbogen um sich, aber da klang wieder das Weinen des Säuglings in ihm auf und besänftigte ihn.

»Komm näher«, wisperte Cthuga. »Lass mich den vollständigen Kontakt zu dir finden. Die Feuerassimilierung – ungefährlich für dich – schon einmal geschehen, als du ohne Bewusstsein warst. Zwei Geister verschmelzen miteinander durch das Medium Feuer. Vertraue mir.«

Der Leib des Wesens rückte näher an ihn heran, bis er mit eng an den Körper gepressten Armen dastand. Cthuga begann ihn vollständig zu umhüllen, und McMoughin verlor den Boden unter den Füßen und wurde zu einem Teil Cthugas, des GROSSEN ALTEN.

Und Cthuga begann zu erzählen.

***

Vor Äonen waren sie gekommen, gewaltige Wesen von unbeschreiblicher Bosheit und Kälte in den Augen der ÄLTEREN GÖTTER, einen Panzer aus Eis hinter sich herziehend und mit schrillen, spitzen Schreien an den Toren wachend, jederzeit bereit, diese beim geringsten Anzeichen von Verfolgern zu zerstören. Aus der Finsternis des Alls kamen sie, und sie machten sich die neue Zuflucht untertan und benannten sie mit einem Namen, der schrecklicher klingt als alles andere in diesem Universum und für das Bewusstsein eines Menschen tödlich ist. Niemals hat einer von dieser Welt ihn ausgesprochen.

Sie nahmen die Erde als ihr Eigentum und ergründeten sie bis in die Tiefen ihres Magmas. Der maßlose Wille nach Macht beherrschte sie, und in ihrem Gefolge schlichen Legionen Schwächerer herbei, die ihnen dienten und dennoch so stark und gewaltig waren, dass sich kein normales Lebewesen gegen sie behaupten konnte.

Wie diese Welt besaßen auch ihre neuen Herrscher Namen, die man nicht aussprechen soll, werden sie doch durch diese Namen gerufen und geweckt aus dem ewigen Schlummer, in dem sie sich befinden. Wer sie ruft, verdammt diese heutige Welt dazu, wieder zu dem zu werden, was sie einst war. Wehe, wenn sie die Kerker zerbrechen, in die sie einst von den ÄLTEREN GÖTTERN gepfercht wurden. Diese fanden die Spur, zerstörten die Verbindungen zwischen den Toren und YOG-SOTHOTH und verbannten die GROSSEN ALTEN nach langem und entsetzlichem Kampf in die Tiefe des Planeten, in einen ewigen Kerker. Sie bestraften sie damit für die Frevel, die sie überall in dieser Galaxis und bereits auch auf der Welt ihrer letzten Zuflucht begangen hatten. Nur einer fand Gnade. Auch er war ein fürchterliches Wesen, doch in den Augen der ÄLTEREN GÖTTER war er schwach. Und er war noch ein Kind, geboren vor der Flucht zur Erde, getrennt von seinen Erzeugern, die weit draußen zwischen den Sternen ihr feuriges Leben ausgehaucht hatten. Er war der letzte seiner Art, ein gewaltiger Gott in den Augen urzeitlicher Völker. Doch es sollte ihm nie gegeben sein, diese Rolle zu spielen.

Die ÄLTEREN GÖTTER erlaubten ihm zu schlafen. Er durfte sein kindhaftes Leben behalten, in dem er nicht fähig war, nachträglich ihre Maßnahmen zu durchkreuzen. Sie wählten den Bereich um den Nordpol für seine Ruhestatt. Die geflügelten Boten der ÄLTEREN GÖTTER schufen eine Kaverne und ließen ihn hinabsteigen. Sie verschlossen das Eis um ihn, und aus Cthuga, dem Feurigen, wurde Cthuga, der Eisige. Er durfte schlafen, und die geflügelten Boten redeten ein letzten Mal zu ihm. Sie sagten ihm, dass er in die falsche Welt geboren war. Irgendwann würde er erwachen, weil das Eis schmolz. Dann würde es an ihm liegen, was aus ihm wurde.

»Wann werde ich erwachen?«, fragte er und bettelte um die Antwort. Doch sie blieb aus, und Cthuga wurde schläfrig und nahm alles hin, wie ein Kind etwas hinnahm, was es angesichts der Macht und Gewalt der Erwachsenen sowieso nicht ändern konnte.

Das Eis flüsterte ihm zu, dass er der letzte einer einst großen Familie war. Cthuga aber schlief, bis eines Tages das Eis barst und er erwachte. Die Temperatur stieg merklich an und aktivierte seine Lebensgeister. Das Eis besaß nicht mehr die Kraft, sein Feuer zu unterdrücken.

Cthuga kehrte an die Oberfläche der Welt zurück.

Aber es war nicht mehr die Welt, die er kannte. Selbst das Licht der Sonne hatte sich verändert, und daran vermochte er ungefähr die Zeit zu messen, die vergangen war.

Zweihundert Millionen Umläufe des Planeten um seinen Stern!

***

Sein Zustand war unbeschreiblich. Er sah alles rosenrot, wie durch eine Brille, die ihn den gesamten Planeten auf einmal erkennen ließ. In seinem Innern herrschte noch immer dieselbe Leichtigkeit wie während seines Aufenthalts in Cthuga. Was um ihn herum vorging, nahm er kaum wahr. Nur einmal hörte er ganz kurz die wohlbekannte Stimme Bens.

»Wir sind da«, erklärte der Fischer. »Steig ab.«

Er tat es, ohne zu wissen, wovon er stieg und wo er jetzt stand. Er spürte keinen Boden unter sich.

Jemand tätschelte seine Wange, und der kühle Hals einer Flasche wurde an seine Lippen gesetzt. Automatisch trank er, und diesmal war es kein Wasser, sondern Whiskey, der durch seine Kehle rann und seine Lebensgeister zurückrief. Nach dem dritten Schluck setzte er ab und holte tief Luft. Langsam begann er sich von dem Traum zu lösen, in dem er sich noch immer befand. Er erkannte Ben und das Motorrad und blickte sich um.

Rechts neben der Straße ragte das Telefonhäuschen auf, und der Fischer deutete auf den stellenweise stark angerosteten Kasten.

»Du wolltest unbedingt telefonieren, Mac!«, erklärte er.

McMoughin nickte. Er hatte keine andere Wahl.

Vermutlich zum ersten Mal hatte ein Mensch Kontakt zu diesem unbegreiflichen Wesen erhalten und dabei Dinge erfahren, die für die gesamte Menschheit von großer Wichtigkeit waren. Dieses neue Wissen und die Überzeugung, dass Cthuga sich derzeit neutral verhielt, verliehen dem Reporter Sicherheit. Er hatte beschlossen, in die Offensive zu gehen und Ryker die ganze Geschichte aufzutischen. Dass er dabei in die Hände des Geheimdienstes geriet, nahm er in Kauf. Er wusste, dass Cthuga ihn spürte, ohne ihn zu sehen, und jederzeit seinen Aufenthaltsort bestimmen konnte.

Er wandte sich dem Telefonhäuschen zu. Die Sonne stand noch tief und blendete ihn. Kurz nach Mitternacht waren sie zu dritt nach Balleigh zurückgekehrt. Er hatte sechs Stunden geschlafen und sich notdürftig von den Folgen der Feuerassimilierung erholt. Den beiden Fischern hatte er knapp, aber eindringlich berichtet, dass er das Wesen gesehen und alle seine Bewegungen fotografiert hatte. Auf der Rückfahrt zum Fischerdorf war er beinahe verdurstet.

Inzwischen hatte er sich erholt und trat in das Häuschen. Er wählte die Nummer von Rykers Büro.

»McMoughin hier«, sagte er, als der Chef sich meldete. »Ich muss unter dem Gras hervorkriechen. Die Dinge entwickeln sich zu heftig. Die Menschheit hat ein Recht darauf zu erfahren, was auf ihrem Planeten vorgeht.«

Ryker ging nicht darauf ein.

»Verdammt, wo stecken Sie bloß, Mac?«, brüllte er. »Hier ist der Teufel los!«

»Das ist Nebensache. Ich werde mich gemäß Ihrer Anweisung auch hüten, in die Stadt zurückzukehren, Sir«, antwortete McMoughin. »Ich habe vor, noch ein paar Jahre zu leben.«

»Reden Sie keinen Quatsch, Mac. Die Situation hat sich seit gestern grundlegend geändert. Die Geheimhaltung ist vorbei. Der Secret Service ist raus aus dem Geschäft. Heute kommen erste Fotos in den Zeitungen. Das Gelände um den Hof herum sieht aus, als sei es von einem dreißig Yards hohen Pflug umgeackert worden. Die Straße ist zerstört, die Armee hat einen Kordon unmittelbar am Stadtrand gezogen. Panzer und Hubschrauber stehen angriffsbereit. Sie versuchen, dem Monster auf dem Leib zu rücken. Verdammt, Mac, ich brauche die Negative!«

»Ich bin schon auf dem Weg!«

Er hängte ein und kehrte zum Motorrad zurück. Er nickte Ben zu. Der Fischer brachte ihn bis zum Stadtrand, wo er seinen Weg mit dem Bus fortsetzte. Wenig später stand er in der Redaktion vor Rykers Schreibtisch und legte die vier Kapseln mit den Filmen auf den Tisch. Hinter ihm traten zwei Männer ein, in braunen Anzügen und mit amtlichen Gesichtern. Der mit der bunten Krawatte nahm die Filme an sich, und Ryker zuckte mit den Schultern.

»Tut mir leid, Mac. Aber sie haben mich dazu gezwungen. Es geht nicht anders. Das mit der aufgehobenen Geheimhaltung war eine Lüge, aber das andere stimmt. Ziehen Sie Ihre eigenen Schlüsse daraus!«

McMoughins Schultern sanken herab. Er seufzte leise und warf den beiden Beamten vom Secret Service einen bösen Blick zu.

»Sobald ich was Neues für die Klatschspalten weiß, melde ich mich wieder. Ihr seid doch alle verrückt, reif für die Anstalt.«

»Wo haben Sie seit Samstagnacht gesteckt?«, fragte der Kerl mit der bunten Krawatte. »Wie sind Sie dem Monstrum entkommen? Haben Sie sich durch einen Stollen in Sicherheit gebracht?«

»Ja. Und fragen Sie mich nicht, wie es mir gelang. Der Moloch versuchte, mich zu erschlagen. Aber irgendwo muss er eine blinde Stelle haben. Ich denke, er konnte mich in den Augenblick nicht mehr richtig wahrnehmen, als ich unter der Erdoberfläche verschwand. Als ich in Sicherheit war und mich beruhigt hatte, rief ich Ryker an. Der warnte mich, und seither hielt ich mich versteckt.«

»Der Spuk dauert nicht mehr lange«, meinte der mit der einfarbigen Krawatte aufmunternd. »Wir werden sie beide erwischen. Das Monster aus der Erde und dieses fliegende Ding. Die Abfangjäger der Royal Air Force sind rund um die Uhr im Einsatz. Damit wird Ihre geplante Umsiedlung nach London überflüssig, Mister McMoughin.«

Dem Reporter lag eine geharnischte Antwort auf der Zunge. Im letzten Moment beherrschte er sich und schwieg. Mit einem kurzen Gruß verließ er das Büro und eilte aus dem Gebäude. Er wusste, dass jeder seiner Schritte beobachtet wurde. Es konnte höchstens eine Stunde dauern, bis sie feststellten, dass die Filme allesamt schwarz waren und nicht benutzt. Die mit den echten Aufnahmen hatte er an einem sicheren Ort an der Steilküste deponiert, und nicht einmal Ben wusste davon.

McMoughin lachte in sich hinein. Er hatte damit gerechnet, dass sie es mit allen Mitteln versuchen würden, an die Filme zu kommen. Was Ryker ihm am Telefon über die Absicht des Militärs verraten hatte, bestätigte seine Vermutungen. Es war gut, dass er sich entsprechend vorbereitet hatte.

Zu Fuß suchte er seine Wohnung auf. In der zerrissenen Hose und dem völlig zerfetzten Hemd erregte er erhebliches Aufsehen, aber das konnte ihm nur recht sein. Von weitem schon sah er den zerbeulten Buick stehen, den sie im Wald gefunden und hierher gebracht hatten. Und er entdeckte den unauffällig geparkten Wagen in dunklem Blau, aus dem heraus sie ihn beobachteten. Er machte sich frisch, zog sich um und räumte seine Wohnung auf. Gegen Mittag verließ er das Haus und fuhr mit dem Wagen zur Waschgarage. Er ersetzte Jim den verlorenen Schneidbrenner, den er auf seiner Flucht vor den Ratten weggeworfen hatte. Dann zog er den jungen Kerl nach hinten ins Büro und tischte ihm eine geheimnisvolle Geschichte auf, in die er und der Secret Service verwickelt waren. Jim lieh ihm einen Monteuranzug, schmierte ihm ein wenig Öl und Fett ins Gesicht, setzte ihm eine Schildmütze auf den Kopf, und wenig später war McMoughin mit dem Abschleppfahrzeug der Garage unterwegs, um ein liegengebliebenes Fahrzeug zu bergen. Als er sich vergewissert hatte, dass er seine heimlichen Beobachter abgehängt hatte, verließ er die Stadt und fuhr nach Norden in die Berge hinein. Er hatte nur ein einziges Ziel.

Cthuga. Er hatte mit ihm einen Treffpunkt für den Abend vereinbart, aber das war womöglich zu spät. Er wollte das Wesen aus ferner Vergangenheit vor der Gefahr warnen, die das Militär mit seinen Maschinen darstellte.

In Bromough parkte er den Wagen hinter den Stallungen der Gastwirtschaft und trank in der Wirtsstube ein Bier. Noch immer gierte sein Körper nach Flüssigkeit, der Verlust war längst nicht ausgeglichen. Er kam sich vor, als habe er hintereinander zehn Saunagänge gemacht und es befände sich kein Tropfen Wasser mehr in seinem Körper.

Vor dem erneuten Kontakt mit dem GROSSEN ALTEN wollte er vorsorgen und kräftig tanken.

Er unterhielt sich mit den Männern am Stammtisch und horchte sie aus. Er erfuhr nichts. Von den Vorgängen außerhalb der Stadt war nichts bis hierher durchgedrungen, und das, obwohl sie bereits seit fünf Tagen andauerten.

Als zwei Stunden vorüber waren – inzwischen hatte er drei Bier und vier Sprudel getrunken –, bezahlte McMoughin und machte sich auf den Weg. Er benutzte die kleinen Landstraßen zwischen den Dörfern, um an sein Ziel zu gelangen. Mit der nötigen Umsicht und Sorgfalt arbeitete er sich auf sein Ziel zu und missachtete mehrere Verbotstafeln, die ihn darauf hinwiesen, dass hier nur Fahrzeuge der Forstverwaltung Zugang hatten. Von einem Jäger oder Förster erwischt und zurückgeschickt zu werden, stellte das derzeit einzige Risiko für ihn dar.

Aber er hatte Glück und wurde nicht gesehen. Er lenkte den Abschleppwagen die schmalen und holprigen Wege empor, zwängte ihn zwischen den an den Pfaden eng sich zusammendrängenden Fichtenschonungen entlang und entdeckte schließlich den Hain mit den Krüppelkiefern, den er bei einem Rundflug über Glasgow in früheren Jahren ausgemacht und sich wegen seiner auffälligen Herzform eingeprägt hatte. Er stellte den Wagen ab und legte die letzten fünfzig Yards zu Fuß zurück. Bisher deutete nichts auf das Vorhandensein des fremden Wesens hin, aber dann entdeckte er den feurigen Teppich abseits der Lichtung auf einem schrägen, von der Erosion heimgesuchten Hang. Dort hatte Cthuga sich ausgebreitet, und als er die Ankunft McMoughins registrierte, hob er sich in die Luft, driftete über die Lichtung empor und begann sich zusammenzurollen. Mit der dem Menschen bereits bekannten Vorsicht stülpte er sich über ihn, und wieder empfand Irvin Mc-

Moughin all die widersprüchlichen Dinge, die er von seinem Kontakt auf der Insel her kannte. Erneut baute sich ein geistiger Kontakt zwischen diesen beiden so ungleichen Wesen auf.

»Der Moloch gerät in Bedrängnis, und das ist nicht gut«, waren die ersten Gedanken des GROSSEN ALTEN, die ihn erreichten. »Die Menschen versuchen, den Shoggoten mit Waffen zu vernichten. Sie werden kein Glück haben.«

»Sie haben Angst vor ihm, Cthuga. Sie ahnen, welche Bedrohung er für sie alle darstellt. Nicht nur für die Menschen der Stadt, sondern für die ganze Insel. Angst lässt die Menschen unberechenbar werden. Aber es geht nicht nur um den Moloch. Flugzeuge mit Raketen befinden sich in der Luft. Sie halten Ausschau nach dir. Sobald sie dich entdecken, greifen sie dich an. Sie wollen dich vernichten. Sie werden es immer wieder probieren, denn Menschen sind hartnäckig. Sie fragen nicht, wer du bist oder was du bist. Sie begreifen nicht, dass du ein intelligentes Wesen bist. Und ich befürchte, du hast keine Möglichkeit, es ihnen zu beweisen.«

»Mit der Feuerassimilierung ist es möglich, Mensch.«

»Vor lauter Angst wird es keinen geben, der diesen Kontakt erträgt. Die Menschen werden bei der ersten Berührung sterben.«

»Du hast es ertragen.«

»Im Zustand der Bewusstlosigkeit, beim ersten Mal, als du mich gerettet hast, Cthuga. Du hast einen Menschen gerettet, ihn vor den Ratten bewahrt. Bisher habe ich dir nicht gedankt. Dies möchte ich hiermit nachholen.«

Cthuga schwieg lange, und als seine Gedanken sich wieder meldeten, da spürte McMoughin deutlich, dass dieses lange Nachdenken nicht von dem ausgesprochenen Dank herrührte. Vermutlich hatte der Feurige sich noch nie vollständig Antwort auf die Frage gegeben, warum er ihm überhaupt beigestanden war.

»Du bist ein Mensch, das ist wahr, Irvin McMoughin. Und du hast mir mehr zu verdanken, als du ahnst. Der Shoggote hat dich nur deshalb in Ruhe gelassen und dir die Flucht durch den Stollen ermöglicht, weil er von mir den Befehl erhielt. Sein Instinkt lässt ihn mich als GROSSEN ALTEN erkennen. Ich habe ihn zurückgehalten, damit er die wertvollen Gebäude der Großen Rasse von Yith nicht zerstört. Er hat gehorcht, und er wird es wieder tun.«

»Schicke ihn dorthin zurück, wo er hergekommen ist.«

»Das kann ich nicht. Er ist geweckt, er lebt wieder. Das, was du siehst, dieses Gebilde, das sich in deinen Gedanken und deiner Seele als Ausgeburt allen Schreckens und aller Höllenwelten festgesetzt hat, besteht nicht aus Materie, wie du sie kennst. Seine Substanz ist fremd, sie hat nichts mit dem zu tun, was dieser Planet hervorgebracht hat. Eure Waffen können ihm nichts anhaben. Nichts, was aus eurer Materie konstruiert ist, kann ihn oder mich vernichten, kein Explosivgeschoß, keine atomare Explosion, nichts. Nicht einmal das Vakuum kann uns gefährlich werden, denn wir kamen einst aus dem All, unsere Körper sind an die Eigenheiten der Tore und ihrer Beeinträchtigungen gewöhnt.«

»Du kannst es tun«, äußerte McMoughin vorsichtig den Gedanken. »Du bist der einzige, der Macht über die Dienerkreatur hat.«

»Du sagst es. Doch der Kampf wird fürchterlich. Es dürfen keine Menschen in der Nähe sein.«

»Du willst tatsächlich ...?«

Cthuga gab darauf keine Antwort, und McMoughin entwickelte hastig einen Plan. Im Osten der Stadt gab es ein Areal mit alten Wohn- und Fabrikgebäuden. Niemand lebte mehr in ihnen, nicht einmal Penner. Und in der Nacht gab es dort auch keine spielenden Kinder. Das Areal war gut geeignet, um den Secret Service und das Militär abzulenken. Er setzte Cthuga seine Absichten auseinander, und der Feurige willigte ein.

»Warum tust du das?«, fragte der Reporter zum Abschluss, als Cthuga bereits den Kontakt zu ihm zu lösen begann. »Warum stellst du dich gegen deinen Diener?«

»Weil die geflügelten Boten der ÄLTEREN GÖTTER mich gelehrt haben, dass ich in die falsche Welt geboren wurde und es an mir allein liegt, was aus mir wird. Und weil ich genug über die Menschen weiß, um mir ein Urteil zu bilden. Was mir an Wissen noch fehlt, wirst du mir beibringen, Irvin McMoughin. Und du wirst feststellen, dass ich ein gelehriger und geduldiger Schüler bin. Vergiss nicht, dass vor euch schon einmal welche auf dieser Welt lebten. Die Große Rasse von Yith hat ein Schicksal erlitten, das ich den Menschen nicht wünsche. Manchmal, wenn du dich konzentrierst, lese ich deine Gedanken wie ein offenes Buch. Der Mensch stammt vom Affen ab oder hat mit ihm einen gemeinsamen Vorfahren. Er ist ein unmittelbares Produkt dieser Welt. Darum habe ich beschlossen, dir und den Menschen gegen den Moloch zu helfen, wie du ihn nennst. Ich vertraue dir, Irvin McMoughin. Wenn du aber nach denen suchst, die einst die Große Rasse von Yith waren und deren Skelette du gesehen hast, dann musst du dorthin gehen, wo sie einst hergekommen sind. Denn wisse, einst lebten die von Yith im Ozean. Sie eroberten das Land für sich und passten sich seinem Leben an. Die Oberfläche der Erde war jedoch unfertig. Die GROSSEN ALTEN benutzten die Yith als unterste Kaste der Dienerschaft und töteten grundlos viele Millionen von ihnen. Als die ÄLTEREN GÖTTER uns in die Tiefe verbannten und sich die Fluten der Ozeane über allen schlossen, Nyarlathotep, Yog-SOTHOTH und wie sie alle heißen, hielten die Yith die Veränderung der Oberfläche nicht mehr lange aus. Vielleicht ein, zwei Millionen Jahre. Dann kehrten sie in das Wasser zurück. Dort nahmen sie eine völlig andere Entwicklung, als sie voraussehbar war. Nach fünfzig Millionen Jahren begann ihre Intelligenz abzunehmen, und ihre Körper bildeten sich zu denen von Fischen zurück. So kennt ihr sie, und ihr nennt sie Delphine. Ihr betrachtet sie als intelligente Säuger, aber ihr könnt in den kurzen Zeiträumen eurer eigenen Existenz nicht erkennen, dass sich ihre Intelligenz regressiv verhält. Sie entwickelt sich beständig zurück. Vielleicht wird es eine weitere Million Jahre dauern, genetische Prozesse lassen sich nur in solchen Zeiträumen darstellen. Dann werden diese Delphine keinerlei Intelligenz mehr besitzen. Nicht auf dieser Welt.«

»Willst du damit sagen, die Rückentwicklung der Yith resultiert daraus, dass sie nicht zum Schöpfungsprogramm dieses Planeten gehören?«

»Ja. Dies hier ist Cthulhus Welt. In seinem Schlepptau gelangten sie hierher. Sie konnten nur leben, solange er frei war. Seither vegetieren sie dahin, obwohl die Zeit unter den GROSSEN ALTEN für sie auch kein freies Leben war. Die Evolution hat ihnen einen letzten Segen beschert. Sie erinnern sich nicht an jene Zeit des Blutes und der Qual. Die Skelette, Irvin McMoughin, die Ketten, in denen du sie fandest, sie wurden von ihren eigenen Artgenossen geschmiedet. Sie waren dazu erzogen, sich auf Befehl der GROSSEN ALTEN gegenseitig zu quälen.«

Der Kontakt zu Cthuga brach ab, und McMoughin spürte die feuchte Luft des Abends. Die Dämmerung hatte eingesetzt, und er taumelte halb besinnungslos und gedanklich völlig durcheinander zum Abschleppwagen zurück. Er hatte nicht viel Zeit und musste sich beeilen.

Mit verklärtem Blick starrte er hinüber zu der Lichtung, wo das feurige Wesen in der Luft hing und langsam über die Wipfel der Bäume emporstieg.

Noch immer zweifelte er in seinem Innersten ein wenig daran, dass dies tatsächlich alles Realität war, was er erlebte. Es musste so sein, denn im Licht der aufflammenden Scheinwerfer des Fahrzeugs existierte Cthuga immer noch, und der GROSSE ALTE verschwand dicht über den Bäumen in Richtung Ozean.

Ein Kind war er, die zerstörerische Macht der Erwachsenen wohnte ihm nicht inne. Noch nicht. Wie lange würde es dauern, bis Cthuga erwachsen war? Bis er für sich in Anspruch nehmen konnte, ein vollständiger GROSSER ALTER zu sein? Eine Million Jahre?

***

In den Zeitungen stand später nur etwas von weiteren tektonischen Beben und Bodeneinbrüchen zu lesen. Von dem Anruf aus dem Osten der Stadt erfuhr niemand etwas. Diese Blöße gaben sich weder Polizei noch Geheimpolizei.

Als erstes rückte ein Großteil der Panzer ab, und die Hubschrauberstaffel stieg auf und suchte jenen Bezirk auf, von wo die Meldung gekommen war. Beamte des Secret Service verhörten einen jungen Mann, der die Meldung an die Polizei durchgegeben hatte. Er hieß Jim, wirkte verschüchtert und berichtete von geisterhaften und gefährlichen Vorgängen zwischen den abbruchreifen Häusern.

Damit lag für die Beamten der Fall klar auf der Hand, und sie gaben neue Befehle an die Einsatztruppen aus.

Kurz nach zweiundzwanzig Uhr hatte sich das Gelände um Cloughleys Hof geleert. Nur ein Kordon aus kleineren Transportfahrzeugen sicherte das Gelände weiträumig ab. Die vierzig Soldaten, die zur Bewachung zurückblieben, rechneten mit einer ruhigen Nacht.

Sie täuschten sich. Was in den Nächten davor mit einem langsam anwachsenden Vibrieren begonnen hatte, machte sich jetzt in der Art einer vulkanischen Eruption bemerkbar. Mit der Urgewalt der Natur brach der Boden auf und entließ das gewaltige Monstrum in seiner ganzen Größe. Ein Berg von vierzig Yards Höhe wuchs aus dem Untergrund empor und schleuderte alles davon, was sich in der Reichweite seiner Tentakel befand. Die Soldaten nahmen schreiend Reißaus, es fiel kein einziger Schuss.

Doch das Monstrum beachtete sie nicht. Es reckte seinen Körper gegen den Himmel, als wolle es über die Lufthülle hinaus in das Weltall wachsen.

Ein matter Schimmer über den Baumwipfeln kündete das Eintreffen des *anderen* an.

Der wogende Berg aus Protoplasma in seiner Kuhle begann zu toben und sich in hektischen Zuckungen in alle möglichen Richtungen zu bewegen.

Mein Gott! dachte McMoughin. Er hatte in sicherem Abstand weit jenseits der zerstörten Straße einen Baumwipfel erklommen und die Kamera in Position gebracht. Im letzten Licht der Dämmerung versuchte er, ein paar Aufnahmen zu machen.

Er weiß es! fuhr er in seinen Gedanken fort. Der Shoggote weiß es. Er hat erkannt, dass der GROSSE ALTE ihn vernichten will. Er stellt sich zum Kampf!

Was dann folgte, entzog sich größtenteils dem menschlichen Verständnis. Der lodernde Ring des Feurigen tauchte über dem Gelände auf. Cthuga brachte sich unmittelbar über dem wogenden Berg in Position. Sein lodernder Rand begann zu wachsen, nach innen wie nach außen. Aus dem Oval wurde ein riesiges Flammenmeer, und jetzt spürte McMoughin zum ersten Mal Hitze, die von dem Wesen ausging. Sturmwind kam auf, die Luft erwärmte sich übergangslos um zehn bis zwanzig Grad. Drunten auf dem Gelände an der Straße flohen noch immer die Soldaten, und sie trafen keine Anstalten, irgendwann anzuhalten. Sie sprangen auf die fahrbereiten Wagen und flohen in die Stadt. Bestimmt blickte keiner von ihnen zurück, und bestimmt ahnte keiner von ihnen die Wahrheit.

In und über der Grube aber tobte der Kampf, ein ungleicher Kampf, wie Irvin McMoughin fand, obwohl er genau wusste, dass das, was er mit seinen Augen wahrnahm, nur einen Teil dessen darstellte, was tatsächlich vor sich ging.

Der Shoggote wogte heftig auf und ab und griff mit seinen Tentakeln nach Cthuga. Ihre Spitzen drangen in den Feuerwall ein und versuchten, das Gebilde aus dem Gleichgewicht zu bringen. Aber sie sanken zurück, kürzer als bisher und teilweise verschmort. Aus dem Moloch klang wieder dieses Quieken wie von einem Schwein auf, aber nicht verhalten wie beim Kontakt mit dem Schneidbrenner, sondern laut und grässlich, dass es über das ganze Land hallte und sich völlig unnatürlich anhörte, sofern es von Menschenohren wahrgenommen wurde.

Cthuga sank ein Stück nach unten, wehrte weiter die Tentakel ab, stieg wieder ein Stück empor und begann zu kreisen. Der Moloch stellte einen härteren Brocken dar, als der Feurige es erwartet hatte.

So dachte McMoughin. Dass es daran lag, dass der Shoggote versuchte, das Kind Cthuga in den Bannkreis der GROSSEN ALTEN zu ziehen, und dabei alle seine natürlichen Instinkte und seine hypnotischen Fähigkeiten einsetzte, dass in diesen Minuten ein Tauziehen um das Schicksal der Menschheit und des Planeten Erde stattfand, das erfuhr er erst später, als sich die Aufregung gelegt hatte und er unbeobachtet zu seinem Treffpunkt mit Cthuga fahren konnte.

Jetzt beobachtete er gespannt, wie sich die Auseinandersetzung entwickelte.

Cthuga kreiste noch immer. Sein Körper schwankte, und McMoughins Augen saugten sich an dem flammenden Teppich fest.

Du musst handeln! dachte er konzentriert. Denke daran, was auf dem Spiel steht!

Cthuga stürzte sich nach unten und warf sich auf den Shoggoten. McMoughin erschrak, als er es erkannte. Irgendwie begriff er, dass der GROSSE ALTE jetzt aufs Ganze ging und die Entscheidung erzwingen wollte. Cthuga war nicht unverwundbar, nicht gegenüber einem Shoggoten. Der Moloch hätte ihn verletzen oder im ungünstigsten Fall sogar töten können.

Aber das Wesen quiekte weiter und floss auseinander. Es verlor seine ballonartige Gestalt und drückte sich flach in das Loch, aus dem es gestiegen war.

Der Shoggote zeigte Unterwürfigkeit. Er gab seinen Kampf auf. Er kapitulierte. Sein Hauptinstinkt, der Gehorsam gegenüber den GROSSEN ALTEN forderte, gewann die Oberhand.

Cthuga setzte nach. Fürchterlicher Gestank stieg auf und verbreitete sich nach allen Seiten. McMoughin musste das Taschentuch vor das Gesicht halten, um nicht bewusstlos oder tot vom Baum zu fallen. Aus nur leicht geöffneten Augen bekam er einen letzten Eindruck von dem mit, was sich abspielte.

Der Moloch löste sich unter der Hitze des GROSSEN ALTEN auf. Er verdampfte, und zurück blieb ein Loch mit glasierter Erde, unbegreiflich für jeden, der den Vorgang nicht mit eigenen Augen verfolgt hatte.

Cthuga aber löste sich vom Boden und stieg hinauf in die Luft, in sein Element. Das Lodern seines Körpers nahm ab, bis nurmehr der flammende Rand übrig war. Der GROSSE ALTE beschrieb einen engen Kreis über der Stätte der Auseinandersetzung, dann driftete er mit zunehmender Geschwindigkeit nach Norden, direkt über den Kopf von Irvin McMoughin hinweg. Die Wärme verteilte sich, der durch den Temperaturanstieg erzeugte Wind flaute ab.

Stille kehrte ein über dem Gelände, und der Journalist stieg mit weichen Knien, aber frohem Herzen vom Baum und suchte das Fahrrad auf, mit dem er gekommen war. Er kehrte in die Stadt zurück und verschwand in seiner Wohnung. Wenig später fuhr er mit dem Wagen davon.

Der Secret Service ließ ihn in Ruhe. Die Beamten hatten in dieser Nacht alles andere zu tun, als sich um ihn zu kümmern. Irgendwann jedoch begriffen sie, wer sie genarrt hatte und dass die wichtigen Ereignisse auf dem Gelände von Cloughleys Hof stattgefunden hatten.

Aber da war es zu spät.

McMoughin holte in Balleigh die versteckten Filme mit den Aufnahmen von der Insel und aus der Grotte. Er entwickelte sie und machte mehrere Abzüge von jedem Bild. Er hängte sie zum Trocknen auf, dann erst rief er von einer Telefonzelle aus bei der Polizei an und bat Higgins, für die Freilassung von Jim zu sorgen.

Als der Secret Service die Zusammenhänge begriff und mitten am Vormittag bei ihm auftauchte, da hatte er die Negative bereits in einem Bankschließfach deponiert und die Abzüge versteckt. Nur jeweils einen pro Bild hatte er deutlich sichtbar auf dem Schreibtisch deponiert, und ein Zug von Genugtuung erschien auf seinem Gesicht, als er sah, wie die Männer bleich wurden. Sie nahmen die Abzüge mit und erinnerten nochmals an die Anweisung, die Sir Patrick ihm gegeben hatte.

McMoughin erneuerte sein Versprechen und war innerlich überzeugt, dass er sich daran halten würde. Wenigstens solange, bis Gras über die Geschichte gewachsen war.

Irgendwann allerdings würde er reden müssen. Denn es ging um mehr als nur ein Loch in der Straße nach Westen.

***

Diesmal überhörte er ihr Klingeln nicht. Er öffnete und blickte in ihre flammenden Augen.

»Du warst das ganze Wochenende unauffindbar«, zischte Mona ihn an. »Heute ist Dienstag. Willst du mir nicht wenigstens dieses Mal eine Erklärung geben?«

»Komm rein«, sagte er und trat zur Seite. Er bat sie ins Wohnzimmer und kochte ihr einen Tee. Dann erzählte er ihr in allen Einzelheiten, was er seit dem vergangenen Donnerstag erlebt hatte. Ihre Augen wurden immer größer, und irgendwann sprang sie auf.

»Genug. Du bist ja verrückt, völlig übergeschnappt. Stehst du unter Drogen, oder was ist los?«

Er holte ihr ein paar der Abzüge und hielt sie ihr hin. Mona schlug sie ihm aus der Hand. Sie rauschte aus der Wohnung, und er begleitete sie schulterzuckend hinaus.

»Falls es dich interessiert, warum ich nachher aus dem Haus gehe«, rief er ihr hinterher. »Ich muss zur Schule. Zum Unterricht. Mein Schüler Cthuga wartet darauf, dass ich ihm Wissen über die Menschheit vermittle.«

Sie gab keine Antwort mehr, rannte die Stufen hinab und schlug mit Gewalt die Haustür zu.

Eine Weile starrte er in das Treppenhaus und versuchte, sich über seine Gefühle zu Mona klar zu werden. Als er es geschafft hatte, kehrte er in die Wohnung zurück.

Es war gut so, wie es gekommen war. Sie hätten nie und nimmer zusammengepasst.

Außerdem hatte sich sein Leben jetzt so grundlegend geändert, dass er froh war, allein über seine Freizeit verfügen zu können.

Von jetzt an gehörte sein Trachten und Sinnen zumindest vorübergehend einer Aufgabe, die wesentlich schwieriger war als Monas Charakter.

Er musste etwas tun, was noch nie ein Mensch hatte tun müssen. Er musste darangehen, die Menschheit darauf vorzubereiten, dass auf ihrem Planeten ein Wesen existierte, das älter war als alles, was Menschengeist sich vorzustellen vermochte. Ein Wesen, das seit über zweihundert Millionen Jahren existierte und dennoch ein Kind war.

Cthuga, der Feurige. Einer der GROSSEN ALTEN.

Der Plan der GROSSEN ALTEN

»Guten Morgen, Mister Osborne!«

»Hallo Misses Higgins. Einen wunderschönen Tag!«

Die Frau im dritten Stock rümpfte die Nase und deutete über die Dächer hinaus aufs Meer.

»Es sieht nicht danach aus. Der Nebel frisst die Sonne, und das ist ein schlechtes Zeichen.«

»Ja, da haben Sie recht.«

Phil Osborne winkte kurz empor, dann bückte er sich nach Floyd und legte ihm das Halsband um. Der Setter sträubte sich, aber sein Herrchen kannte keine Gnade.

»Los jetzt. Wenn wir trödeln, versäume ich den Beginn der ersten Stunde. Die Schüler mögen das, aber der Direktor nicht.«

Floyd schaute seinen Herrn aufmerksam an und setzte sich hin. Osborne schüttelte den Kopf.

»Nein, Junge. Wir haben unseren Morgenspaziergang noch vor uns. Du musst dein Geschäft verrichten, und danach wirst du in die Wohnung gesperrt wie immer, wenn Herrchen zum Unterricht geht. Klar?«

Widerwillig erhob sich der Setter und begann, neben Phil Osborne herzutrotten. Der Lehrer trug einen Jogginganzug und Turnschuhe. Die Bewegung in der kühlen Luft des hereinbrechenden Tages tat nicht nur dem Hund, sondern auch ihm gut.

Die beiden nahmen den gewohnten Weg durch die Aviemore Road und die Carborough Road hinunter, an Fisherman's Hurst vorüber zum Steg über den kleinen Bach Landon. Phipps, der Bäcker, öffnete gerade seinen Laden und tippte wie immer an seine Mütze. Auf der anderen Straßenseite verließ Mister Parkinson sein Haus und verschloss gewissenhaft die Pforte. Auch hier ein Gruß, und Osborne sparte sich einen Blick auf seine Uhr. Wenn Parkinson sich auf den Weg zum Rathaus machte, dann war es Punkt halb acht.

Floyd verzichtete an diesem Morgen darauf, die Steinpoller und die Gebäudeecken zu beschnüffeln, an denen alle Hunde des Viertels mit notorischer Regelmäßigkeit ihre Duftmarken setzten. Er unterließ es sogar, seine eigenen Marken zu erneuern und zu zeigen, schaut, ich war heute wieder da. Kerzengerade hielt er seine Schnauze in den Wind und witterte.

Und sein Gang wurde immer langsamer und unleidiger. Als Osborne den Waldsaum über den Felsen erreichte und in Trab fiel, sperrte er und weigerte sich, auch nur einen Schritt schneller zu gehen.

Phil Osborne blieb stehen und bückte sich. Er streichelte und kraulte den sieben Jahre alten Rüden und redete ihm gut zu.

»Du wirst mir doch nicht krank werden, Junge. Nun lass dich nicht so hängen. Deine Augen sind o.k., deine Nase auch, und dein Fell könnte gesünder nicht aussehen. Was hast du?«

Floyd starrte ihn in gewohnter Manier an und schwieg. Als Osborne sich in Bewegung setzte, lief er betont langsam neben ihm her.

Osborne nahm den gewohnten Weg zwischen den Kiefern hindurch und hinab an den Strand. Rechts ragten die Felsen der Steilküste empor, eingefrorene Monumente aus schwarzem Basalt, glitzernd und von tödlicher Glätte, hervorgerufen durch schwarze Algen. Links erstreckte sich der Kieselstrand von Folkstone mit seinen Holzrampen und den ins Meer hinausragenden Anlegestellen für die Fischkutter.

Wieder verweigerte Floyd, und er riss seinem Herrn beinahe die Leine aus der Hand. Osborne runzelte die Stirn, sah sich aufmerksam um und beobachtete den Setter.

Floyd witterte ununterbrochen in Richtung Ozean, und Phil war überzeugt, dass er irgendetwas roch, was ihm Angst einflößte oder ihn warnte.

Vielleicht einen toten Wal, der dort unten an Land gespült worden war und stank? Wale gab es hier am Kanal zwischen England und dem Kontinent höchstens alle hundert Jahre einen. Und Osborne selbst roch nichts.

»Komm.« Er zerrte an der Leine, und Floyd folgte widerstrebend. Allerdings eilte er nicht mehr neben ihm her, sondern hielt sich hinter ihm.

Auf halber Höhe blieb der Lehrer erneut stehen und musterte das Meer. Viel war nicht zu sehen. Nebel stieg über dem Wasser auf und trieb gegen die Küste. Die Anlegestellen verschwanden im Dunst, und die vorspringenden Felsen der Steilküste duckten sich regelrecht vor der heranziehenden Nebelwand. Undeutlich sah Osborne die Silhouetten einzelner, von ihrem Fang zurückkehrenden Fischerboote.

Diesmal verzichtete er darauf, bis zum Strand hinab zu laufen und wieder zurück. Er stieg auf einen Felsen und fixierte den immer näher rückenden Horizont. An einer Stelle riss der Nebel auf und ermöglichte ein Stück weit Sicht hinaus aufs Meer.

Osborne erkannte eines der Boote. Rot und Gelb leuchteten die Streifen am Bug. Das war Conways Nussschale, mit der er jede Nacht zum Fang hinausfuhr. Folkstone war eine recht kleine Stadt ohne den technischen Glitzer des Jahrhunderts wie den elektronischen Stadtverkehr und die Kissenschiffe in Eastbourne. Hier waren die Schiffe noch aus Holz. Jeder kannte jeden, und die Boote der Fischer besaßen ihre charakteristischen Farben.

Conways Boot schaukelte auf und ab, nach links und rechts, obwohl das Meer ruhig lag und er die Brandung noch längst nicht erreicht hatte. Osborne sah, wie der Fischer sich in seinem Kahn bewegte und über den Bordrand spähte.

Floyd ließ ein Winseln hören und bewegte sich keinen Inch mehr vorwärts.

Der Nebel riss noch ein kleines Stück weiter auf. Das Boot mit den roten und gelben Streifen verlor plötzlich den Kontakt mit der Wasseroberfläche und verwandelte sich in ein Geschoß. Gut zehn Yards flog es empor, dann fiel es ins Wasser zurück. Conway klammerte sich verzweifelt an seiner Ruderbank fest.

Floyd winselte und zerrte nach hinten. Osborne gab ihm ein bisschen Leine, verharrte aber auf der Stelle. Geräuschvoll sog er die würzige Luft ein, und jetzt roch er zum ersten Mal diesen Gestank, den sein Hund vermutlich schon die ganze Zeit wahrgenommen hatte. Es stank unbeschreiblich, als befände sich dicht vor ihm ein riesiger Haufen verwester Kadaver.

Ein Schatten schnellte aus dem Wasser hervor, schwarz und lang und einer riesigen Peitsche ähnlich. Das Ding traf das Boot und zerschmetterte es in unzählige Stücke. Das Krachen und Knirschen drang zu Phil Osborne herauf. In den Lärm mischte sich das Gebrüll Conways, der sich an einem der Trümmerstücke festhielt und versuchte, das rettende Ufer zu erreichen. Drei, vier Arme stießen aus dem Wasser hervor, so dick wie die Beine von Elefanten und mindestens dreimal so lang. Einer traf die Planke, an der sich Conway festhielt. Der Fischer wurde in die Luft geschleudert, von den anderen Fangarmen ergriffen und unter die Wasseroberfläche gedrückt. Ein gurgelnder Schrei, dann herrschte Stille. Die Wasseroberfläche beruhigte sich rasch. Nur die Trümmer trieben noch an der Stelle und deuteten darauf hin, dass sich hier soeben etwas Unglaubliches ereignet hatte.

Osbornes Atem ging rasselnd. Er zitterte am ganzen Körper, und er nahm es gar nicht richtig wahr, dass er seinem Hund folgte, der ihn hastig in Richtung Stadt zog.

Ein riesiges schwarzes Etwas, ein Ungeheuer aus dem Meer, wie man sie nur aus Sagen kannte. Das musste es sein. Vor der Küste Englands lauerte ein Monster auf Opfer.

Wie von Furien gehetzt rannte er plötzlich davon, zerriss sich einen Ärmel seines Jogginganzugs und wurde erst langsamer, als er den Steg hinter sich gelassen hatte und die sicheren Mauern der Häuser um sich wusste.

Floyd zog noch immer mit aller Kraft an der Leine, als sei das unheimliche Ding hinter ihnen her. Hastig folgte der Lehrer seinem Setter und hielt erst an, als sich die Haustür hinter ihnen schloss.

Floyd starrte seinen Herrn aus großen, glänzenden Augen an. Ein wenig vermochte Osborne die Mimik des behaarten Gesichts zu lesen.

»Was war das?«, flüsterte er. »Ein Alptraum? Haben wir beide Fieber?«

Er wusste, dass es nicht so war und es keinen Sinn hatte, wenn er es sich einredete.

Was er gesehen hatte, war kein Traum, keine Einbildung.

Es war die Wirklichkeit.

Osborne eilte in seine Wohnung und griff zum Telefon. Er informierte Sergeant Hannigan. Der Polizist ließ nicht erkennen, was er dachte, aber er versprach, sich um die Angelegenheit zu kümmern. Vielleicht konnte Conway ja noch geholfen werden.

***

Während des sechsstündigen Unterrichts versuchte Phil Osborne, die Erinnerung an sein Erlebnis vom Morgen so gut wie möglich zu verdrängen. Sein knurrender Magen meldete sich jedoch mit quälender Regelmäßigkeit und führte ihm die Ursache vor Augen, warum er kein Frühstück zu sich genommen und nur seinen Hund versorgt hatte. Die Schüler bemerkten seine Konzentrationsschwächen und nutzten sie weidlich aus. Die letzte Stunde beendete er zehn Minuten früher als gewohnt, und als er auf den Schulhof trat und die klare, würzige Luft einatmete, fühlte er sich umgehend wohler. Die Sonne hatte den Nebel vertrieben und tauchte die Stadt in wohlige Wärme.

Osborne schüttelte den Kopf, als könne er dadurch die lästige Erinnerung loswerden. Mit langen Schritten eilte er nach Hause. Hatte man Conway schon gefunden? Eine Nachricht vom Police Office lag nicht in seinem Briefkasten. Und in einem dringenden Fall hätte Hannigan ihn sowieso in der Schule aufgesucht.

Arme Mrs. Conway. Sie besaß kleine, noch nicht schulpflichtige Kinder. Für einen sensiblen Menschen wie Sergeant Hannigan musste es jedes Mal ein Martyrium darstellen, eine Todesmeldung zu überbringen. Aber vielleicht nahm ihm ja auch Vater Ewing diese Pflicht ab, der Geistliche der anglikanischen Kirche, der die Conways angehörten.

Floyd empfing seinen Herrn stürmisch und übermütig. Osborne fütterte ihn und kochte sich selbst einen heißen Tee. Er aß ein paar Kekse dazu, und Floyd saß vor ihm und versuchte, ihm die Dinger krümelweise aus der Hand zu hypnotisieren. Wie gewohnt, funktionierte es nicht.

»Was meinst du, versuchen wir es nochmals?«

Floyd machte Männchen und legte seine Pfoten auf die Knie seines Herrn. Der grinste.

»Ich fasse das als Zustimmung auf. Wir ziehen unseren gewohnten Nachmittagsspaziergang den Hausaufgaben vor und sehen uns das Ganze nochmals an.« Diesmal sperrte sich der Setter nicht, sondern trabte munter drauflos und hielt auch nicht inne, als Phil mit ihm den steilen Weg hinab zum Strand beschritt. Das Meer lag ruhig da, die Sicht reichte gut zehn Meilen weit. Nichts deutete darauf hin, dass sich sieben Stunden zuvor dort unten auf dem Wasser etwas Furchtbares ereignet hatte.

Das Wasser stieg, die Flut nahte. Der Strand drunten wurde schmaler und schmaler, und als Phil zwischen den Bäumen und Büschen am Fuß des Abhangs ins Freie trat, hatte er die Brandung unmittelbar vor sich.

»Also doch!«, stieß er hervor.

Links und rechts lagen Trümmer eines Bootes, und deutlich erkannte er die Farben: Rot und Gelb. Conways Boot.

Aufmerksam beobachtete Osborne seinen Hund. Floyd tat durch nichts kund, dass er sich vor etwas fürchtete. Er schnüffelte am Saum des Buschwerks entlang, und sein Herr folgte ihm. Zwischen den Büschen entdeckten sie eine Fischermütze und eine Jacke. Vielleicht Conways Kleidung.

Osborne merkte sich die Stelle und eilte weiter über den sanddurchsetzten Kieselstrand in Richtung der Anlegestellen und der Fischerhütten. Vereinzelt quoll Rauch aus den kleinen Holzhütten oberhalb des Strandes. Oftmals saßen die Fischer tagelang davor und flickten ihre Netze, während drinnen die Fische räucherten.

Floyd tollte umher und brachte einen Holzstock. Osborne warf den Stock, und der Setter hetzte ihm nach, um ihn zurückzubringen und dann erneut hinterherzurennen. Bis zur steinernen Treppe hinüber trieben sie dieses Spiel, die den Strand von der Unterstadt trennte.

Alles war so gewöhnlich und alltäglich wie an jedem sonnigen Tag des Jahres. Nichts deutete darauf hin, dass sich an diesem Tag etwas Furchtbares ereignet hatte.

Vor einem der unverputzten Backsteinhäuser saß ein alter Mann. Osborne beschloss, ihn zu fragen.

»Guten Tag, Mister Benson!«, grüßte er.

»Tag, Herr Lehrer«, antwortete der Alte. »Schönes Wetter, um den Hund auszuführen. Ja, ja. Die Tiere sind wenigstens Geschöpfe, die nichts Böses im Sinn haben. Haben Sie die Trümmer am Strand gesehen? Conways Boot. Bei den Felsen ist es immer gefährlich.«

»Was ist passiert?«

»Eine Woge muss das Boot direkt gegen die Klippen geworfen haben. Bei dem Nebel kein Wunder. Er hat Glück gehabt, dass ihm selbst nichts passiert ist.«

»Ich nehme an, er hat es selbst so geschildert.«

»Klar, Mister Osborne. Wer sonst. Es hat ja niemand außer ihm gesehen, wie es passiert ist.«

»Wo steckt Conway jetzt?«

»Um diese Zeit ist er immer im Anchor Pub. Wollen Sie ihm eine Beteiligung an einem neuen Boot anbieten?«

Phil Osborne lachte.

»Nein. Woher sollte ich als einfacher Lehrer das Geld hernehmen? Ich bin nur neugierig, Benson. Alles Gute und immer eine Handbreit Wasser unterm Kiel.«

»O ja. Dankeschön auch«, strahlte der Alte.

Conway log. Das Ungeheuer hatte ihn unter die Wasseroberfläche gedrückt, und er musste den halben Ozean ausgetrunken haben. Im günstigsten Fall hätte ihn das Meer bewusstlos angespült. Stattdessen war der Fischer wie jeden Tag unterwegs, als sei da außer dem Verlust seines Bootes nichts gewesen. Keine Prellungen, keine Schürfungen. Nichts.

Ein Mensch wie Conway konnte unmöglich so schnell über ein solches Erlebnis hinwegkommen. Nicht in so kurzer Zeit.

Nun ja. Vielleicht befand er sich im Pub, um sich zu betrinken und das Erlebte so schnell wie möglich zu vergessen.

Osborne und Floyd setzten ihren Weg fort. Über das von Sand und Staub halb zugedeckte Kopfsteinpflaster eilten sie die Uferstraße entlang in Richtung Anchor Pub. Die Straße beschrieb eine Biegung und folgte dem Verlauf der Küste. Zweihundert Yards befanden sie sich im Windschatten, dann blies ihnen hinter einer Hausecke eine steife Brise entgegen.

Floyd blieb stehen, als sei er gegen eine unsichtbare Mauer gelaufen.

»Was ist? Was hast du?«, flüsterte Osborne. Sofort standen die Eindrücke vom frühen Morgen wieder vor seinem geistigen Auge. Er prüfte die Reaktion des Hundes und stellte fest, dass der Setter identische Verhaltensweisen zeigte wie beim ersten Spaziergang des Tages.

Und noch mehr. Floyds langes, glänzendes Fell sträubte sich. Die Nacken- und Kopfhaare standen weit ab, und der Hund war durch nichts dazu zu bewegen, auch nur einen Schritt weiterzugehen. Alles Zureden half nicht.

Seufzend kehrte Osborne um und verschwand in einer der schmalen Gassen, die den steilen Hang hinaufführten. Die nächste Gasse bog er nach rechts ab und näherte sich dem Pub von der Bergseite. Wieder befand er sich im Windschatten, und Floyd lief willig neben ihm her.

Diesmal hielten Mensch und Hund gleichzeitig inne. Der Setter ging augenblicklich rückwärts und erdrosselte sich fast an der Leine.

Es stank fürchterlich. Der Geruch kam irgendwo aus dem Gebäudeviereck zwischen der Gasse und der Uferstraße. Sofort erinnerte er Osborne an den Gestank vom frühen Morgen. Diesmal nahm er ihn viel deutlicher wahr.

Nein, das stank nicht nach verfaultem Fisch. Es war schlimmer. Es setzte sich wie Pest in die Atemwege und rief starke Übelkeit hervor. Entschlossen machte Phil Osborne kehrt. Er verzichtete auf eine Begegnung mit dem Fischer und kehrte nach Hause zurück. Aus seinem Schreibtisch nahm er ein leeres Schulheft und einen Druckstift und begann, sorgfältig alles aufzuzeichnen, was sich seit dem Morgen und der kurzen Unterhaltung mit Mrs. Higgins zugetragen hatte. Anschließend setzte er sich an die Vorbereitung des Unterrichts für den nächsten Tag.

Als es gegen Abend an der Wohnungstür klingelte, zuckte der Lehrer unwillkürlich zusammen. Aber es war nur Mike, der Sohn von Mrs. Higgins.

»Entschuldigen Sie, Mister Osborne«, meinte der achtzehnjährige Jüngling. »Haben Sie zufällig irgendwo im Haus meine Brille gesehen? Ich habe sie verlegt.«

»Tut mir leid, Mike. Mir ist sie nicht begegnet.«

Mir sind heute ganz andere Sachen widerfahren, hätte er gern noch hinzugefügt, schwieg aber lieber.

»Schade. Nun ja, sie wird sich schon noch finden.«

»Davon bin ich überzeugt. Gute Nacht, Mike.«

***

Halloway beugte sich über den Tisch und blinzelte Conway verschwörerisch zu. Die beiden Männer saßen allein im Hinterzimmer des Anchor Pub. Es war nach Mitternacht, die letzten Gäste hatten sich längst auf den Weg nach Hause gemacht.

»Erzähl endlich, alter Haudegen. Wie hast du das gedeichselt? Du bist doch mit deinem Boot gut versichert, oder?«

»Natürlich. Jeder weiß es. Wieso fragst du? Glaubst du etwa, dass ich absichtlich gegen die Felsen ...?«

»Du warst schon immer ein Fuchs, Jack. Und mir kannst du es schließlich anvertrauen. Ich bin dein Freund, oder?«

»Natürlich bist du das, Ben. Aber es ist so, wie ich es gesagt habe. Es steckte keinerlei Absicht dahinter. Im Nebel verlor ich das Ufer aus den Augen und bin ein Stück vom Kurs abgekommen. Nicht viel, fünfzig Yards vielleicht. Es hat gereicht. Eine Woge warf mich gegen die Felsen. Natürlich zahlt die Versicherung. Jeder kann sich davon überzeugen, dass es ein Unfall war. Sergeant Hannigan hat das Protokoll geschrieben und die Versicherung verständigt. Der Sachverständige meldet sich, sobald er Zeit hat. Solange müssen die Trümmer am Strand liegenbleiben.«

Irgendwo knarrte Holz, und Ben Halloway hob den Kopf.

»Wer ist da?«, rief er hinaus in den Gastraum.

Niemand antwortete. Aber da war ein Luftzug, der nur dann entstand, wenn die Tür zur Straße offen stand. Und er brachte einen fürchterlichen Gestank mit sich. Halloway sprang auf.

»Einen Augenblick. Bin sofort zurück.«

»Bleib. Jemand hat die Tür nicht richtig zugemacht.« Conway griff den Freund an der Schürze und hielt ihn auf. Der Wirt vom Anchor Pub schaute ihn zornig an und schüttelte den Kopf.

»Pflicht ist Pflicht, und Schnaps ist Schnaps«, rezitierte er wie ein schlechter Darsteller auf irgendeiner Provinzbühne des neunzehnten Jahrhunderts. »Niemand soll mir nachsagen, dass ich die Polizeistunde nicht einhalte.«

Er trat zur Tür und schob seinen massigen Körper hinaus in den Gastraum. Es stank fürchterlich und ekelerregend. Eine einzige Lampe brannte noch. Alles war ruhig, nichts bewegte sich.

Und doch …

Halloway stieß einen unterdrückten Ruf aus. Am Tisch neben der Tür saß ein Fremder. Der Wirt sah sofort, dass es sich nicht um einen Einheimischen handelte. Der Fremde trug einen weiten Umhang und eine Art Turban auf dem Kopf. Um den Hals hatte er einen Schal gewickelt, wie man das von Sängern kannte, die selbst in der Sommerhitze dafür sorgen mussten, dass die Temperatur an ihrem Hals nicht schwankte und sie heiser wurden.

Der Gestank kam aus Richtung des Fremden.

»Tut mir leid, wir haben schon geschlossen«, sagte Halloway hastig. »Oder möchten Sie ein Zimmer?«

»Ben!«, schrie Conway aus dem Hinterzimmer. »Komm endlich her zu mir. Alles andere ist nicht wichtig.«

Etwas in Conways Stimme störte den Wirt, aber er achtete nicht darauf. Ein zweites Mal rief der Fischer ihn, und wieder ignorierte er es.

»Wir haben noch Dachzimmer frei, dreißig Pfund pro Nacht und Person. Ist Ihnen das recht?«

Der Fremde machte eine herrische Bewegung. Halloway verstand sie so, dass er sich an den Tisch setzen sollte. Warum nicht? sagte er sich. Wenn ein gutes Geschäft winkt? Er versuchte so gut es ging, den Atem anzuhalten.

»Sie bekommen das Zimmer für fünfundzwanzig Pfund, wenn Sie mindestens für drei Tage mieten, Sir.«

Der Fremde machte keine Anstalten, seine Vermummung abzulegen. Von seinem Gesicht war hinter Turban und Schal so gut wie nichts zu erkennen. Aber plötzlich begann er zu sprechen. Wie ein Wasserfall sprudelten die Worte aus seinem Mund hervor, fremdartig und schwer verständlich, mit einem Schwall übelriechender Luft. Halloway verstand etwas von einer weiten Reise, einer langen Vergangenheit und einer goldenen Zukunft. Langsam dämmerte ihm, was der vermeintliche Inder vom ihm wollte. »Schiffe haben wir genug, ja. Wir können Waren von einem Schiff übernehmen und nachts heimlich an Land schaffen. Ich habe einen großen, aber feuchten Keller, und ich kenne Höhlen in der Küste, die sich als Verstecke eignen.«

Wieder sprudelten die Worte nur so aus dem Fremden hervor.

Tiefe ... Ewigkeit ... Sterne ... Herrschaft ...

Unter der Tür tauchte Conway auf.

»Hör nicht auf ihn«, schrie er den Freund an. »Das ist keiner, mit dem man Geschäfte machen kann.«

»Du hast recht. Ich verstehe nicht, was er sagt. Er scheint aus Indien zu kommen oder überhaupt von einem anderen Kontinent.«

»Er heißt Randolph Carter und kommt aus Boston, USA. Er will etwas ganz anderes von dir. Er will, dass du ihn dorthin begleitest, wo er gerade herkommt.«

»Nach Amerika?«

»Nein. In die Tiefe der Erde. Hinab zu den Wurzeln der Vergangenheit.«

»Ha, Ha. Ich wusste doch gleich, dass da etwas faul ist. Der Kerl will sich nur einen Scherz erlauben. Das habt ihr beiden schön ausgeknobelt.« Er überwand seinen Ekel und beugte sich weit über den Tisch. »Mein Herr, heute ist weder der erste April noch bin ich besonders zum Scherzen aufgelegt. Ich bin müde, das ist alles.«

Der rechte Arm des Fremden hob sich langsam. Er trug dicke Handschuhe, und ein Finger zeigte anklagend auf Halloways Brust. Wieder klang ein Wortschwall auf.

»Er meint, du sollst mit ihm gehen. Er bietet gute Konditionen für harte Arbeit.«

»Ich denke nicht im Traum daran, mich abzuschuften. Er soll endlich seine Maskerade ablegen.«

Um seinen Worten Nachdruck zu verleihen, griff Halloway nach dem Fremden. Sein Arm kam nicht einmal bis zur Hälfte des Tisches.

Etwas schlug unter der Tischplatte in seinen Körper ein. Die Wucht erzeugte einen Überdruck in ihm, und augenblicklich schoss ihm das Blut aus allen Körperöffnungen. Die Augen platzten aus ihren Höhlen, und die Zunge drängte heraus und baumelte am Kinn entlang. Halloway kippte zur Seite, rutschte vom Stuhl und fiel zu Boden. Rasch bildete sich eine Lache um ihn herum.

»Das war nicht nötig«, sagte Conway leise. »Er war mein Freund.«

Wieder klang die Stimme des Fremden auf, diesmal zischelnd und böse.

»In Zukunft solltest du dir deine Freunde besser aussuchen, Jack Conway. Hast du mich verstanden?«

»Ja, Herr.« Conway senkte schuldbewusst den Kopf. »Ja, Herr, ich habe dich verstanden.«

***

Die Kunde eilte mit dem Wind durch die Stadt bis herauf zu den Hügeln mit den Prominentenvillen.

»Ja, heute Nacht. Vermutlich, als er seine Lokal schließen wollte. Unbekannte Täter. Einer oder mehrere. Grausam verstümmelt.«

Die Schüler flüsterten es hinter vorgehaltener Hand, nur Phil Osborne wusste noch nichts. Diesmal war er früher aufgestanden als üblich. Er wollte hinunter an den Strand und schaffte es auch. Floyd sträubte sich nicht, und der dreiunddreißigjährige Junggeselle aus Hardgrove upon Stratford verließ sich ganz auf den Instinkt seines vierbeinigen Begleiters.

Die Trümmer am Strand waren verschwunden, sorgfältig weggeräumt bis auf den letzten Holzsplitter. Draußen auf dem Wasser kehrten die ersten Boote zurück, sie waren leer. In dieser Nacht hatte keiner der Fischer auch nur einen einzigen Fisch gezogen.

Osborne kehrte zurück in seine Wohnung, frühstückte und versorgte Floyd. Danach eilte er in die Schule und erfuhr es erst, als ihn in der ersten Pause Sergeant Hannigan aufsuchte. Offensichtlich funktionierte Mrs. Higgins Meldedienst heute nicht.

»Nanu?«, machte der Lehrer. »Gibt es Probleme mit Conway?«

»Halloway ist tot, Sir. Würden Sie mich begleiten? Ich möchte Ihnen etwas zeigen.«

Osborne gab dem Schuldirektor Bescheid, dass seine Stunden ausfielen, und begleitete den Polizisten zu dessen Fahrzeug.

»Der Bürgermeister ist informiert und der Apotheker. Der Arzt ist natürlich da, und von Eastbourne kommt ein Spezialist vom Yard«, erläuterte der Sergeant. Osborne runzelte die Stirn.

»Und warum soll ich dabei sein?«

»Nun, Sie haben gestern Morgen Meldung gemacht, dass Conway mit seinem Boot einen merkwürdigen Unfall hatte. Conway hat dies abgestritten und eine plausible Erklärung gefunden. Jetzt ist Ben Halloway unter mysteriösen Umständen ums Leben gekommen, und Conway hat ihn nach Aussage von ein paar Stammgästen als letzter lebend gesehen. Das ist ein Zufall, natürlich. Aber da ist noch etwas.«

»Was?«

»Eigentlich darf ich es Ihnen nicht sagen, Sir.«

»Ziehen Sie mich ruhig ins Vertrauen. Ich schweige wie ein Grab.«

»Wir haben die Trümmer des Bootes eingesammelt und in Verwahrung genommen. An den Planken fanden wir merkwürdige Schleimspuren. Sie stammen von keinem Meeresbewohner und auch nicht von den Algen an den Felsen.«

»Und sie stinken bestialisch und erzeugen unwiderstehlichen Brechreiz?«

»So ist es. Wir mussten sofort an Ihre Angaben denken. Das Schleimzeug ist übrigens auf dem Weg nach London zur Untersuchung.«

Der Polizeiwagen fuhr nicht hinab in die Unterstadt, sondern nach Osten, hinaus in Richtung Friedhof.

»Halloways Leiche wurde sofort von uns eingezogen und liegt in der Friedhofshalle unter Bewachung. Ich halte es für sinnvoll, dass Sie einen Blick darauf werfen. Deshalb habe ich Sie abgeholt.«

Eine Viertelstunde später standen sie vor dem Kühlraum, und zwei Officer mit Mundschutz öffneten die Box und holten den Wagen mit der Leiche heraus. Einer von ihnen zog die Plane zurück.

»Mein Gott.« Phil Osborne wandte sich hastig ab. »Was war das?«

»Die Gerichtsmediziner werden es genau herausfinden. Achten Sie auf die Schleimspuren rund um die offene Bauchhöhle und den Gestank, der allerdings durch die Kältekonservierung nicht so stark zum Ausdruck kommt wie gewöhnlich.«

Osborne schluckte und machte den Beamten Zeichen, die Leiche wieder zuzudecken.

»Sie sind Polizist, Mister Hannigan«, brachte er mühsam hervor. »Aber lässt Sie dieser Anblick kalt?«

»Was war Ihr Vater, Sir?«

»Lehrer.«

»Und Ihr Großvater?«

»Lehrer.«

»Sehen Sie. Mein Vater war Metzger. Mein Großvater und mein Urgroßvater auch. Es ist deutlich erkennbar, dass Ben Halloway nicht durch herkömmliche Mittel getötet wurde, mit einem Messer, einer Keule, einer Schusswaffe. Er geriet nicht in die Schraube eines Dampfers und ertrank nicht beim Baden. Das, was ihn getötet hat, war mit höchster Wahrscheinlichkeit kein Mensch. Ein Meeresungeheuer, wie Sie es beobachteten? Im Anchor Pub? Die typischen Schleimspuren fehlen dort. Allerdings haben wir welche an der Uferbefestigung gefunden. Sie führen jedoch nicht weiter.«

Sie warteten, bis der Beamte von Scotland Yard eintraf, die Leiche untersuchte, ein Protokoll anfertigte und anschließend die Leiche zur gerichtsmedizinischen Untersuchung freigab. Ein Kühlwagen würde sie nach London bringen.

»Etwas geht vor in Folkstone«, murmelte Sergeant Hannigan, als er Phil Osborne zurück zum Wagen und dann nach Hause brachte. »Wer weiß, wie lange es schon dauert. Vielleicht haben Sie gestern Morgen ja den Anfang mitbekommen. Sie sind einer von zwei Augenzeugen. Der andere ist Conway. Aber der schweigt wie ein Grab. Es interessiert mich, warum er das tut.«

Der Wagen hielt in der Aviemore Road, und Osborne stieg aus.

»Hat die Presse schon davon Wind bekommen?«

»Nein. Aber es wird sich unter den Fischern an der Küste herumsprechen. Und dann dauert es keine Stunde, bis die ersten Reporter hier eintreffen. Seien Sie beruhigt. Sie sind für uns eine Art Kronzeuge. Ihr Name wird aus der Sache vollständig herausgehalten.«

»Danke, Sergeant.«

»Übrigens, Sir, unsere Tochter fühlt sich bei Ihnen im Unterricht ausgesprochen wohl.«

»Sie ist intelligent und wohlerzogen. Das kann man nicht von jedem Kind in Folkstone sagen. Bis bald, denke ich.«

»Sie hören von mir.«

Osborne schloss die Wagentür, und der Sergeant brauste davon.

Unter der Haustür stand Mike und strahlte den Lehrer an.

»Mister Osborne, ich habe meine Brille wieder. Sie lag im Keller auf dem Brennholz.«

»Wunderbar, Mike. Dann hast du ja endlich wieder den richtigen Durchblick.«

»Der ist auch nötig. Bei allem, was heutzutage in so einer kleinen Stadt passiert.«

Phil Osborne nickte dem Jungen zu und eilte ins Haus.

Mrs. Higgins wusste es also inzwischen, und damit war die Welt wieder in Ordnung.

***

Drunten, am Fuß der Felsen, schwankte ein Licht hin und her. Mal wanderte es nach rechts, mal nach links. Sand knirschte, und das leichte Schlagen von Wasser gegen Holz drang bis herauf zu Phil Osborne. Wieder war er mit seinem Hund unterwegs, und der Platz neben der Steilküste zog ihn magisch an. Die Geräusche kamen von der Stelle, an der die Trümmer von Conways Boot gelegen hatten. Die Stelle zog den Lehrer magisch an.

Floyd knurrte leise, aber er zeigte keine Anzeichen von Furcht. Die Luft war rein.

Auf Zehenspitzen machte der Lehrer sich an den Abstieg. Er achtete darauf, dass sich sein Körper immer in der Deckung von Büschen und Sträuchern befand, und den Setter nahm er ganz kurz an der Leine und gab ihm zu verstehen, dass er still sein solle. Im diffusen Schein des Mondes draußen über dem Meer konnte Osborne nicht viel erkennen, was sich am Strand abspielte. Deshalb stieg er den Pfad hinab und wandte sich nach rechts zu den vorspringenden Basaltfelsen.

Keine zwanzig Yards von ihm entfernt flammte ein Streichholz auf. Die kleine Flamme sank nach unten zum Boden und fraß sich dort an einem Gegenstand fest. Weitere Streichhölzer zischten und wanderten zu dem kleinen Berg aus Brettern und Einzelteilen.

Erste kleine Flammen leckten, fanden Nahrung und züngelten gierig empor. In ihrem Schein zeigte sich deutlich, was da brannte. Die Farben Rot und Gelb leuchteten ein letztes Mal, ehe sich der Ruß über sie legte.

Osborne hatte die Gestalt längst erkannt, die das Feuer legte und es beaufsichtigte. Es war Conway. Er verbrannte die Trümmer seines Bootes. Und er schien es eilig zu haben. Ungeduldig lief er umher, und einmal kam er der Stelle sehr nahe, an der sich der Lehrer hinter einen Felsvorsprung duckte. Osborne legte Floyd eine Hand gegen den Kiefer, um ihn am Bellen zu hindern. Kluge Hundeaugen blickten ihn an und versicherten ihm, dass Floyd verstanden hatte, worum es ging.

Hell loderte das Feuer auf. Mehrere Minuten brannte die Fackel mitten am Strand, dann erhielten die Flammen keine Nahrung mehr. Der Feuerschein nahm ab, und nicht viel mehr als ein Haufen glühender Holzkohle blieb übrig. Conway vergewisserte sich, dass alles bis zur Unkenntlichkeit verbrannt war, dann bückte er sich und nahm eine

Schaufel auf, die er mitgebracht hatte. Er verteilte die glühenden Reste gleichmäßig und schaufelte Sand und Kies darüber. Anschließend rieb er sich die Hände, schulterte sein Werkzeug und machte sich im Licht seiner Lampe auf den Weg nach Hause. Er ging am Strand entlang, und Phil Osborne wartete, bis er außer Sichtweite war. Jetzt erst löste er sich aus seiner Deckung und kehrte auf den Pfad zurück, der ihn hinauf bis zum Steg und hinüber in die Oberstadt brachte.

Conway hatte die Trümmer widerrechtlich verbrannt. Soviel stand für Osborne fest. Die Polizei hatte sie in Gewahrsam genommen und untersucht. Jetzt lagen sie als langsam erkaltender Aschehaufen da unten, wo das Meer sie ursprünglich angeschwemmt hatte.

Kriminalistisch gesehen handelte es sich um die Beseitigung von Beweismitteln.

Phil beschloss, auf die erweiterte Runde des allabendlichen Spaziergangs zu verzichten. Auf dem kürzesten Weg kehrte er mit dem Setter nach Hause zurück. In der Wohnung von Mrs. Higgins brannte kein Licht mehr. Sie ging immer recht früh zu Bett, und Mike tappte vermutlich im nach hinten liegenden Badezimmer umher und suchte seine Brille.

Die Straße herauf zog übelster Gestank, und Osborne spürte, wie sich seine Nackenhaare aufrichteten. Floyd sprang gegen die Haustür und kratzte an der Türfüllung. So schnell es ging, schloss der Lehrer die Tür auf und schlüpfte in den dunklen Flur. Hastig sperrte er die Haustür wieder zu und vergewisserte sich zweimal, dass sie auch richtig verschlossen war. Dann suchte er seine Wohnung auf und machte in der Diele Licht.

Floyd verhielt sich ausgesprochen verschüchtert. Für gewöhnlich suchte er seinen Korb auf und knabberte an seinem Hundeknochen. Diesmal verschwand er jedoch auf dem schnellsten Weg im Wohnzimmer, wo er sich unter der Couch verkroch.

Phil löschte das Licht und trat ans Küchenfenster. Aus der Deckung der Gardinen blickte er hinab auf die Straße. Der Mond zauberte merkwürdige Schatten auf den Asphalt, und Osborne hatte Mühe, dass die Phantasie nicht mit ihm durchging.

Zwei Katzen schlichen durch die Aviemore Road. Sie ließen ein jämmerliches Maunzen hören, das bis herauf in die Küche drang. Plötzlich erstarrten die beiden Körper, wölbten sich die Rücken zu hohen Buckeln. Im nächsten Augenblick warfen sich die Tiere herum und jagten davon, als sei eine ganze Horde von Hunden hinter ihnen her.

Aber da kam nichts. Die Straße lag leer und verlassen da. Draußen stank es noch immer, und Phil würde in dieser Nacht garantiert nicht bei offenem Fenster schlafen.

***

Die Schlagzeile prangte ganz zuoberst, unübersehbar für jeden, der in der Nähe des Kiosks vorüberkam.

GRAUENHAFTE MORDE IN SÜDENGLAND. VERSTÜMMELTE LEICHEN ENTDECKT. IN FÜNF DÖRFERN FISCHER GETÖTET.

Phil Osborne nahm die Umgebung nicht mehr wahr. Die Schlagzeile zog seine Augen magisch an. Ohne auf den Verkehr zu achten, überquerte er die Straße. Sein Schutzengel bekam Arbeit.

Reifen quietschten. Etwas schepperte, als ein Fahrzeug auf den Gehsteig fuhr und eine Werbetafel aus edelstem Blech unter dem Kotflügel zerknitterte.

Der Lehrer schien wie aus einem tiefen Traum zu erwachen. Er warf sich zur Seite, stellte fest, dass er sich in Sicherheit befand, und atmete auf. Der Wagen ragte drei Yards von ihm entfernt auf. Er stand still. Leise tuckerte der Motor vor sich hin. Der Fahrer, ein alter Mann, fluchte und wetterte.

»Können Sie nicht aufpassen, Sie Früchtchen?«, schallte es Osborne entgegen. »Oder sind Autos in dieser Gegend unbekannt?«

»Tut mir leid. Ein Versehen. Wird nicht wieder vorkommen.«

Der Lehrer floh förmlich zu dem Kiosk, drückte der Zeitungsfrau ein paar Münzen in die Hand und griff sich eines der Exemplare.

»Aber Mister Osborne, mein Junge hat Ihnen doch um halb sechs die Zeitung zugestellt. Hat jemand sie gestohlen?«

»Nein, nein, Madam.« Er kannte die Frau nicht einmal beim Namen, obwohl er seit über fünf Jahren jede Woche hier seine Zeitschriften kaufte. »Ich habe nur vergessen, sie vor dem Frühstück aus dem Kasten zu nehmen.«

»Sie brauchen Sie nicht zweimal zu kaufen.«

»Vielleicht in diesem Fall doch.«

Der alte Mann in dem Wagen war ausgestiegen und näherte sich. Er hinkte leicht, und sein weißes Haar wirkte ungekämmt, so, als habe er im Wagen geschlafen.

»Vielleicht können Sie mir wenigstens den Weg zum Police Office beschreiben?«, sagte er. »Ich habe dort einen Termin.«

Osborne musterte den Mann. Er wirkte drahtig und im Vollbesitz seiner Kräfte, sah aber alt aus. Mindestens wie über achtzig.

»Natürlich kann ich das. Fahren Sie hier nach links und dann die dritte Querstraße wieder rechts, dann sehen Sie das Office schon von weitem.« Er warf einen Blick auf das Nummernschild. Glasgow. Der Mann kam aus Glasgow.

»Danke.« Der Alte deutete auf die Zeitung. »Sie sollten das aufmerksam lesen, Sir. Das steht viel Wichtiges drin. Es sind keine Zeitungsenten. Für das Sommerloch kämen sie sowieso viel zu früh. Alles Augenzeugenberichte. Man wollte nicht glauben, dass sich so etwas tatsächlich ereignen kann. Und doch ist es so. Verzeihung, ich vergaß, mich vorzustellen. Irvin McMoughin vom Glasgow Observer, früher Glasgow News.«

»Ein Journalist. Es fängt also an. Ich bin Phil Osborne, Lehrer an der hiesigen Schule.«

»Sehr erfreut. Wenn es Sie interessiert, meinen Beruf als Reporter habe ich bereits vor zwanzig Jahren an den Nagel gehängt. Ich bin so etwas Ähnliches wie Sie. Ein Lehrer. Privatlehrer sozusagen. Einen einzigen Schüler habe ich.«

»Kann man davon denn leben?«, wunderte sich die Kioskfrau.

»Ja. Mit einer guten Rente schon. Was bin ich Ihnen für das Werbeschild schuldig, Madam?«

»Lassen Sie nur, das übernehme ich.« Phil Osborne zückte seine Brieftasche und warf der Frau einen fragenden Blick zu. »Wieviel?«

»Zwanzig Pfund, Sir.«

Er gab ihr zwei Zehnpfundnoten und warf danach einen Blick auf seine Armbanduhr. Noch zwei Minuten bis zum Unterrichtsbeginn. Und die Wegstrecke betrug gut fünf Minuten.

»Entschuldigen Sie mich, ich muss zur Schule.«

Der Fremde deutete auf seinen Wagen. »Ich nehme Sie mit. Steigen Sie ein.«

Tatsächlich gelang es Phil Osborne, gerade noch rechtzeitig in das Klassenzimmer zu kommen. Hastig verstaute er die Zeitung in seiner Aktenmappe.

»Heute wollen wir uns verstärkt der Rechtschreibung widmen«, verkündete er, aber es wurde nichts daraus.

»Was hat es mit dem Zeitungsartikel auf sich, Sir?«, wurde er gefragt. »Wird es solche und ähnliche Vorfälle immer wieder geben?«

»Einen Augenblick. Ich werde mir den Artikel schnell durchlesen.«

Er nahm die Zeitung wieder heraus und ging die zwei Spalten durch. Seine Miene wurde von Zeile zu Zeile nachdenklicher, und als er zu Ende gelesen hatte, blickte er auf und sah die Klasse an.

»Die Frage kann ich euch nicht beantworten. Aber es wäre möglich, dass wir in Zukunft etwas vorsichtiger sein sollten. Was in Burton Bradstock, Mevagissey und Trevine geschieht, kann auch uns in Folkstone treffen.«

»Das meinen unsere Eltern auch«, sagte eines der Mädchen. »Wir sollen nicht mehr am Strand spielen und nicht im Meer baden gehen.«

»Das halte ich für vernünftig. Sagt euren Eltern das.«

In seinem Nacken bildete sich kalter Schweiß. Er durfte den Schülern nicht sagen, was er selbst beobachtet hatte. Außer Hannigan hatte niemand eine Ahnung von seiner Mitwisserschaft, und der Sergeant musste wissen, warum er es nicht an die große Glocke hängte.

Es wird Zeit, dass die Osterferien beginnen, dachte Phil Osborne und stellte erleichtert fest, dass es bis zum letzten Schultag nur noch zwei Tage dauerte.

Das Thema des Unterrichts lag heute für alle Klassen fest. Überall musste er aus der Zeitung vorlesen und mit den Jungen und Mädchen über die Berichte der Journalisten sprechen. Und immer wieder dachte er an den weißhaarigen Alten, der ihn beinahe überfahren hatte. Für sein Alter verfügte er über ein erstaunliches Reaktionsvermögen. Er arbeitete im Ruhestand, bei seinem Alter kein Wunder. Wieso aber hatte er sich dann als Mitarbeiter der Glasgow News vorgestellt? Hielt die Redaktion in der schottischen Großstadt den Vorgang für so unglaubhaft, dass sie einen Rentner auf den Weg schickte?

Viele Fragen, auf die Phil Osborne keine Antwort wusste und auch nicht glaubte, sie jemals zu erfahren.

Heute endete der Unterricht für Phil planmäßig nach der fünften Stunde, und er machte sich auf den Heimweg. Floyd genoss diesen Wochentag sichtlich, musste er doch eine Stunde weniger allein in der Wohnung ausharren. Er wartete jedes Mal hinter der Wohnungstür und sprang an seinem Herrn hoch. Dieser drückte ihm dann die Aktentasche ins Maul, und Floyd rannte stolz mit ihr hinüber ins Arbeitszimmer, wo er sie auf den Schreibtischstuhl legte.

Heute war es anders. Floyd wartete nicht hinter der Tür. Er lag unter dem Küchentisch und schielte hysterisch in Richtung des gekippten Fensters.

Phil Osborne schnupperte. Nein, es stank nicht. Die Luft draußen roch normal, wenigstens für seine Menschennase.

Unwillkürlich musste er an die vergangene Nacht denken.

Etwas war da draußen, und der Wind trieb es bis in die Straßen und Gassen der Oberstadt, auch in die Aviemore Road.

Das Bild des grässlich zugerichteten Leichnams von Halloway ließ ihn nicht mehr los, und er sah auch wieder dieses lange und schwarze Ding vor sich, das aus dem Wasser emporgeschnellt war und das Boot Conways zerschmettert hatte.

***

Conway winkte zu der Hütte hinüber. Leister sah es und winkte zurück.

»Lust auf einen Whiskey, Arthur? Ich habe Grund zu feiern.«

»Einverstanden. Ich sage nur noch schnell meiner Frau Bescheid, wo ich hingehe.«

»Du kannst sie ja mitbringen.«

Beide verschwanden in ihren Hütten, und wenig später hörte Conway die Schritte zweier Personen nahen. Er wandte sich zu seiner Familie um.

»Sie kommen. Haltet bloß den Mund.«

Die Kinder starrten ihn und die Mutter angsterfüllt an, aber keines wagte einen Widerspruch.

»Ich kann sie riechen«, klang von hinter dem Vorhang ein leises Zischeln. »Du weißt, was du zu tun hast.«

»Ja, Herr.«

Es klopfte, und Conway zog die halb offene Tür auf.

»Nur herein mit euch. Die Flasche steht schon auf dem Tisch.«

Leister zog die Nase kraus und blickte nach hinten zu dem Vorhang, der die Räucherkammer verschloss.

»Du solltest mal nach deinen Fischen sehen«, empfahl er dem Nachbarn. »Die stinken nach Verwesung.«

»Ich weiß. Der Gestank kommt aber nicht von den Fischen, sondern aus dem Kamin. Bisher ist es mir nicht gelungen, ihn zu beseitigen.«

Sie setzten sich an den Holztisch, und Conway öffnete die Flasche und goss den Erwachsenen ein. Er tat es großzügig, und sie wunderten sich. Leister kniff die Augen zu kleinen Schlitzen zusammen.

»Seit wann setzt du Schmuggelware um?«

»Das Wort will ich nicht mehr hören. Es handelt sich um Treibgut, das an der Küste angeschwemmt wurde.«

»Jetzt wird mir einiges klar. Du hast versucht, im Trüben zu fischen, und dabei ist dein Boot auf Grund gelaufen.«

Conway lachte rau wie immer. »So in etwa war es. Es ist genug da. Echter irischer Whiskey feinster Qualität. Die Abende sind noch kühl, da ist es gut, wenn man sich ein wenig aufwärmt.«

Sie leerten die Flasche und sprachen über alles Mögliche, auch über den Tod von Ben Halloway. Leister konnte sich nicht erklären, was da passiert war. Conway wollte es nicht wissen. »Es gibt Dinge zwischen Himmel und Erde, über die man sich am besten keine Gedanken macht«, meinte er und warf immer wieder einen prüfenden Blick hinüber zum Vorhang. Manchmal bewegte sich der Stoff leicht, das war alles.

Während der zweiten Flasche wurden sie alle ausgesprochen lustig, und die beiden Männer grölten einen ihrer obszönen Shantys.

»Ich habe euch noch gar nicht gesagt, dass wir Besuch haben«, rief Conway anschließend. »Ein hoher Gast aus Indien weilt in unserer Mitte.«

Der Fremde hatte seinen Auftritt. Im düsteren Schein der mageren Petroleumfunzel war nicht viel mehr als seine Kleidung zu erkennen. Mit den Armen vollführte er eine Bewegung, die einen Gruß, aber auch einen Rauswurf bedeuten konnte.

»Er hat uns ein Getränk seiner Heimat mitgebracht, und das will ich euch nicht vorenthalten.«

Leister und seine Frau waren bereits halb betrunken und bekamen nur mit, dass ihnen eine große Ehre widerfahren sollte.

»Conway, du hast bei mir was gut«, sagte er laut. »Irgendwann revanchiere ich mich.«

»Einverstanden, Arthur. Du kannst es durch Fleiß und Gründlichkeit wettmachen.«

Jack Conway erhob sich und öffnete den Geschirrschrank. Er nahm eine dunkle Flasche heraus und kleine Gläser. Er goss eine schwarze, sirupartige Flüssigkeit hinein und stellte jedem das Glas direkt vor die Nase.

»Es riecht scharf, aber im Magen läuft es wie Öl. Prost!«

Er setzte das Glas an die Lippen, führte es dann rasch am Kopf vorbei und stellte es hinter sich auf die Kommode. Mit einen Schritt stand er hinter Leister. Dieser wollte trinken, aber das Zeug stank wie Eiter und erzeugte ein Ekelgefühl in ihm.

Conway packte ihn im Genick, so dass er automatisch den Mund aufsperrte. Mit einem Ruck schüttete er ihm das Zeug in den Rachen und ein halbes Glas Whiskey hinterher. Seine Frau verfuhr mit Leisters Gattin ebenso. Die beiden husteten und protestierten. Leister wollte sich erheben, doch Conway hielt ihn mit eiserner Hand auf dem Stuhl. Eine Minute etwa dauerte es, dann wirkte das Zeug. Der Blick der beiden verklärte sich. Sie standen auf und verneigten sich vor dem Fremden.

»Befiehl, Herr. Wir gehorchen.«

»Ihr werdet ab morgen nicht mehr zum Fischen, sondern in den Berg zum Graben fahren«, zischelte die kaum verständliche Stimme. »Eure Kinder werden euch begleiten. Keines darf zurückbleiben.«

»Ja, Herr. So soll es geschehen.«

Die vermummte Gestalt fuhr mit einer affenartigen Bewegung herum und blies Jack Conway ihren stinkenden Atem ins Gesicht.

»Dies ist erst der Anfang. Es darf keinen Ausfall mehr geben. Halloway war ein Idiot und Benson zu klug. Beide sind tot. Wenn dir dein Leben lieb ist und das deiner Familie, dann wirst du es immer genau so machen wie heute.«

»Ja, Herr. Du kannst dich auf mich verlassen.«

***

Floyd gab ein leises Knurren von sich, nicht bedrohlich, aber warnend. Es bezog sich auf den Wagen, der vor dem Haus Nr. 19 in der Aviemore Road stand. Es war das Fahrzeug des Alten, der sich als Journalist von den Glasgow News vorgestellt hatte. Zwei Männer saßen darin, und als Osborne heran war, stiegen sie aus.

Sergeant Hannigan und der Fremde.

»Erschrecken Sie sich nicht, aber Sie bekommen Besuch«, rief der Beamte ihm zu.

»Keine Angst.« Der Lehrer lachte. »Es tut mir leid, wenn Sie warten mussten. Aber ich habe meinen alltäglichen Nachmittagsspaziergang mit dem Hund gemacht. Sie wollen sicher hereinkommen.«

Der Sergeant nickte, und Osborne schritt ihnen voraus und führte sie in seine Wohnung. Floyd durchsuchte alle Zimmer und legte sich dann beruhigt auf seine Decke unter dem Wohnzimmerfenster.

Der alte Mann namens McMoughin hatte bisher noch kein einziges Wort gesprochen. Aber er sah sich aufmerksam um. Seinen Augen entging nichts, und Phil Osborne stellte fest, dass er vor allem auf das Verhalten des Hundes achtete.

Die drei Männer setzten sich.

»Sicher wundern Sie sich, dass ich mit einem Vertreter der Presse bei Ihnen erscheine«, begann der Sergeant. »Vergessen Sie am besten, dass Mister McMoughin früher für die Glasgow News gearbeitet hat. Heute benutzt er diese Tätigkeit nur noch als Tarnung.«

»Geheimdienst?«

»So in etwa«, sagte Irvin McMoughin und lächelte. Die Haut seines alten, von Runzeln durchzogenen Gesichts glättete sich sichtlich, und sein Blick durchdrang den Lehrer.

Diese Augen. Osborne starrte immerfort auf diese Augen. Sie blickten hell und klar wie bei einem jungen Menschen.

»Sergeant Hannigan war so freundlich und pflichtbewusst, mich über Ihre Beobachtungen zu informieren«, fuhr McMoughin fort. »Sie decken sich mit meinen Erkenntnissen. Deshalb sind wir hier, Mister Osborne. Sie sind die einzige Person, die einen der Vorgänge der letzten Tage mit eigenen Augen beobachtet hat. Vermutlich ahnen Sie in irgendeiner Weise, dass diese Beobachtung von großer Tragweite für Sie und für alle Bewohner von Folkstone sein kann.«

Osborne warf einen Blick auf Floyd und nickte bedächtig.

»Mein erster Gedanke war, dass da etwas nicht mit rechten Dingen zugeht. Dann dachte ich an ein riesiges Meerungeheuer, wie man sie aus den Sagen und Überlieferungen der christlichen Seefahrt kennt. Als ich dann den Leichnam des Wirtes vom Anchor Pub sah, ahnte ich, dass etwas unsere Stadt bedroht.«

»Mister McMoughin war über den Mittag in London und hat sich die Leiche angesehen und mit den obduzierenden Wissenschaftlern gesprochen. In den Eingeweiden des Toten fanden sich ähnliche Schleimspuren wie auf den Trümmern von Conways Boot. Damit wird der Verdacht zur Gewissheit, dass zwischen beiden Vorfällen ein Zusammenhang besteht. Der Fischer war übrigens so dumm, im Dunkel der Nacht in den Polizeihof einzudringen und die Überreste seines Bootes zu stehlen. Er wurde dabei beobachtet. Wenn wir wollten, könnten wir ihn bereits jetzt wegen Beseitigung von Beweismitteln dingfest machen. Aber die Zeit ist noch nicht reif.«

»All die anderen Fälle, von denen heute in der Zeitung zu lesen stand, gehören in dieselbe Kategorie«, folgerte Osborne.

McMoughin seufzte. »Sie sind zahlreicher, als ich dachte. Früher glaubte ich an drei, höchstens vier dieser Wesen. Inzwischen bin ich mir sicher, dass ein gutes Dutzend von ihnen unterwegs ist.«

Phil Osbornes Gesicht bildete ein einziges Fragezeichen. »Was für Wesen?«

»Wesen aus der Tiefe unter den Ozeanen. Zweihundert Millionen Jahre alt.«

Der Lehrer musste sich an den Armlehnen seines Sessels festhalten.

»Zweihundert ... Millio... – ausgeschlossen. Das widerspricht unserem Wissen über die Evolution, Mister McMoughin.«

»Das dachte ich auch. Aber sie gehören nicht zu unserer Welt. Sie stammen aus den Tiefen des Weltalls, und sie kamen vor zweihundert Millionen Jahren als Flüchtlinge auf unseren öden und teilweise glutflüssigen Planeten und machten ihn sich untertan. Sie nennen sich die GROSSEN ALTEN, und sie brachten eine Reihe von Dienervölkern mit, darunter die Shoggoten, die unseren Kraken ähneln, aber nichts mit ihnen gemeinsam haben, rein gar nichts.«

»Mein Gott. Und ein solches Wesen hat Conways Boot zertrümmert ... Da ist es ein Wunder, dass der Fischer heil herumläuft.«

»Sie sagen es.« Diesmal sprach der Sergeant. »Mister Osborne, ich bin durch Mister McMoughin ausführlich über die Zusammenhänge informiert. Wir müssen davon ausgehen, dass der Jack Conway, den wir gekannt haben, nicht der ist, der jetzt in der Unterstadt herumläuft. Einiges in seiner Hütte hat sich geändert. Der Fischer hat zwei kleine Kinder. Diese gehen nicht mehr vor die Tür, auch seine Frau nicht. Nachbarn wollen nachts einen merkwürdigen Fremden gesehen haben, der die Hütte betrat und sie nicht mehr verließ. Er soll wie ein Inder ausgesehen haben. Ein Inder soll es auch gewesen sein, der in der Mordnacht den Anchor Pub aufsuchte.«

Phil Osborne fehlten die Worte. Floyd hob den Kopf und spähte wachsam zu den beiden Fremden hinüber. Der Hund spürte, dass sein Herr innerlich erschüttert war.

»Das ist alles wie ein böser Traum«, murmelte er. »Dieses lange, riesige Ding, das aus dem Wasser schnellte und auf das Boot einschlug. Und dieser Gestank – grässlich. Mir war danach speiübel.«

»Der typische Gestank der Shoggoten, Sir.« Irvin McMoughin griff in die Brusttasche seiner Jacke und holte einen Umschlag mit Fotos hervor. Er zeigte sie den beiden Männern.

»Was Sie sehen, ist ein brennender Teppich, der fliegen kann und eines der Shoggotenwesen bekämpft. Ein Kampf, den der Shoggote verloren hat. Das Ganze hat sich vor sechsundsechzig Jahren in der Nähe von Glasgow zugetragen. Ich selbst habe diese und andere Aufnahmen gemacht. Der Secret Service versuchte damals, mich mundtot zu machen, aber er hat es nicht geschafft. Später, als Gras über die Geschichte gewachsen war, machte man mich zum Geheimnisträger.«

Osborne gab die Bilder zurück, wollte sie so schnell wie möglich loswerden. In seinem Kopf summte es wie in einem

Bienenschwarm. Seine Gedanken verwirrten sich, und Ratlosigkeit zeichnete sich auf seinem Gesicht ab.

»Jeder in dieser Stadt ist bedroht, jeder auf der Insel und jeder Mensch auf dieser Welt, jedes Tier und jede Pflanze«, fuhr McMoughin fort. »Dies sage ich, damit Sie eine Ahnung von den Dimensionen der Bedrohung erhalten. Ihr Leben ist ebenso gefährdet wie das unsere. Ihr Glück ist es, dass bisher weder Conway, noch der Fremde aus Indien noch sonst jemand weiß, dass Sie Augenzeuge des Vorgangs waren. Aber Sie sind Besitzer eines Hundes und gehören daher zur Kategorie zwei der gefährdeten Personen.«

»Richtig.« Der Sergeant nickte dienstbeflissen. »Seit vorgestern, also seit dem Zeitpunkt, als das mit dem Boot passierte, sind gut ein Dutzend Hunde spurlos verschwunden. Alle drunten in der Unterstadt. Hüten Sie sich davor, mit Ihrem Floyd nochmals hinab zu gehen, auch wenn die Neugier Sie treibt. Hunde erkennen einen Shoggoten Meilen gegen den Wind. Ihre empfindlichen Nasen nehmen den Gestank lange vor dem Menschen wahr. Daher verschwinden sie jetzt nach und nach. Den Menschen wird das einzig mögliche Frühwarnsystem genommen. Passen Sie gut auf Ihren Hund auf. Er könnte Ihnen das Leben retten.«

»Und warum kommen Sie ausgerechnet zu mir?«

»Sie sind, wie gesagt, der einzige verlässliche Augenzeuge, Sir. Und Sie sind als ausgiebiger Wanderer bekannt und kennen sich um Folkstone herum sehr gut aus. Das weiß inzwischen auch Mister McMoughin. Da er ortsunkundig ist, habe ich Sie empfohlen. Nehmen Sie es mir nicht übel. Aber Sie sind durch Ihre Beobachtung unmittelbar in die Angelegenheit hineingezogen worden. Ich halte Sie für besonders gefährdet. Entscheiden Sie sich. Verlassen Sie die Stadt, oder tragen Sie dazu bei, diesem Spuk ein Ende zu bereiten.«

»Und was kann ich tun?«

»Zunächst nicht viel. Erklären Sie sich einverstanden, dass Mister McMoughin hier bei Ihnen Quartier bezieht. Ohne dass die Hauswirtin Näheres erfährt. Sagen Sie, Sie haben Besuch von Ihrem Großonkel aus Manchester erhalten. Und die letzten zwei Schultage kümmert er sich während der Unterrichtszeit um den Hund und achtet darauf, dass dieser nicht verschwindet.«

***

Wieso er sich zu so etwas breitschlagen ließ, er vermochte es selbst nicht genau zu sagen. Er vertraute dem Sergeanten und auch dem alten Mann, von dem er inzwischen wusste, dass er zweiundneunzig Jahre alt war. McMoughin fuhr Auto wie ein Junger, und sein einziges Gebrechen war, dass er beim Gehen das eine Bein ein wenig nachzog.

Als Phil Osborne am letzten Schultag vor den Ferien vom Unterricht nach Hause kam, roch es nach Essen. McMoughin saß in der Küche und kraulte den Setter. Die beiden hatten sich problemlos angefreundet. Das Tier spürte, dass es diesem Menschen vertrauen konnte, und das beruhigte seinen Herrn ungemein.

»Ich habe mich im Kühlschrank umgesehen und ein wenig Gemüse und Kartoffeln gekocht.« Der alte Mann lächelte Nachsicht heischend und deutete auf die beiden Töpfe. »Wenn es Ihnen nichts ausmacht, gibt es heute mal fleischlose Kost. Mit Ausnahme von Floyd natürlich. Der möchte sein Menü offensichtlich vom Herrchen persönlich serviert.«

»Das ist ein ausgesprochener Vertrauensbeweis, den nicht jeder Hund seinem Rudelführer entgegenbringt. Was haben Sie heute Morgen alles unternommen?«

»Sie werden es nicht glauben, aber ich saß die ganze Zeit hier hinter dem Vorhang und habe die Straße beobachtet. Es sind tagsüber ziemlich viele Katzen unterwegs. Fast gewinnt man den Eindruck, dass sie ihre Streifzüge von der Morgen- oder Abenddämmerung in die Mittagszeit verlegt haben.«

»Gut möglich.« Osborne erzählte seinem Gast von dem Gestank und den Beobachtungen, die er gemacht hatte.

Irvin McMoughin schlug auf den Tisch.

»Dann ist die Lage ernster, als ich bisher angenommen hatte. Kommen Sie. Essen wir. Ich muss mir heute Nachmittag unbedingt einen Überblick über die Umgebung der Stadt verschaffen.« Osborne fütterte Floyd, dann verzehrten sie ihr vegetarisches Mahl. McMoughin hatte es furchtbar eilig, aus dem Haus zu kommen, also brachen sie unverzüglich auf. Niemand freute sich mehr darüber als der Setter.

Sie marschierten zum Steg und starrten eine Weile auf die weiße Gischt des Landon. Das Wasser plätscherte unzählige natürliche Stufen hinab ins Meer. Osborne wandte sich nach rechts. Ein schmaler Pfad führte über dem linken Ufer des Baches aufwärts, an der Westflanke der Oberstadt entlang in Richtung der Durchgangsstraße 259, die von Dover kam und nach Hastings und von dort weiter über Eastbourne und Seaford nach Brighton führte. Eine knappe halbe Stunde benötigten die beiden Männer und der Hund, um jene Stelle zu erreichen, an der nach links der Fußweg hinaus an die Klippen abzweigte. Er führte ein Stück am Saum des Steilabfalls entlang und schwenkte dann landeinwärts zu der Blockhütte von Father Townsend, dem alten Einsiedler, der hier vor zwei- oder dreihundert Jahren gelebt hatte. Die Hütte diente heutzutage als Urlaubsziel für Nostalgiker, die Romantik und Lagerfeuer mehr liebten als die kühlen Mauern eines Hotels mitten in der Stadt.

Floyd bog automatisch nach links ab. Von der 259 wehte ein Hauch von frischem Asphalt herüber, mit dem eine Reparaturkolonne die Winterschäden in der Straße beseitigt hatte. Der Geruch beleidigte sowohl die Nase des Hundes, als auch die der Menschen.

Ein Stück weit führte der Weg zwischen hohen Birken und Buchen entlang und mündete dann in das schmale, langgestreckte Plateau mit seinem spärlichen Grasbewuchs. im Norden bildete die Straße die Grenze, im Süden der Steilabfall.

»Interessant«, meinte McMoughin. »Die Bäume eignen sich gut als Versteck. Ein Glück, dass der Setter noch keine Anzeichen von Furcht zeigt.«

Außerhalb der Deckung von Bäumen und Sträuchern blies ihnen der Wind heftig ins Gesicht. Die salzerfüllte Brise des Ozeans ließ nach einiger Zeit die Haut brennen. Osborne legte diesen Weg im Durchschnitt einmal im Monat zurück, und er kannte jeden Stein und jeden Grashalm. Floyd trottete in gewohnter Manier vor ihnen her und prüfte die Beschaffenheit des Bodens in puncto Nährstoffgehalt und Tauglichkeit für die Verrichtung eines Geschäfts. Wie gewohnt erledigte er das mit Hingabe und Erleichterung, sprang anschließend fröhlich um die beiden Männer herum und wetzte seine Krallen am Untergrund.

Diesmal allerdings lieferte er eine zusätzlich Variante. Er zog plötzlich den Schwanz ein und bewegte sich rückwärts.

McMoughin hob die Hand.

»Wir sind da. Ich habe es mir gleich gedacht. Die Schründe und Spalten von Steilküsten stellen die idealen Verstecke für Shoggoten dar. Im seichten Wasser von Buchten halten sie sich nie lange auf. Sie sind aus der Luft leicht erkennbar. Außerdem lieben sie alles, was ebenso schwarz ist wie sie selbst. Vielleicht liegt es auch am Basalt, der altes, vulkanisches Urgestein darstellt.«

Der Alte kraulte Floyd, und dieser ließ sich widerwillig zu einer Fortsetzung des Spaziergangs überreden. Zwanzig Schritte duldete er, dann verweigerte er erneut und zeigte seinen Begleitern überdeutlich, dass sich irgendwo vor ihnen etwas Bedrohliches befand.

Ein leises Beben im Boden warnte vor der Gefahr. Gleichzeitig trieb der Aufwind einen Schwall des Gestanks in ihre Nasen. Osborne presste die Hände vor das Gesicht.

»Es ist da«, würgte er. »Das Ungeheuer ist in der Nähe.« Er war nahe daran, sich ebenso zu verhalten wie sein Hund. Floyd stakste mit eingezogenem Schwanz rückwärts und ließ dabei ein leises, unterwürfiges Winseln hören. Dem Setter standen buchstäblich die Haare zu Berge, und allein die Leine, die ihn mit seinem Herrn verband, hielt ihn noch an diesem Ort.

»Schscht«, zischte McMoughin. »Nicht rühren.«

Von irgendwoher vernahmen sie ein Schaben und Schleifen, als versuche jemand, das Felsmassiv mit einem Schmirgelpapier abzutragen. Dazwischen pfiff und quietschte es wie von verrosteten Scharnieren. Aber es gab hier nirgends Fenster oder Türen, und Gestein vermochte nicht, solche Laute zu erzeugen.

Je länger sie mit angehaltenem Atem zuhörten, erst zehn, dann zwanzig und dreißig Sekunden, dann eine ganze Minute oder länger, desto überzeugter waren sie, dass sie es nicht mit von Menschen verursachten Geräuschen zu tun hatten.

Und dazu kam dieser fürchterliche Gestank, den sie nur deshalb auszuhalten vermochten, weil der Wind vom Meer her die Felsenschründe hinaufblies und die unsichtbare Wolke nach allen Seiten verteilte.

Floyd duckte sich eng an den Boden und suchte den Körperkontakt zu seinem Herrn. Osborne streichelte ihn beruhigend, aber es half nicht viel. Der Hund zitterte am ganzen Körper, und immer wieder begann er wie verrückt an seinem Halsband und der Leine zu zerren.

Irvin McMoughin streckte eine Hand aus und machte seinem Begleiter Zeichen, sich nicht von der Stelle zu rühren. Der alte Mann legte sich auf den Bauch und robbte wie eine halb lahme Kröte über den Grasboden davon. Mehrere Wolken schoben sich vor die untergehende Sonne und verdunkelten das Gelände an der Steilküste ein wenig.

McMoughin wagte sich bis dicht an den Abgrund. Er spreizte die Beine und spähte dann vorsichtig und mit zur Seite gelegtem Kopf über die Kante. Eine ganze Weile lag er reglos da. Als Osborne schon meinte, der Schlag habe den Alten getroffen, kam endlich wieder Leben in ihn. Er robbte rückwärts davon und an seinem Begleiter vorbei. Mit der Hand machte er ihm Zeichen. Gemeinsam zogen sie sich bis hinter die ersten Büsche zurück. »Welch ein Glück, dass wir den Wind gegen uns haben«, hauchte McMoughin. »Es ist ein Shoggote. Er frisst die Innereien eines Pferdes, höhlt das Tier vollständig aus und lässt die Hülle liegen. Er tut es an dieser unübersichtlichen Stelle, wo ihn vom Land und vom Meer aus niemand beobachten kann. Ich kenne das. Wenn ich an Cloughleys Kühe denke, damals vor sechsundsechzig Jahren, wird mir noch heute anders. Es ist nicht alles, Osborne. Dort drunten bei dem Shoggoten liegt ein Mensch in seinem Blut. Er rührt sich nicht. Wahrscheinlich ist er tot.«

»Es wird am besten sein, wenn wir umkehren.«

Osborne musterte Floyd. Der Setter hatte sich beruhigt, aber er schien absolut keine Meinung zu haben. Vermutlich stand er derart unter dem Schock des Gestanks, dass ihm alles egal war.

Ein Hund, der vom Gestank eines anderen Wesens regelrecht benommen wurde. Das gab es normalerweise auf der ganzen Welt nicht.

»Ich brauche Gewissheit. Wenn Sie wollen, kehren Sie zurück. Ich bleibe hier und warte, bis der Shoggote verschwunden ist.«

»Ich lasse Sie nicht allein«, zischte Phil Osborne zurück.

Sie warteten eine Stunde, dann zwei. Nichts geschah, kein Laut drang aus der Tiefe empor an ihre Ohren. Sie suchten ihre alte Position wieder auf. Der Gestank hatte nachgelassen, und Floyd reagierte ängstlich, aber nicht panisch. Wieder kroch McMoughin vorwärts an die Steilkante, und nach einer Weile hob er eine Hand und winkte.

Herr und Hund schlossen zu dem alten Mann auf. McMoughin deutete hinab auf einen Felsvorsprung. Dort lag ein Körper, und bei seinem Anblick zuckte Phil Osborne zusammen.

»Das ist der alte Benson. Vor drei Tagen habe ich noch mit ihm gesprochen. Er muss tot sein.«

»Geben Sie mir die Hundeleine. Ich muss hinab zu ihm.«

»Sind Sie wirklich fit?«

»Ja, nun machen Sie schon. Wir haben nicht viel Zeit. Der Shoggote lauert irgendwo draußen im Wasser. Wer weiß, wann er zurückkommt oder den Befehl erhält, es zu tun.«

Osborne löste das Halsband und drückte es McMoughin in die Hand. Dieser klammerte sich daran fest und suchte nach einem Einstieg in die Steilwand. Er fand einen Riss, in dem er sich festhalten konnte.

»Versuchen Sie, einen Teil meines Körpergewichts mit der Leine zu tragen«, flüsterte er.

Osborne tat, wie geheißen, und der Zweiundneunzigjährige kletterte in den Riss hinab. Er tat es sehr geschickt und brauchte nur wenige Minuten, um den ersten Felsvorsprung zu erreichen. Er ließ die Leine und das Halsband los und arbeitete sich mit Händen und Füßen über mehrere Basaltplatten zum nächsten Vorsprung und von da aus eine schräge Fläche hinab zu dem Mann.

Benson lag in einer Blutlache. McMoughin berührte ihn vorsichtig mit der Hand. Die Stirn glühte fieberheiß, die Augen des Mannes waren geschlossen. Benson stöhnte leise. Sein Unterkörper wies keine Verletzungen auf, aber der Brustkorb war an mehreren Stellen eingedrückt, das Brustbein zersplittert. Aus unzähligen kleinen Wunden sickerte stoßweise das Blut.

»Benson, können Sie mich hören?«

Ein Stöhnen antwortete. Der Verletzte versuchte die Augen zu öffnen, doch es gelang ihm nicht.

»Benson, halten Sie durch. Rettung naht.«

»Nein«, krächzte der Fischer. »Sterben.«

»Wer hat Sie so zugerichtet, sagen Sie es mir!«

»Conway, Inder – sie nennen ihn Randolph Carter.«

Phil Osborne sah, wie McMoughin wie von einem elektrischen Schlag zusammenzuckte.

»Randolph Carter? Irren Sie sich nicht?«

»Nein. Carter ... ist ... ein – Monster.«

Nochmals versuchte der Verletzte sich aufzurichten. Ein Schwall Blut quoll aus seinem Mund, dann sank der Kopf zur Seite. Benson war tot.

Irvin McMoughin machte sich sofort an den Aufstieg. Als er oben anlangte, war seine Kleidung schmutzig, er selbst wohlauf. Dennoch sah er aus, als habe er gerade den Weltuntergang erlebt.

»Randolph Carter ist da. Er existiert. Er ist gekommen, und er ist ein willfähriges Werkzeug der GROSSEN ALTEN. Kommen Sie, kommen Sie. Nichts wie weg von hier. Es bleibt keine Zeit mehr.«

Ohne eine weitere Erklärung hinkte er davon und Osborne mit Floyd hinter ihm her.

***

»In all den Jahrzehnten hatte ich genug Zeit, umfassende Recherchen anzustellen. So erfuhr ich von merkwürdigen Vorgängen in der amerikanischen Stadt Boston und dem Testament eines Anwalts, dessen Inhalt nie an die Öffentlichkeit gelangt war, weil man es für die Ausgeburt eines Verrückten hielt. Jeremy Stafford starb hochbetagt im Jahr neunzehnhundertsiebenundsechzig, und sein Vermächtnis beleuchtet einen kleinen Teil dessen, was wir über die Versuche der GROSSEN ALTEN wissen, die Menschheit in ihrem Sinn zu beeinflussen. Staffords Erlebnisse datieren auf das Jahr neunzehnhundertsechsundzwanzig, zwei Jahre vor Randolph Carters endgültigem Verschwinden. Carter forschte seit Jahrzehnten überall in der Welt nach Spuren der fernen Vergangenheit. Er versuchte, in die Geheimnisse der ALTEN WELT einzudringen. Ein oder zwei Shoggoten nahmen die Verfolgung auf und spürten ihn schließlich in seiner Heimatstadt auf. Der erste Versuch, ihn drunten unter dem Ozean in ein Wesen ihres Formats zu verwandeln, schlug Dank des Eingreifens von Stafford und seinem Bürogehilfen Barclay fehl. Zwei Jahre später jedoch verschwand Randolph Carter endgültig, und an seiner Stelle fand man ein Wesen in einem Turban und mit Handschuhen und merkwürdigem Gang. Es sah aus wie ein Inder, aber es steckte kein Mensch in diesen Gewändern. Nach meinem jetzigen Wissen muss es Randolph Carter gewesen sein.«

Die beiden Männer saßen bei einem Glas Porter zusammen, und Floyd nahm sich die Freiheit, auf der Couch zu lümmeln und immer wieder wachsam in Richtung Flur zu spähen.

McMoughin berichtete ausführlich von dem Testament und dem verrückten Ausflug Staffords zu einem Haus auf der anderen Seite der Bucht und durch dieses Haus und einen Schacht bis in einen Brunnen, der in der Stadt Yogh mündete.

Er schilderte die Erlebnisse der beiden Männer aus Boston in diesem unterseeischen Reich, ihr Zusammentreffen mit Meredith, diesem bereits halb umgewandelten Wesen, das einst Randolph Carter gewesen war. Am Schluss verdankten alle drei es einer Marotte Barclays, nämlich aus Nachlässigkeit alle Türen offen stehen zu lassen, dass das Meer in das magische Reich eindringen konnte und 'UMR AT-TAWIL vernichtete, den Herrscher über diese Welt weit in der Vergangenheit. Randolph Carter wurde wieder zu dem, was er gewesen war, ein liebenswerter Mensch und exzellenter Bridgepartner. Für ganze zwei Jahre, wie man inzwischen wusste.

»Durch das Testament des Anwalts ließ ich mich zu weiteren Nachforschungen anregen«, fuhr Irvin McMoughin fort. »So durchforstete ich alle erreichbaren Bibliotheken dieser Welt nach Hinweisen auf Begebenheiten ähnlicher Art oder das Erscheinen von Wesen wie den Shoggoten. Es gelang mir, das Wirken einer der Dienerkreaturen im achtzehnten Jahrhundert nachzuweisen, so dass ich davon ausgehe, dass es bereits seit dreihundert Jahren zu Übergriffen kommt. Einst wurden diese Wesen von den ÄLTEREN GÖTTERN für ihre Frevel bestraft und samt ihren Herren, den GROSSEN ALTEN, in die Tiefe des Planeten verbannt, eingekerkert für alle Ewigkeiten. Doch die Verschiebung der Kontinentalplatten und der starke Vulkanismus in bestimmten Regionen der Erde hat Risse geschaffen, die weit in die Tiefe reichen. Einige der Shoggoten sind so in die Freiheit gelangt, und sie nutzen jede Gelegenheit, um die Menschheit zu versklaven und ihren einstigen Herren wieder zur Freiheit zu verhelfen. Damit wir uns nicht falsch verstehen, Mister Osborne, diese Freiheit für wenige würde den Tod der gesamten Menschheit bedeuten. Später mehr darüber.«

Irvin McMoughin kam auf die Ereignisse im Jahr 1992 zu sprechen, die er selbst erlebt hatte. Er schilderte die Ereignisse auf Cloughleys Hof, seinen Marsch durch die Unterwelt und seine Begegnung mit den versteinerten Überresten einer Kultur, die so unvorstellbar weit zurücklag, dass es sich kein Mensch heute richtig vorzustellen vermochte. Die Erkenntnis, dass die Delfine der heutigen Zeit Wesen von regressiver Intelligenz darstellten, einst intelligent aus dem Wasser gestiegen und inzwischen nach so vielen Millionen Jahren zu immer dümmer werdenden Fischen verkümmert waren, revolutionierte all das, was Osbornes Schulweisheiten verkündeten.

Und da war noch etwas, der Lehrer spürte es deutlich. Ein Element seiner Erlebnisse verschwieg McMoughin, und er tat es mit Absicht, vermutlich, um ihn zu schonen. Er berichtete ganz am Rande von der Vernichtung des Shoggoten, und Osborne fragte:

»Wie ging das vor sich? Wie konnte vor sechsundsechzig Jahren die Bestie getötet werden?«

»Das ist eine lange Geschichte, Phil«, murmelte der Alte abwesend und ging zum vertraulichen Du über, das sie von nun an immer verwendeten. »Dazu musst du dich in meinen Wagen setzen und mit mir hinauf an die Nordwestküste Schottlands fahren. Du musst mich in einer kleinen wackeligen Schaluppe hinüber zu den Sommer-Inseln begleiten. Dort zeige ich dir das, was ich bis jetzt ausgeklammert habe. Etwas, wovon bisher nur ganz wenige Menschen Kenntnis erlangt haben.«

»Ich verstehe. Du meinst den brennenden Teppich auf den Fotos, der den Shoggoten besiegt hat.«

»Ja.«

»Was ist er?«

»Er heißt Cthuga. Und er ist einer der GROSSEN ALTEN.«

Phil Osborne fiel die Kinnlade herunter.

»Jetzt verstehe ich überhaupt nichts mehr.«

»Cthuga ist noch ein Kind«, sagte McMoughin, als sei damit alles gesagt. »Ich bin müde und möchte schlafen.«

Sie begaben sich zur Ruhe, aber Phil Osborne konnte in dieser Nacht keinen Schlaf finden. Seine Gedanken kreisten um die unmöglichsten Dinge und darum, ob es sinnvoll sei, jemanden hinauszuschicken, damit Bensons Leiche geborgen werden konnte. McMoughin hatte dies abgelehnt mit der Begründung, dass der Shoggote den Toten spätestens in der Dunkelheit verschwinden lassen würde.

Irgendwann in der zweiten Hälfte der Nacht zwängte sich Floyd zur Tür herein und legte sich neben das Bett. Osborne zuckte zusammen und machte das Licht an. Erleichtert stellte er fest, dass es sich tatsächlich um seinen Hund handelte und nicht um irgendein glibberiges Monster.

Irgendwann gegen Morgen schlief er endlich ein.

***

Vor Äonen waren sie gekommen, gewaltige Wesen von unbeschreiblicher Bosheit und Kälte in den Augen der ÄLTEREN GÖTTER, einen Panzer aus Eis hinter sich herziehend und mit schrillen, spitzen Schreien an den Toren wachend. Aus der Finsternis des Alls kamen sie, und sie machten sich die neue Zuflucht untertan und benannten sie mit einem Namen, der schrecklicher klingt als alles andere in diesem Universum und für das Bewusstsein eines Menschen tödlich ist. Niemals hat einer von dieser Welt ihn ausgesprochen.

Sie nahmen die Erde als ihr Eigentum und ergründeten sie bis in die Tiefen ihres Magmas. Der maßlose Wille nach Macht beherrschte sie, und in ihrem Gefolge schlichen Legionen Schwächerer herbei, die ihnen dienten und dennoch so stark und gewaltig waren, dass sich kein normales Lebewesen gegen sie behaupten konnte.

Wie diese Welt besaßen auch ihre neuen Herrscher Namen, die man nicht aussprechen soll, werden sie doch durch diese Namen gerufen und geweckt aus dem ewigen Schlummer, in dem sie sich befinden. Wer sie ruft, verdammt diese heutige Welt dazu, wieder zu dem zu werden, was sie einst war. Wehe, wenn sie die Kerker zerbrechen, in die sie einst von den ÄLTEREN GÖTTERN gepfercht wurden. Diese fanden die Spur, zerstörten die Verbindungen zwischen den Toren und YOG-SOTHOTH und verbannten die GROSSEN ALTEN nach langem und entsetzlichem Kampf in die Tiefe des Planeten, in ihre ewigen Kerker. Sie bestraften sie damit für die Frevel, die sie überall in dieser Galaxis und bereits auch auf der Welt ihrer letzten Zuflucht begangen hatten.

Nur einer fand Gnade. Auch er war ein fürchterliches Wesen, doch in den Augen der ÄLTEREN GÖTTER war er schwach. Und er war noch ein Kind, geboren vor der

Flucht zur Erde, getrennt von seinen Erzeugern, die weit draußen zwischen den Sternen ihr feuriges Leben ausgehaucht hatten. Er war der letzte seiner Art, ein gewaltiger Gott in den Augen urzeitlicher Völker. Doch es sollte ihm nie gegeben sein, diese Rolle zu spielen.

Die ÄLTEREN GÖTTER erlaubten ihm zu schlafen. Er durfte sein kindhaftes Leben behalten, in dem er nicht fähig war, nachträglich ihre Maßnahmen zu durchkreuzen. Sie wählten den Bereich um den Nordpol für seine Ruhestatt. Die geflügelten Boten der ÄLTEREN GÖTTER schufen eine Kaverne und ließen ihn hinabsteigen. Sie verschlossen das Eis um ihn, und aus Cthuga, dem Feurigen, wurde Cthuga, der Eisige. Er durfte schlafen, und die geflügelten Boten redeten ein letzten Mal zu ihm. Sie sagten ihm, dass er in die falsche Welt geboren war. Irgendwann würde er erwachen, weil das Eis schmolz. Dann würde es an ihm liegen, was aus ihm wurde.

»Wann werde ich erwachen?«, fragte er und bettelte um die Antwort. Doch sie blieb aus, und Cthuga wurde schläfrig und nahm alles hin, wie ein Kind etwas hinnahm, was es angesichts der Macht und Gewalt der Erwachsenen sowieso nicht ändern konnte.

Das Eis flüsterte ihm zu, dass er der letzte einer einst großen Familie war. Cthuga aber schlief, bis eines Tages das Eis barst und er erwachte. Die Temperatur stieg merklich an und aktivierte seine Lebensgeister. Das Eis besaß nicht mehr die Kraft, sein Feuer zu unterdrücken.

Cthuga kehrte an die Oberfläche der Welt zurück.

Aber es war nicht mehr die Welt, die er kannte. Selbst das Licht der Sonne hatte sich verändert, und daran vermochte er ungefähr die Zeit zu messen, die vergangen war.

Zweihundert Millionen Umläufe des Planeten um seinen Stern!

***

»Er ist Cthuga, der Feurige, einer der GROSSEN ALTEN. Ihr würdet ihn als ein Wesen von völliger Fremdartigkeit bezeichnen, und doch gehört er unendlich länger zu diesem Planeten als wir oder einer unserer Vorfahren. Das Eis hat ihn vor rund hundertundachtzig Jahren freigegeben, und seither lebt er auf der Oberfläche der Erde und studiert die Menschen. Seinem Feuer kann keiner widerstehen, auch kein Shoggote aus dem Protoplasma der Urzeit dieses Universums. Shoggoten sind intelligenzlose Wesen. Sie handeln rein instinktiv nach dem alten Muster, das ihnen eingeprägt wurde. Sie steigen aus den entstandenen Rissen und Spalten der Erdkruste empor und erkunden die Oberfläche der Welt, die für sie so völlig fremdartig geworden ist. Ihre einzige Aufgabe besteht darin, den Planeten für die vorzubereiten, die einst über ihn geherrscht haben. Und jetzt verfügen sie über ein Wesen, das zu ihnen gehört, aber Intelligenz besitzt. Vielleicht nicht so viel wie die GROSSEN ALTEN, aber genug, um sie zu beherrschen. Die Shoggoten haben einen Anführer erhalten, Randolph Carter.«

Phil Osborne fröstelte. Gemeinsam saßen sie bei Sergeant Hannigan im Police Office, und Irvin McMoughin informierte sie über die Hintergründe, wie er sie erfahren hatte.

Wie stark mussten erst die Herren sein, die GROSSEN ALTEN, wenn die Dienerkreaturen es einzeln schafften, ganze Landstriche zu bedrohen. »Cthuga ist nach den Maßstäben der GROSSEN ALTEN ein Kind«, fuhr Mac fort. »Im Vergleich mit uns jedoch besitzt er Reife und geistige Weite. Er ist der Ansicht, dass die Erde, wie sie heute ist, den Menschen gehört. Sie haben ein Recht, auf ihr zu leben. Doch die GROSSEN ALTEN werden das im

Fall ihrer Rückkehr nicht anerkennen. Dieser Planet wurde für sie zur Zuflucht und später zum Gefängnis. Sie sind dazu verdammt, für immer hier zu bleiben. In ihren Gefängnissen tief in der Kruste des Planeten, teilweise weit unter den Meeren, warten sie auf ihre Zeit. Und diese Zeit wird kommen, und vielleicht wird es dann die Menschen bald nicht mehr geben. Lange vor uns ist die Große Rasse von Yith gegen sie unterlegen, und so wird es ein zweites Mal sein. Es sei denn, wir schaffen es, die Dienerkreaturen ein für alle Mal zu vernichten und dafür zu sorgen, dass die Kerker für immer verschlossen bleiben.«

»Was können wir tun?«, fragte Hannigan. Sichtliche Unruhe hatte ihn ergriffen, und es hielt ihn kaum noch auf seinem Stuhl. »Und wer war das, die Große Rasse von Yith?«

»Ich habe sie gesehen, als Skelette mit kleinen Köpfen und Schwimmhäuten zwischen den Fingern und Zehen. Sie haben die Ur-Ozeane bewohnt und sich langsam zu Landbewohnern entwickelt. Das war damals, als die GROSSEN ALTEN auf ihrer Flucht diesen Planeten fanden, der in seiner gewalttätigen Urtümlichkeit ihren Lebensbedingungen entsprach. Sie haben sich in dieser langen Zeit zurückentwickelt und sind ins Wasser zurückgekehrt. Heute nennen wir sie Delphine.« McMoughin sah die beiden Männer eindringlich an. »Was wir tun können? Nicht viel. Wir müssen verhindern, dass die Shoggoten und ihr Anführer die Menschen zu ihren Sklaven machen und sie dazu benutzen, um in die Tiefe bis zu den Kerkern der GROSSEN ALTEN vorzustoßen. Das ist alles, was wir tun können. Es ist ein Selbstmordkommando, denn Waffen, wie wir sie kennen, nützen nichts gegen diese Ungeheuer.«

»Dann ist es aussichtslos.«

»Wir haben nur diese eine Möglichkeit, Sergeant. Und wir haben Cthuga. Er spürt sie. Er weiß, dass sie in größerer Zahl gekommen sind. Er hat mich ausgesandt, noch ehe die ersten Meldungen in den Zeitungen standen. Daher bin ich früher als die Klatschreporter eingetroffen.«

»Wird er uns helfen?«

»Vielleicht. Cthuga ist kein Wesen, dessen Gedanken oder Gefühle wir erfassen können. Er ist einer der GROSSEN ALTEN. Vielleicht hilft er uns heute, weil er sich im Stadium eines Kindes befindet. In tausend Jahren ist er vielleicht erwachsen und wendet sich gegen uns. Aber so viel Zeit haben wir nicht mehr. Die Shoggoten werden nicht aufgeben. Auch die GROSSEN ALTEN haben keine andere Wahl. Die ÄLTEREN GÖTTER, die sie einst in die Tiefe dieses Planeten verbannten, haben die Verbindungen zu den anderen Toren zerstört, die zwischen den Dimensionen liegen. Der GROSSE ALTE YOG-SOTHOTH ist ihr Tor, der Schlüssel zum Tor und gleichzeitig sein Wächter. Er gehörte einst zu einem universellen Netz von Toren, aber nun ist er einsam, ein Krüppel, ein Wesen, das herrscht, und dennoch ein Herrscher ohne Reich.«

Er erhob sich.

»Wie vereinbart bewahren wir über diese Unterhaltung Stillschweigen. Außer uns wissen nur wenige Menschen in der obersten Etage des Geheimdienstes darüber Bescheid. Nicht einmal der Verteidigungsminister ist informiert. Seit über sechzig Jahren zählt das Wissen um die Existenz dieser Wesen zu den bestgehüteten Geheimnissen unseres Planeten. Niemand wusste den Zeitpunkt, an dem sie wieder erscheinen würden. Sergeant, wir nehmen den Kampf auf.«

»Sie erhalten jede denkbare Unterstützung. Sie müssen nur sagen, was Sie brauchen, Mister McMoughin.«

»Zunächst einmal will ich mich auf meine eigenen,

durch den Kontakt mit Cthuga geschärften Sinne verlassen. Ich muss herausfinden, was in der Unterstadt geschieht. Und ich bitte Sie, entsprechende Nachforschungen in allen betroffenen Küstenregionen anstellen zu lassen.«

»Selbstverständlich. Und ich werde die Horden der Klatschreporter, die in Folkstone eingefallen sind, mit ein paar Märchen aus Tausendundeiner Nacht abspeisen.«

***

Übermütiges Gekläffe drang aus dem Wagen an Osbornes Ohren. Er traute seinen Augen nicht, als er die drei Promenadenmischungen entdeckte, die über die Polster der Rücksitze tobten und wütend gegen die Fenster bellten.

McMoughin stieg aus und schloss hastig die Tür.

»Die erste Lieferung«, sagte er mit einem sanften Grinsen. »Ich war im Tierheim in Eastbourne und habe sie für ein paar Pfund erstanden.«

»Ich glaube, ich verstehe, was du vorhast, Mac. Du willst sie als eine Art Frühwarnsystem benutzen.«

»In der Tat. Für uns stellen sie eine Lebensversicherung dar. Mit ihrer Hilfe können wir prüfen, wo es für uns gefährlich ist und wo nicht. Ich würde viel drum geben, wenn ich wüsste, was drunten in der Unterstadt vor sich geht. Randolph Carter war ein Mensch. Er denkt wie ein Mensch. Mit Sicherheit verfolgt er einen Plan, der alle Schwächen und Stärken der Menschen berücksichtigt. Hier.«

Er drückte dem Lehrer drei Hundeleinen in die Hand, ging zum Kofferraum und lud drei geflochtene Körbe aus.

»Die Ausstattung für den Zirkus habe ich gleich mitgekauft.« Osborne öffnete den Fond und wehrte die zudringliche Bagage erst einmal mit den Händen ab. Nacheinander legte er jedem ein Halsband um, dann zog er die drei Tiere aus dem Wagen und schaffte sie in den Hausflur. Mrs. Higgins erschien im Treppenhaus und machte ihrem Unmut über den Lärm Luft.

»Beruhigen Sie sich, gute Frau«, rief Phil empor.

»Ach, Sie sind es, Mister Osborne. Was ist mit Ihrem Hund? O nein, das sind ja regelrechte Horden.« Sie spähte zwischen den Treppengeländern herab. »O heilige Mutter Gottes. Wo wollen Sie mit den vielen Tieren hin?«

»Keine Angst. Es handelt sich nur um eine vorübergehende Einquartierung im Auftrag von Sergeant Hannigan.«

»Dann ist es gut. Der Sergeant weiß, was er tut.«

Sie verschwand wieder in ihrer Wohnung, und die beiden Männer schafften die Tiere eine Treppe nach oben. Floyd winselte bereits und kratzte von innen an der Tür.

»Ja, ist schon gut. Braver Kerl.« Osborne schloss die Tür auf und ließ den Setter auf die drei Konkurrenten los. Floyd benahm sich manierlich, beschnupperte sie bloß. Als sie in die Wohnung einmarschierten, duldete er es. Lediglich, als sie seinem Korb zu nahe kamen, knurrte er und wies sie in ihre Schranken.

Osborne verteilte die neuen Körbe gleichmäßig in Küche und Flur, dann setzte er sich zu seinem Gast. Die drei Mischlinge erkundeten die Wohnung, immer die Schnauzen am Boden. Floyd beobachtete sie gelangweilt. In ihm gab es keinen Zweifel darüber, dass die drei nur auf Besuch weilten.

McMoughin hielt einen Zettel in der Hand und musterte ihn eingehend.

»Hier habe ich die Aufstellung eures Direktors vom letzten Schultag«, sagte er. »Über ein Dutzend Kinder aus der Unterstadt waren nicht zum Unterricht erschienen. Es wäre sinnvoll, wenn wir die Kinder den einzelnen Familien und vor allem den einzelnen Häusern und Hütten zuordnen würden, damit wir wissen, welche bereits von den Vorgängen betroffen sind. Ich werde mit dem Sergeant sprechen, damit die Küstenwache verstärkt nach Toten Ausschau hält, die ins offene Meer hinaustreiben. Sobald wir den Kreis der Betroffenen einigermaßen eingegrenzt haben, lassen sich vielleicht Rückschlüsse darauf ziehen, wer als nächster an die Reihe kommt. Das ist ein Anhaltspunkt, der es uns ermöglicht, gezielte Erkundungen vorzunehmen. Eines steht fest. Den Basaltfelsen an der Steilküste halten wir uns fern. Dort befindet sich das Versteck mindestens eines Shoggoten. Wie viele es insgesamt sind, werden wir herausfinden.«

»Wie groß ist die Gefahr, in die wir uns begeben, Mac?«

»Da wir nur am Tag oder bis höchstens zum Beginn der Abenddämmerung operieren, ist sie ziemlich gering. Shoggoten sind tags fast blind und müssen sich allein auf ihren Geruchssinn verlassen. Dieser ist durch die veränderte Oberfläche des Planeten zusätzlich beeinträchtigt. Diese Wesen wissen nicht, ob sie sich auf der richtigen Welt befinden. Lediglich tief unten auf dem Meeresgrund scheinen sie die Anwesenheit der GROSSEN ALTEN in ihren Gefängnissen zu spüren. Hier oben sind sie mehr oder weniger desorientiert. Zumindest galt das bisher. Wie es unter dem Kommando von Randolph Carter steht, werden wir sehen. Ohne Cthuga sind wir sowieso hilflos.«

»Du willst ihn aufsuchen?«

»Ja. Sobald wir einen klaren Überblick haben, brechen wir auf. Der Sergeant will mir gegen Abend einen genauen Bericht von allen Küstenorten liefern einschließlich dessen, was sich bisher dort abgespielt hat. Bis dahin bleibt uns nur das Beobachten und Zusammentragen von Indizien.«

»Worauf müssen wir bei der Suche nach Indizien achten?«

»Auf alles, was anders ist, als du es kennst. Veränderte Verhaltensweise der Menschen und Tiere, falls es dort unten noch Tiere gibt. Unfreundliche oder gehemmte Menschen, die früher freundlich und gesprächig waren, sind ein Indiz. Der umgekehrte Fall auch. Unsympathen, die plötzlich überquellen vor Gesprächigkeit, bedeuten Gefahr. Du kannst es mit Tieren vergleichen, die die Tollwut haben und deshalb zutraulich sind. Ach, was mir einfällt, unsere Gäste haben noch kein Mittagessen erhalten. Würdest du freundlicherweise ...«

Seufzend machte sich Phil Osborne an die Arbeit. Er nahm von Floyds Vorräten und füllte drei kleine Schüsseln damit. Floyd erhielt nichts und steckte es lässig weg. Stolz thronte er draußen in seinem Korb und überwachte den allgemeinen Verzehr.

Sich Respekt zu verschaffen, fiel ihm nicht schwer. Schließlich überragte er seine Artgenossen um gut einen Kopf.

Der unerwartete Zuwachs im Haus sprach sich rasch herum, besonders in der Familie von Mrs. Higgins. Mike klingelte und fragte, ob er mit den Hunden Gassi gehen durfte.

»Dazu brauchst du aber eine Brille«, meinte Osborne mit gespieltem Ernst und deutete auf Mikes Nase, wo das gewohnte Nickelgestell fehlte. »Lässt sich das einrichten?«

»Aber natürlich. Ich mache mich sofort auf die Suche.«

Als er dann aufkreuzte, meldete er seine Augengläser noch immer als unauffindbar. McMoughin nahm es mit einem Schulterzucken zur Kenntnis. Er deutete auf die drei aus dem Tierheim.

»Einer von denen soll schon als Blindenhund gearbeitet haben. Welcher es ist, wirst du schnell herausfinden.«

***

Leichter Nebel lag über dem Wasser, fast wie Rauch, den der Meeresgott Poseidon an die Oberfläche gepustet hatte. In Wahrheit zählte er bestimmt zu den Nichtrauchern wie alle, die im Meer und darunter wohnten, von ein paar Feuerspeiern einmal abgesehen.

Irvin McMoughin blieb im Schatten eines der Gebäude stehen und musterte den Strand. Die fahle Helle des Mondes gewährleistete ausreichendes Licht für seine Beobachtungen. Der Hund aus dem Heim schnupperte aufgeregt und wendete beständig den Kopf hin und her.

»Ja, ja, du riechst ihn«, murmelte Mac. Er war heilfroh, dass er nur von einem kurzen Spaziergang zwecks Orientierung gesprochen hatte. Mit Mühe war es ihm gelungen, Osborne von der Notwendigkeit zu überzeugen, dass einer von ihnen beiden im Haus bleiben musste.

Von den Hütten am Strand trieb der Wind den Geruch von Fisch und Salz herüber.

McMoughin musterte nacheinander die Hütten. Osborne hatte ihm alles beschrieben, so dass er die Hütten den einzelnen Familien zuordnen konnte. Die Hütte rechts drüben mit dem Anbau gehörte Conway.

Eine Weile verharrte der alte Mann im Schatten des Hauses, dann gab er sich einen Ruck und trat hinaus in das Mondlicht. Er bog nach Westen in die Uferstraße ein und ging sie langsam entlang. Zweimal begegnete ihm Passanten. Beide, der Mann wie die Frau, hatten es furchtbar eilig, in ihre Häuser zu kommen. Sie rannten mehr als sie liefen, und Mac folgte ihren Bewegungen mit nachdenklichen Blicken. Es gab keinen Zweifel, dass hier unten im Geheimen etwas vor sich ging.

Es hatte mit Randolph Carter und dem Shoggoten zu tun. Und alle, die nicht in die Pläne des Verwandelten passten, bezahlten es mit ihrem Leben. Halloway, Benson und ein paar andere vielleicht. Bisher hatte das Meer keinen Toten angespült.

Er zwingt die Fischer und ihre Familien in seinen Bann, überlegte Mac. Es steckt eine bestimmte Absicht dahinter. Bloß welche?

Er blieb an einem Hauseingang stehen und musterte die Promenadenmischung zu seinen Füßen. Benny, wie er das Tier für sich getauft hatte, verhielt sich weitaus kooperativer als etwa Floyd. Er schnupperte und zog an der Leine, als gäbe es etwas Wichtiges zu entdecken.

Ein leises Weinen klang auf, mehr ein Schluchzen. Es kam von einem der Hauseingänge, und McMoughin setzte sich wieder in Bewegung und folgte dem Geräusch bis an sein Ziel.

Auf einer Treppe saß ein kleines Mädchen und heulte leise vor sich hin.

»Nanu«, flüsterte der alte Mann. »Was machst du hier draußen?« Er ließ Benny heran, damit das Mädchen den Hund streicheln konnte. »Warum weinst du eigentlich?«

»Ich habe keine Freunde mehr. Alle sind weg. Niemand darf mehr zu mir kommen, und meine Eltern lassen mich nicht mehr zu ihnen.«

»Vielleicht haben deine Spielkameraden in den Hütten und den anderen Häusern alle die Masern bekommen«, meinte McMoughin leise. »Dann dauert es nicht mehr lange, bis du wieder mit ihnen spielen kannst.«

»Nein, es ist für immer. Das weiß ich ganz genau.«

»Wer hat es dir gesagt?«

»Meine Eltern haben darüber gesprochen.«

Drinnen im Haus erklangen hastige Schritte. Ein Mann riss die Tür auf und starrte den Alten an. Dann bückte er sich, riss die Kleine an sich und zog sich in den Hauseingang zurück.

»Sie sind Billington, nicht wahr? Ich heiße Irvin McMoughin und bin ein Großonkel von Mister Osborne«, stellte der alte Mann sich vor. »Sie brauchen keine Angst zu haben. Ich führe hier nur meinen Hund spazieren.«

»Verschwinden Sie bloß«, fauchte der Mann. Er war noch jung, etwa in Osbornes Alter. »Sie haben hier nichts zu suchen. Das Leben ist schon schwer genug. Oder denken Sie, wir bekommen nicht mit, was gespielt wird? Alles hier unten zerfällt. Unser Leben ändert sich über Nacht. Alte Freunde sind plötzlich keine mehr, man kann dem Nachbarn nicht mehr trauen.«

Benny schnupperte an Billingtons Schuhen und zeigte keinerlei Scheu.

»Hören Sie, ich weiß nicht, was genau in der Unterstadt vor sich geht. Aber nehmen Sie einen guten Rat von mir an. Verschwinden Sie sofort mit ihrer ganzen Familie. Lassen Sie Ihre Habseligkeiten zurück. Die stiehlt Ihnen keiner. Aber bringen Sie sich in Sicherheit. Haben Sie nicht in der Oberstadt eine Schwester?«

»Sie haben recht. Genau das werde ich tun.«

Er verschwand mit dem Mädchen nach innen, und wenig später kehrte er mit seiner Frau und einem zweiten Kind zurück. Frau Billington trug einen Käfig mit einem Wellensittich. Billington sperrte die Haustür zu, dann eilte die Familie davon und an der nächsten Abzweigung hinauf in die Oberstadt.

McMoughin blickte ihnen eine Weile nach, bis er das Klappern ihrer Schuhe auf dem Kopfsteinpflaster nicht mehr hörte. Erst viel später erfuhr er, dass Billington und seine Familie als einzige unter den Fischern vom Grauen verschont geblieben waren.

McMoughin nahm Benny kurz und zerrte ihn über die Straße. Der Mischling begann zu sperren, und als sie sich

Conways Hütte noch weiter näherten, verweigerte er. Erste Schwaden des üblen Gestanks wehten heran, den Mac seit sechsundsechzig Jahren kannte. Shoggotengestank.

Diesmal allerdings wirkte er dezenter, nicht so intensiv und daher weniger Übelkeit erregend. Der Gestank Randolph Carters. Der Verwandelte befand sich in der Nähe, vermutlich in Conways Hütte.

McMoughin schätzte seine Chancen ein, gegen dieses Wesen zu bestehen. Körperlich hatte er trotz der Elastizität und Muskelkraft eines jungen Menschen keine Chance. Carter konnte ihn mit einem einzigen Schlag eines Tentakels töten, wie er es bei Halloway getan hatte. Niemand anders kam für den Tod des Mannes in Frage.

Mac musste es anders versuchen. Er wertete all sein Wissen aus und gelangte zu dem Ergebnis, dass es nur einen sinnvollen Weg gab.

Randolph Carter dachte nach wie vor wie ein Mensch. Das unterschied ihn von den anderen, tumben Dienern der GROSSEN ALTEN. Wahrscheinlich verfügte er auch über seine Erinnerung, und da musste McMoughin ansetzen. Gleichzeitig musste er darauf bedacht sein, den Abstand zwischen sich und Carter nicht zu klein werden zu lassen. Wenn die tierischen Instinkte in dem Wesen die Oberhand gewannen, dann wurde es für Irvin McMoughin lebensgefährlich.

McMoughin gab Benny Leine und trat an das rostige Geländer, das die Uferstraße vom Strandareal trennte.

»Randolph Carter!«, schrie er. »Zeige dich. Du kannst deine Anwesenheit nicht verheimlichen. Man riecht dich Meilen gegen den Wind!«

Totenstille kehrte ein. Die letzten Geräusche in den Hütten hörten übergangslos auf. Der gesamte Strand schien den Atem anzuhalten.

»Randolph Carter«, wiederholte Mac laut. »Ich weiß, dass du da bist. Komm heraus.«

In einem der Häuser an der Uferstraße schloss jemand hastig ein Fenster. An Conways Hütte quietschte die Tür. Der Fischer trat heraus in das Mondlicht und beschattete mit der Hand die Stirn.

»Was faseln Sie da?«, rief er. »Wer sind Sie überhaupt? Hier wohnt kein Randolph Carter. Ich bin Conway, und da drüben, das sind die Hütten von Leister, Denmore, Howard und Phibbs.«

»Ich will Randolph Carter sehen. Der Mörder von Ben Halloway soll sich zeigen. Ben war dein Freund. Hast du das schon vergessen, Kreatur der Tiefe?«

»Halten Sie den Mund. Sie machen denselben Fehler wie Ben auch. Ich kann Sie nicht schützen. Verschwinden Sie, oder ich mache Ihnen Beine.«

Er bückte sich, hob einen Stein auf und warf ihn nach McMoughin. Dieser wich geschickt aus und lachte. Er legte die Hände an den Mund und wandte sich wieder der Hütte zu.

»Meredith, hier steht Jeremy Stafford.«

Meredith war der Name Carters in Yogh gewesen, als sich seine Verwandlung zur Hälfte vollzogen hatte.

Ein Brausen klang auf, dann splitterte Holz. Etwas Schwarzes brach durch die Rückwand der Hütte, durchpflügte das Gemisch aus Kieselsteinen und Sand und raste an dem verdutzten Conway vorbei in Richtung Meer. Dort zog es eine tiefe Spur durch die Brandung und kehrte dann ebenso schnell wieder zurück. Es verschmolz mit dem Schatten der Hütte.

Ein Zischeln war zu hören. Kaum verständlich formten ungelenke Sprechwerkzeuge menschliche Worte.

»Du bist nicht Stafford.«

»Natürlich nicht. Denn Stafford ist seit über hundert Jahren tot. Aber du lebst. Und Stafford und sein Diener Barclay haben dir einst das Leben gerettet. Hast du es schon vergessen?«

»Du redest irre. Niemand hat mich gerettet. Es war umgekehrt. Dafür haben die beiden Yogh zerstört und 'UMR AT-TAWIL vernichtet. Noch hat die Menschheit nicht für dieses Verbrechen gebüßt. Aber die Zeit ist nahe ...«

»Erinnere dich. Du bist Meredith. Als du an den Strand gespült wurdest, warst du wieder der Mensch Randolph Carter. Erst zwei Jahre später hat dich das Schicksal endgültig ereilt. Diesmal gab es keinen Bridge-Freund, der dir helfen konnte. Stafford befand sich in Europa. Was willst du hier, Meredith?«

Die Gestalt im Schatten der Hütte wand sich wie ein Wurm. Die nichtmenschliche Bewegungen jagten Mac einen regelrechten Schauder ein. Das vermummte Wesen dort unten hatte äußerlich nichts mehr mit einem Menschen gemeinsam, und ein Inder war es schon gar nicht.

»Verschwinde, ehe ich dich töte«, blubberte die Stimme. »Ich kenne keinen Meredith.«

Irvin McMoughin zog sich langsam von dem Geländer zurück und wanderte die Uferstraße entlang. Er hielt den Kopf leicht schief und beobachtete die Gestalt. Sie drückte sich noch enger in den Schatten der Hütte.

»Meredith!«, rief er laut. »Komm zu mir, Meredith!«

Randolph Carter floh in die Hütte. Conway drohte mit der Faust zu ihm herüber und schlug von innen die Tür zu.

McMoughin atmete auf. Er machte auf dem Absatz kehrt und nahm den Weg in die Oberstadt, den er gekommen war. Hinter ihm blieb alles still. Kein Radio spielte, kein Fernseher lief. Niemand redete oder lachte. Die Unterstadt hatte sich in einen Friedhof verwandelt.

***

»Gott seid Dank«, flüsterte Osborne und schob die Wohnungstür ganz auf. »Ich habe mir Sorgen gemacht.«

»Keine Bange, Phil. Dank der langen Zeit mit Cthuga kann ich mich gut in die Psyche eines solchen Wesens versetzen. Du wirst es nicht glauben, ich habe mit Randolph Carter gesprochen. Er hat angebissen. Er weiß jetzt, dass er in mir einen ernstzunehmenden Gegner besitzt. Wie gefährlich ich wirklich bin, kann er nicht erkennen. Er besitzt keine Informationen über Cthuga und mich. Er wird versuchen, an mich heranzukommen. Er wird versuchen, uns alle einzukreisen und uns keine Fluchtmöglichkeit zu lassen. Er wird den Shoggote rufen und auf uns hetzen. Dieser gehorcht ihm blind und dient ihm als Alibi und zur Beruhigung seines schlechten Gewissens. Und wenn er dieses bisher verdrängt hat, so habe ich es mit der Nennung des Namens Meredith wieder geweckt.«

»Ich verstehe nur die Hälfte«, murmelte Osborne und warf einen Blick hinauf ins Treppenhaus. Dort geisterte der Lichtstrahl einer Taschenlampe herum.

»Mike, bist du das?«

Der Junge kam die Treppe herunter. Zum Erstaunen der beiden Männer trug er seine Brille.

»Es ist also wahr, was in der Stadt gemunkelt wird«, sagte er. »Sieht dieser Carter wirklich aus wie ein Inder?«

»Er sieht gar nicht aus. Am besten stellst du ihn dir als Gespenst in Kleidern vor, Junge. Er verfügt über übermenschliche Kräfte, und er hat Ben Halloway umgebracht. Und den alten Benson hat er auch auf dem Gewissen und vielleicht noch viele andere. In seiner Nähe bewegt sich ein riesiges Monstrum aus der Tiefe des Meeres. Geh nie mehr hinunter an den Strand, solange dort unten die Gefahr lauert.«

»Klabautermänner und riesige Kraken gibt es hier vor der Küste in jedem Jahrhundert«, erwiderte Mike. »Manchmal machten sich beherzte Männer auf und bekämpften sie bis zu deren Vertreibung oder bis zum eigenen Untergang. Einer der berühmtesten soll im neunzehnten Jahrhundert ein Mann mit einer weißen, gezackten Stirnlocke gewesen sein, den sie den Hexer nannten. Man hat bis ins vergangene Jahrhundert von ihm gehört, aber seither schweigen die Mythen.«

»Im Unterschied zu Randolph Carter war er vermutlich eine Sagengestalt«, überlegte McMoughin. »Höre, Mike. Hier wird es möglicherweise bald gefährlich. Möchtest du nicht mit deiner Mutter für eine Weile aufs Land fahren? Zu Verwandten vielleicht?«

»Sie scherzen, Sir. Gefährlicher als in der Nacht vor drei Tagen kann es auch nicht werden.«

Phil Osborne zog die Stirn kraus. »Was war in dieser Nacht?«

»Da schlich ein fürchterliches Ungeheuer durch die Aviemore Road. Es krümmte sich, stöhnte und schmatzte. Ich wurde wach, weil es draußen fürchterlich stank. Als ich ans Fenster trat und es schließen wollte, stockte mir das Blut in den Adern. Es war ein übler Tra... Was haben Sie?«

McMoughin packte den Jungen am Arm.

»Wie groß war das Ding?«, flüsterte er. »Kannst du dich erinnern?«

»Ganz bestimmt. Damit ich sie nicht auch nachts verlege, trug ich im Bett meine Brille. Das Monstrum war etwa vier Yards lang, nein mehr. Sechs Yards. Und fast so breit wie die Straße. Ein paar Katzen flohen kreischend, aber es holte sie ein und schlug sie tot. Sir, je länger ich darüber nachdenke, desto eher denke ich, dass es doch ein Traum gewesen sein muss.«

»Es war kein Traum«, sagte Osborne heftig. »Ich schloss das Fenster, weil ich den Gestank ebenfalls roch. Allerdings ging ich irgendwann zu Bett und schlief ein, so dass ich das Erscheinen des Monsters versäumt habe.«

»Es war ein Shoggote. Vermutlich derselbe, der Conways Boot zerschmettert und den Fischer zu Randolph Carter gebracht hat«, klärte McMoughin Mike auf. »Dass er durch die Aviemore Road kroch, bedeutet Gefahr. Shoggoten besitzen einen empfindlichen Geruchssinn. Alles, was sich von ihrem eigenen, penetranten Gestank unterscheidet, nehmen sie wahr. Der Shoggote hat dich gerochen, Phil, als du Zeuge seines Überfalls auf das Boot wurdest. Oder vielleicht ...« Er wandte den Kopf und starrte in die Wohnung hinein auf Floyd. »Wahrscheinlicher ist, dass er trotz Gegenwind die Witterung deines Hundes aufgenommen hat und sich auf die Suche nach ihm gemacht hat. Der Shoggote weiß nicht, dass ein Hund ein Tier ist, von dem ihm keine Gefahr droht. Er betrachtet alle Wesen, die nichts von Seinesgleichen an sich haben, grundsätzlich als Feinde, die er töten muss. Ja, ich bin sicher, er hat Floyd gesucht und weiß, wo dieser zu Hause ist. Das führt zu einer Änderung unserer Pläne. Ich werde morgen Vormittag ins Police Office fahren.«

***

Die Wände fluoreszierten und warfen einen gespenstischen Schein auf die Männer und Frauen. Kinder weinten, und sanfte Stimmen versuchten, sie zu beruhigen. Dazwischen erklangen Rufe des Zorns und des Ärgers. Ein gellender Schrei durchdrang die engen Schründe und hallte als zehnfaches Echo wider.

»Macht weiter«, hörten sie die Stimme Conways. »Bald erreichen wir Lager Zwei. Dort warten Lebensmittel auf uns und alles, was wir sonst noch brauchen.«

Die Karawane setzte sich in Bewegung, langsam erst, dann immer schneller. Conway eilte voraus, stolperte über das Geröll abwärts und schloss zu dem Schatten auf, der ihnen stumm vorauseilte.

»Herr«, sagte er. »Wir schaffen es nicht. Sie brauchen alle ihren Trank. Ohne ihn verlieren ihre Körper schnell die Kraft.«

Es waren die Worte, die Randolph Carter ihm immer wieder eingeschärft hatte.

»Nimm das. Treibe sie an. Setze dich an den Schluss der Kolonne und vollbringe, wozu ich dich auserwählt habe.«

»Ja, Herr.« Der Vermummte streckte ihm einen schlanken Stab entgegen, der steif in seiner Hand lag. In seinem Innern pulsierte unbändiges Leben. Voller Grauen hielt Conway das Ding in der Hand. Nur das Vertrauen zu Carter bewirkte, dass er den Gegenstand nicht von sich warf.

Der Fischer ließ sich zurückfallen. Er verzichtete darauf, ein Stück empor in die Höhe zu steigen. Er ließ sie alle an sich vorbei. Dann hob er den Stab empor.

»Beeilt euch. Geht schneller. Es ist hell genug.«

»Die Kinder können nicht mehr.«

»Tragt sie. Los, los.«

Der Stab in seiner Hand erwachte zum Leben. Er wand sich wie eine Schlange, und diese schillerte in blauem Licht und versprühte Funken. Ein Strom aus winzigen Lichtpartikeln ergoss sich über die Gruppe. Er ließ die Haare zu Berge stehen und jagte jedem einen Schauer aus winzigen elektrischen Schlägen über den Körper. Die Kinder begannen erneut zu jammern und zu schreien, aber es half alles nichts. Sie mussten vorwärts, ob sie wollten oder nicht.

Conway trieb sie, und seine Methode bewährte sich. Gleichzeitig begann er sich zu fragen, wozu er das alles tat. War es wirklich sinnvoll, dass sie sich so quälten? Im nächsten Augenblick verdrängte er die Zweifel wieder und trieb sie verbissener an als je zuvor.

Sie erreichten Lager Zwei eine Stunde später als vorgesehen, und Randolph Carter ließ zwei Reihen bilden. Als erstes empfingen sie Trinkwasser und Brot, dann ein wenig geräucherten Fisch und etwas Whiskey. Danach folgte das schwarze Sirup. Es stärkte und festigte sie tausendmal mehr als das bisschen Nahrung.

»Bis zum nächsten Lager sind es eineinhalb Stunden«, zischelte es unter der Vermummung hervor. »Diesmal muss es schneller gehen.«

»Wie lange noch?«, fragte Conway leiser.

»Ein paar Stunden. Nach deinen Maßstäben befinden wir uns in eineinhalb Kilometern Tiefe. Du spürst es, denn es wird immer wärmer. Die Felsen der Küste sind zerklüftet und besitzen viele Risse und Spalten, ein verzweigtes System, das weit in die Tiefe reicht und gut durchlüftet ist. Wir nutzen es und kommen unserem Ziel dadurch rasch näher.«

»Die Verpflegung wird nicht lange halten, Herr.«

»Das lass meine Sorge sein. Ich lege die Strecke bis an die Oberfläche in kurzer Zeit zurück und bringe alles herbei, was nötig ist. Niemand wird verhungern.«

»Es ist gut.«

Sie rasteten zehn Minuten, dann trieb das unheimliche Wesen namens Randolph Carter sie wieder zu äußersten Leistungen an. Die Kinder schwiegen. Das schwarze Sirup stärkte auch sie und überdeckte den schlimmen Zustand, in dem sie sich befanden. Ein zu intensiver Genuss des geheimnisvollen Saftes ließ ihre Gehirne vertrocknen, doch das erfuhren die Menschen nicht. Selbst Conway handelte in gutem Glauben. Wie alle anderen besaß er keinen freien Willen mehr.

Weiter ging es abwärts, stets begleitet vom Leuchten an den feuchten Basaltwänden. Schürfwunden und verstauchte Zehen ignorierten die Menschen, spürten die Verletzungen nicht einmal richtig. Wie Marionetten rannten sie hinter ihrem Herrn und Meister her. Conway hielt sich am Schluss und trug noch immer den Stab. Vorsichtig hielt er ihn zwischen den Fingern, und ab und zu warf er einen scheuen Blick auf das seltsame Ding, von dem er nicht wusste, ob es sich um einen Gegenstand oder ein Lebewesen handelte.

Nach der Zeitrechnung an der Oberfläche war es gegen Morgen, als sie das vierte Lager erreichten. Das Gezischel Carters wurde lauter und eindringlicher. Nach seinen Worten befanden sie sich unmittelbar vor dem Ziel.

Wirkungsstätte, Lebensaufgabe, das waren Worte, die sich mit diesem Ziel verknüpften. Zum ersten Mal verspürten sie so etwas wie das Gefühl, wirklich wichtig im Leben dieses Planeten zu sein. Bisher hatte sich ihr Dasein in einem immerwährenden Gleichstand erschöpft, jeden Tag dieselbe Arbeit, jeden Tag dieselben Gedanken. Enttäuschung über einen schlechten Fang überwog an den meisten Tagen des Jahres. Daheim weinten die Kinder und schimpfte die Frau.

Und jetzt galt das alles nichts mehr. Die Alltagssorgen versanken in ewiger Bedeutungslosigkeit, und zu dieser Erkenntnis bedurfte es keines einzigen Wortes von Randolph Carter. Sie akzeptierten ihn als ihren Führer, legten ihr Schicksal in seine Hand und fühlten sich übergangslos besser.

Wieder tranken sie vom Saft der Erkenntnis und aßen die Früchte eines Baumes, den sie nicht kannten und der nach Aussage Randolph Carters irgendwo in den Tiefen unter den Ozeanen wuchs. Dass es dort Leben geben sollte, bisher hätte sich ihr Verstand geweigert, so etwas auch nur zu vermuten.

Jetzt, wo er es sagte, übernahmen sie es ungeprüft und machten es zu ihrem eigenen Wissensgut.

Jemand summte eine Melodie, leise und schwermütig, dunkel und irgendwie anregend. Bald summten viele die Melodie mit, und sie nahm endgültige Gestalt an, steigerte sich gegen Schluss zu einem hellen Jubelton und glitt übergangslos in den dunklen, getragenen Anfang über, ein immerwährendes Lied, das sie in nächster Zeit und vielleicht bis in alle Ewigkeit begleiten würde.

Randolph Carter hatte vorgesorgt. Sie fanden Pickel, Schaufel und Spaten, Hämmer und große Meißel. Ein riesiges Materiallager erwartete sie, und sie bedienten sich. Die Kinder blieben ein Stück oberhalb zurück, während die Männer und Frauen unter Carters Führung die letzten hundert Yards bis zum Ende des Felsenrisses zurücklegten.

Sie begannen zu schuften. Unter der Kraft des schwarzen Sirups entfalteten sie ungeahnte Emsigkeit, trieben Keile in die Felsen, schlugen bereits bestehende Risse zu breiten Spalten aus und schafften den Abraum ein Stück zur Seite. Sie arbeiteten unermüdlich, und als Randolph Carter ihnen die erste Pause gewährte, da waren nach Conways Armbanduhr zwanzig Stunden vergangen. Wenig später ging die Uhr kaputt, und der Fischer verlor endgültig sein Zeitgefühl.

Wieder nahmen sie Wasser und Nahrung zu sich, meistens aber den schwarzen Trank der Glückseligkeit.

»Ihr werdet reich belohnt werden«, zischte Randolph Carter und wiederholte sich mehrmals, ehe einer ihn verstand. »Ihr werdet das größte Wunder dieser Welt sehen, und es wird euch glücklich machen und euch einsetzen als Verwalter des Planeten. Ihr werdet ihn sehen und befreien. Yogh-Sothoth, der Alles-in-Einem, das Tor und der Schlüssel und Öffner aller Wege. Eure Aufgabe ist es, ihn zu erlösen.«

***

Irvin McMoughin wurde kreidebleich.

»Sagen Sie das nochmals«, forderte er den Sergeant auf. »Die Hütte über der Steilküste ist seit heute Nachmittag an zwei junge Damen vermietet?«

»So ist es. Haben Sie Bedenken?«

»Die Steilküste ist das Versteck des Shoggoten. Ich hätte sofort daran denken müssen, dass das Gelände weiträumig abgeriegelt wird. Rufen Sie sofort das Militär und veranlassen Sie alles Notwendige.«

»Geht in Ordnung, Sir. Ich werde mit dem Einsatzleiter draußen im Camp sprechen. Er soll eine der beiden Hundertschaften in Marsch setzen.«

Mac starrte zum Fenster hinaus. Wieder hatte sich die Nacht über Folkstone gesenkt. Es ging bereits auf zweiundzwanzig Uhr zu.

»Wir brauchen mehrere Flammenwerfer. Feuer ist die einzige Möglichkeit, diese Wesen im Zaum zu halten. Sehen Sie mich nicht an wie ein Gespenst, Sergeant. Denken Sie daran, dass ich sechsundsechzig Jahre Erfahrung mit diesen Kreaturen habe. Cthuga hat mich alles gelehrt, was er über die GROSSEN ALTEN und ihre Diener weiß. Und ich habe ihm alles beigebracht, was es auf dieser Welt gibt.

Ich habe ihm gezeigt, wie die Menschen leben und warum sie etwas tun. Und dass sie Probleme haben, mit der Natur zu leben und nicht gegen sie. Um wieviel besser haben es die Shoggoten. Sie brauchen sich keine Gedanken zu machen über das, was richtig ist oder nicht. Bei den Menschen ist es anders, und es käme einem Massenmord gleich, sie zu willenlosen Dienern der GROSSEN ALTEN zu machen. Cthuga hat es begriffen, und er glaubt, dass dies ein ehernes Gesetz des Universums ist. Deshalb haben die ÄLTEREN GÖTTER die GROSSEN ALTEN durch das Universum gejagt und bestraft, weil sie permanent gegen dieses Gesetz verstoßen haben. Ziehen Sie die Schlussfolgerung daraus, was Cthuga angeht. Ich denke, wir haben langfristig einen wertvollen Verbündeten. Und jetzt kommen Sie. Wir wollen Vorsorge treffen. Phil, du begleitest mich hinaus zu der Hütte. Du kennst dich an den Klippen am besten aus. Und Sie, Sergeant, verständigen das Militär.«

Sie eilten hinaus und schwangen sich in McMoughins Wagen. Die Hunde begrüßten sie freudig.

»Freut euch nicht zu früh«, warnte Osborne Floyd und die drei Tiere aus dem Heim. »Das Frühwarnsystem wird gebraucht. Also zeigt, was in euch steckt.«

Mac lenkte den Wagen durch die Oberstadt und hinaus auf die 259. Mit dem Wagen waren es nur fünf, sechs Minuten bis zu der Stelle, an der die Zufahrt zur Blockhütte abzweigte.

Licht schimmerte ihnen zwischen den Bäumen entgegen. An der Blockhütte hatte es noch niemand für nötig befunden, die Fensterläden zu schließen.

»Die Hunde, schnell«, flüsterte Mac. Er schaltete den Motor aus und ließ den Wagen die letzten fünfzig Yards rollen. Dann bremste er abrupt ab und schaltete die

Scheinwerfer aus. Osborne stieß die Wagentür auf und ließ die Hunde ins Freie. Der Mond stand tief am Himmel und warf seinen fahlen Schein zwischen die Büsche und Bäume. Floyd duckte sich. Der Setter nahm Witterung auf und rannte dann in langen Sätzen auf die Hütte zu, so weit, wie die Leine ihn ließ. Die drei Hunde aus dem Heim hetzten hinter ihm her, und Mac, der Phil die Leinen abnahm, wurde fast von ihnen fortgerissen.

Hinter einem der Fenster zeichnete sich der Schatten einer Frau ab.

Atemlos erreichten sie die Blockhütte, und McMoughin klopfte.

»Wer ist da?«, klang es von innen. »Es ist schon spät, und wir erwarten niemanden.«

»Hier ist Irvin McMoughin im Auftrag von Sergeant Hannigan aus Folkstone.«

Ein Riegel kreischte. Vorsichtig öffnete sich die Tür einen Spalt. Eine junge Frau mit blonden Haaren und in einem duftigen Negligé spähte heraus. Sie musterte die beiden Männer mit den Hunden.

»Was wünschen Sie?«

»Sie befinden sich in Gefahr«, sagte McMoughin rasch. »Diese Hütte ist nicht mehr sicher. Ihr Leben ist bedroht, wenn Sie hierbleiben. In zehn bis fünfzehn Minuten trifft eine Hundertschaft des Militärs ein und riegelt das Gelände um die Steilküste weiträumig ab.«

»Ein Erdbeben?« Die Frau blickte ungläubig zwischen den beiden Männern hin und her. Der Alte schüttelte energisch den Kopf.

»Kein Erdbeben, aber poröses Gestein. Die Felsen brechen ab, Madam«, sagte er, um irgendetwas zu sagen. Die Wahrheit hätte sie sowieso nicht geglaubt. »Es besteht die Möglichkeit, dass die Hütte innerhalb der nächsten Stunde mitsamt dem Untergrund ins Meer stürzt. Wir möchten Sie bitten, Ihre Sachen zu packen und mit uns hinein nach Folkstone zu fahren. Sie werden dort in einem netten kleinen Hotel Unterkunft finden.«

Eine zweite, dunkelhaarige Frau trat aus einem der Zimmer. Auch sie trug ein Negligé. Die beiden jungen Damen wollten sich offensichtlich zur Nachtruhe begeben.

»Lass dir keinen Bären aufbinden, Belinda. Das sind zwei Schlitzohren. Die wollen die Hütte vermutlich für sich. Und wir sitzen auf der Straße. Verschwinden Sie. Sonst holen wir die Polizei.«

»Wir sind so etwas wie die Polizei«, sagte McMoughin. »Aber bitte, wenn Sie nicht wollen. Wir können Sie nicht zwingen.«

Floyd winselte und zog den Schwanz ein. Gleichzeitig trieben erste Schwaden des ekelerregenden Gestanks zur Hütte herüber.

»Scheren Sie sich fort«, rief die Dunkelhaarige. »Wir sind kein Freiwild.«

Sie schlug den beiden Männern die Tür vor der Nase zu. Phil und Mac starrten sich an.

»Was jetzt?«, wollte Osborne wissen.

»Es gibt Situationen im Leben, gegen die kann man nichts tun. Los, hinter die Hütte. Ich sehe einen Schatten.«

Die Hunde ließen sich nur zu gern in Deckung ziehen. Sie winselten leise vor sich hin, und schließlich nahm Osborne alle vier und schaffte sie in den Wagen.

Der Shoggote kam. Er kroch die Steilwand empor, klebte in den Schründen und an den Kanten und streckte seine Tentakel herauf. Mit jedem Ruck wuchs der Schatten in die Höhe, und schließlich lag das Ungeheuer auf dem mageren Grasboden und schob sich mit zuckenden Bewegungen seinem Ziel entgegen.

Mac trat an eines der Fenster und klopfte.

»Werfen Sie gefälligst einen Blick in Richtung Steilküste. Dort kriecht etwas auf Sie zu, vor dem Sie sich nicht schützen können.«

Eine der Frauen trat in das Zimmer, zeigte ihm den Vogel und zog die Vorhänge zu.

»Verdammt.« McMoughin kauerte sich neben Osborne hinter ein Gebüsch. »Was denken die eigentlich, was wir hier machen? Versteckte Kamera, oder was? Hoffentlich kommt bald die Verstärkung. Wir brauchen Flammenwerfer.«

Der Shoggote kroch heran. Dreihundert Yards etwa waren es bis zur Blockhütte, und er brauchte nur wenige Minuten für die Strecke. Immer wieder lauschten die beiden Männer nach hinten, ob sie nicht die Geräusche der nahenden Militärfahrzeuge hörten. Der Gestank wurde immer penetranter, und Phil Osborne holte ein Taschentuch hervor und hielt es sich vor die Nase.

Das Schmatzen des fürchterlichen Wesens nahm zu. Es streckte seine Tentakel nach der Blockhütte aus und hob zwei davon langsam empor. Dann ließ es sich wie Peitschen auf die Hütte herabsausen. Von der Anwesenheit der beiden Männer hinter der Hütte bemerkte es nichts. Der Wind wehte vom Meer her und verhinderte, dass das Ungetüm Witterung bekam. Die Hunde im Wagen verhielten sich mucksmäuschenstill und rührten sich nicht.

Die Hütte erbebte. Der erste Schlag brach an zwei Stellen das Dach auseinander. Schindeln flogen umher, zersplitterte Bretter und Balken wirbelten durch die Luft. Von drinnen drangen zwei Schreie an die Ohren der beiden Männer. McMoughin richtete sich neben Osborne auf und gab ihm einen Wink. Sie huschten zum Fenster, und der Alte klammerte sich am Rahmen fest. Mit dem Stiefel trat er eine der Scheiben ein, während weitere Schläge der Tentakel das Dach spalteten und die Hütte zum Wanken brachten. Hastig griff Mac nach innen zum Griff und öffnete das Fenster. Mit einem Schwung landete er drinnen auf dem Dielenboden. Osborne folgte, und sie eilten auf den Durchgang zu den vorderen Zimmern zu. Die Decke über ihnen brach auseinander, Holz und Dreck fielen herab und zertrümmerten die Einrichtung.

Die Blonde tauchte unter der Tür auf. Sie hielt ein Krummschwert in der Hand, vermutlich gehörte es zur Einrichtung der Hütte. Sie schlug nach McMoughin und schlitzte ihm einen Hemdsärmel auf. Er wich hastig zurück und bahnte sich einen Weg durch die Trümmer. Osborne gab ihm Deckung. Er riss ein Stück Bohle an sich und wehrte den nächsten Schlag ab.

»Raus hier«, brüllte er die Frau an. »Haben Sie noch immer nicht begriffen?«

So schnell es ging, brachten sie sich in Sicherheit. Drinnen verschwand die Blonde wieder in den vorderen Teil der Hütte, und gleichzeitig erfolgte der nächste Angriff des Shoggoten. Er brachte die Hütte endgültig zum Einsturz. Es zischte, und eine Stichflamme aus einer beschädigten Gasflasche schoss in die Höhe.

Osborne rannte neben McMoughin zum Wagen. Sie warfen sich hinein, und der Alte startete den Wagen und jagte ihn rückwärts von der Hütte weg in Richtung Straße. Die Hütte stand jetzt hell in Flammen, und sie sahen, wie der Shoggote sich hastig in Richtung Steilhang zurückzog. Das Feuer hatte ihn offensichtlich überrascht.

An der Straße machte McMoughin halt und schaltete für ein paar Augenblicke die Innenbeleuchtung ein. Tränen standen in seinen Augen.

»Ich gebe mir die Schuld«, flüsterte er. »Wenn ich nur früher daran gedacht hätte.«

»Du wirst langsam alt, oder? Niemand macht dir einen Vorwurf. Auch ich hätte es berücksichtigen müssen. Denn schließlich wussten wir, dass der Shoggote hier sein Versteck hat. Die beiden Frauen hätten es sich vermutlich trotz eines Verbots in der Blockhütte gemütlich gemacht. Schließlich hatten sie sie gebucht.«

»Als ich in deinem Alter war, Phil, geschah die Sache mit Cloughleys Hof. Damals hatte ich eine Freundin, Mona hieß sie. Sie verhielt sich ähnlich. Hysterisch vor Eifersucht glaubte sie mir kein Wort. Als ich ihr die Bilder zeigen wollte, um sie über das zu informieren, was ich erlebt hatte, schlug sie sie mir aus der Hand. Seit jener Zeit hasse ich nichts mehr als Dummheit und Hysterie. Und der Gedanke, dass die beiden Frauen noch am Leben wären, wenn wir Gewalt angewendet hätten, ist mir unerträglich.«

»Wir haben versucht, sie zu retten. Es ist uns nicht gelungen. Mehr konnten wir nicht tun, Mac. Wir werden auch in Zukunft nicht mehr tun können.«

»Doch. Mit Flammenwerfern können wir den Shoggoten in Schach halten. Ob es bei Randolph Carter gelingt, weiß ich nicht. Aber kein Erfolg nützt etwas, solange Cthuga nicht hilft. Er wartet auf seiner einsamen Insel vor der schottischen Nordwestküste. Wir brechen noch vor dem Morgengrauen dorthin auf. Aber zuvor sorgen wir dafür, dass die Bewohner des Hauses sowie die Hunde in Sicherheit gebracht werden.«

Das Brummen von Motoren kündigte das Eintreffen der Soldaten an. Viel blieb für sie nicht übrig, und sie waren vermutlich ganz froh darüber. Von dem Shoggoten bekamen sie nichts mehr mit. Er hatte sich zwischen die Klippen ins Meer zurückgezogen.

***

Hoch peitschten die Wellen über das Bord des kleinen Kutters. Der Mann am Steuer schwitzte vor Anstrengung, aber er kannte die Passage wie seine Westentasche. Etliche Dutzend Male in den letzten Jahren hatte er Irvin McMoughin zu der Insel gebracht, geduldig gewartet und ihn wieder mit sich genommen, zurück nach Badenscallie. Links und rechts wanderten zerklüftete Felsen vorbei, jede eine Insel der Summer Isles. Die beiden Männer in der kleinen Kabine unter Deck schielten zu den Bullaugen hinaus. Der Kutter schaukelte wild hin und her, und Osborne rieb sich die Magengegend.

»Wir sind gleich da, Phil. Ich erkenne die Formationen da drüben. Dahinter weichen die Felsen zurück und geben den Blick auf Golougher Island frei. Das ist unser Ziel.«

Über eine halbe Stunde stampfte der Kutter noch durch die vom Sturmwind aufgewühlte See, dann geriet er in den Windschatten einer kleinen Bucht und ankerte wenig später dicht am felsigen Ufer. Rick, der Steuermann, löste seinen Arm aus der Schlaufe, mit der er sich am Steuer festgebunden hatte. Er trat zur Reling und legte eine Planke hinüber auf die Felsen.

Die beiden Männer verließen die Kabine und turnten an Deck. Augenblicke später standen sie drüben, maßen den nassen Untergrund und marschierten los. Sie beeilten sich, aber sie hasteten nicht. Zwischen zerklüfteten Felsen ging es empor auf die Insel und am Rand einer Geröllhalde in ihr Inneres. Von einer Erhebung aus hatten sie einen guten Blick auf das grasbewachsene Zentrum von Golougher.

Der Platz war leer. Cthuga befand sich nicht in seiner Zuflucht.

McMoughin stieß einen Seufzer aus.

»Das hat uns gerade noch gefehlt. Das Kind ist nicht da. Es hat beschlossen, nicht meine Rückkehr abzuwarten und sich auf den Weg zu machen. Es ist ziemlich unwahrscheinlich, dass Cthuga einfach den Planeten erkundet oder über dem Polareis fliegt, in dem er zweihundert Millionen Jahre lang schlief. Er hat die Offensive der Dienerkreaturen gespürt und sucht sie auf. Lass mich ein paar Minuten allein. Du kannst dich auf den Rückweg zum Kutter machen, ich hole dich nachher ein.«

Osborne tat ihm den Gefallen, und McMoughin blieb zurück, versank in Konzentration und versuchte, seine Sinne ganz auf das feurige Wesen zu konzentrieren. Wie schon so oft erweckte er in sich das Gespür für Cthuga, und er wusste, dass Cthuga ihn wahrnehmen würde, falls er sich in der Nähe befand.

Diesmal gab es keine Resonanz, keine Antwort. Cthuga befand sich weit weg von Golougher Island, und es hatte keinen Sinn, ihn zu suchen.

Mit langen Schritten kehrte Mac zum Kutter zurück. Osborne befand sich bereits an Bord, und Mac wies den Schiffer an, auf dem schnellsten Weg zurück zur schottischen Küste zu fahren. Eine Stunde später saßen sie wieder im Wagen, und diesmal fuhr der Alte. Unter Missachtung aller Verkehrsregeln raste er nach Süden in Richtung Inverness und Edinburgh und von dort über Hawick nach Carlisle. Die walisische Halbinsel und den Südwesten mit Cornwall mussten sie rechts liegen lassen. Diese Gebiete zu befahren und nach dem fliegenden Teppich abzusuchen, hätte Tage in Anspruch genommen, Zeit, die sie nicht besaßen.

Auf halber Strecke löste Phil Mac am Steuer ab, so dass sie Folkstone kurz vor dem Morgengrauen des nächsten

Tages erreichten. Die Stadt lag ruhig da, und soweit sie es von der Oberstadt aus erkennen konnten, hatte sich drunten am Strand nichts verändert. Sie fuhren zum Office und warteten, bis eine halbe Stunde später Sergeant Hannigan zum Dienst erschien.

»Das Monster wird überwacht«, berichtete er. »Ein Hubschrauber der Küstenwache hat heute Nacht einen schwarzen Fleck an der Steilküste ausgemacht und angeleuchtet. Der Shoggote hat versucht, die Maschine zu zerstören, aber sie flog zu hoch. Als er mit Felsbrocken zu werfen begann, drehte der Pilot ab.« Hannigan trat zum Fernschreiber und riss die Ausdrucke ab, die am frühen Morgen eingetroffen waren. Er überflog sie und streckte sie den beiden Männern entgegen. »Da haben wir es. Merkwürdige Ereignisse in der vergangenen Nacht. Kämpfe haben stattgefunden. Die Bewohner eines ganzen Dorfes sind vor einer seltsamen Leuchterscheinung geflohen.« McMoughin sagte nur ein Wort. »Cthuga.«

»Der GROSSE ALTE?«

»Das Kind. Ich fand ihn nicht in seinem Schlupfwinkel. Er hat auf die Anwesenheit der Shoggoten reagiert. Oder auf die von Randolph Carter. Warten wir nähere Einzelheiten ab, Sergeant. Es wird sich herausstellen, dass Cthuga mit den Shoggoten gekämpft und sie vernichtet hat.«

Der alte Mann behielt recht. Gegen Mittag lagen endgültige und zuverlässige Berichte der örtlichen Behörden vor. Überreste der Monster waren entdeckt worden, graues, schleimiges Zeug, das langsam austrocknete und dann zu Staub zerfiel, statt zu verwesen.

»Protoplasma. Aus ihm sind die Shoggoten und viele andere Dienerkreaturen«, bestätigte Mac. »Es handelt sich um eine Substanz, die auf der Erde nicht bekannt ist. Sie lässt sich mit menschlichen Mitteln nicht zerstören. Allein das

Feuer kann einem Shoggoten etwas anhaben. Zudem ist er eine Instinktkreatur und flieht vor dem Feuer, weil es nach seinem Verständnis das heilige Feuer eines GROSSEN ALTEN darstellt. Wenn ich es richtig sehe, hat Cthuga bereits drei Shoggoten vernichtet und befindet sich auf dem Weg an der Südküste entlang nach Osten. Irgendwann wird er hier eintreffen, in der nächsten oder übernächsten Nacht.«

»Was ist mit den Fischern?«, fragte Osborne.

»Gut, dass Sie es erwähnen«, erwiderte der Sergeant.

»Gestern Abend haben wir eine Kolonne mit Militärfahrzeugen losgeschickt. Die Hütten und die Häuser an der Uferstraße sind verwaist. Es muss alles sehr schnell gegangen sein. Außer Billington und seiner Familie konnte sich niemand dem Einfluss dieses Fremden entziehen.«

»Ja, das war abzusehen. Und wo stecken sie alle?«

»Es gibt ein paar Spuren. Sie führen an der Steilküste entlang. Die Fischer haben einen Teil ihrer Boote mitgenommen. Gegen Mittag wird erneut der Hubschrauber fliegen, dann hoffen wir, die Stelle zu lokalisieren, wo sie an Land gegangen sind. Die Fischer haben Werkzeuge und Lebensmittel mitgenommen. Kein einziger Fisch hängt noch in den Kaminen.«

»Gut. Wir werden uns heute auf die Spurensuche konzentrieren und zusehen, dass wir vorwärtskommen. Übrigens, was ist aus den Flammenwerfern geworden, von denen ich sprach?«

»Sie sind in größerer Anzahl zur Stelle. Fahren Sie ins Hythe-Camp, drei Meilen von hier Richtung Hastings. Die Soldaten werden Ihnen mehrere Geräte sowie Gasflaschen aushändigen. Übrigens, wir haben die verkohlten Überreste der beiden jungen Frauen in deren Heimat überführen lassen. Offiziell heißt es, dass sie bei unsachgemäßem Umgang mit dem Gasherd ums Leben kamen.«

»Das trifft in etwa die Tatsachen. Der Shoggote war an ihrem Tod wirklich nur mittelbar beteiligt. Bitte halten Sie uns auf dem Laufenden, Sergeant.«

»Selbstverständlich, Sir.«

Sie fuhren nach Norden bis Elham, wo Mrs. Higgins, Mike und die Hunde bei einem Onkel von Mikes verstorbenem Vater untergekommen waren. Alle hatten sie eine ruhige Nacht verbracht. Es grenzte an ein Wunder, dass Mike diesmal keine Probleme mit seiner Brille hatte. Er verlegte sie nicht, und sie fiel ihm auch nicht herunter, ohne dass er es merkte. Bei genauem Hinsehen erkannten sie auch sein Geheimnis.

Nicht nur, dass er mit der Brille schlief. Er hatte die Bügel auch noch mit kleinen roten Gummis an seinen Ohren festgebunden.

Floyd und die drei aus dem Heim tobten wie verrückt, als sie endlich wieder bei ihren Besitzern sein durften. Gemeinsam, aber ohne Mutter und Sohn Higgins, ging es zurück nach Folkstone in die Aviemore Road, und dann legten sich Phil Osborne und Irvin McMoughin erst einmal für ein paar Stunden aufs Ohr.

Sie hatten es verdient. Und Mac war sowieso der Ansicht, dass es jetzt besser war, wenn sie tags schliefen und nachts wachten.

Die Stille über der Stadt war trügerisch, und wenn McMoughin dies als Anzeichen einer bevorstehenden Katastrophe ansah, dann gab es keinen Grund, an seinen Worten zu zweifeln. Wenn es jemand wissen musste, dann war er es.

***

»Es ist so weit.«

McMoughin deutete auf Floyd. Der Setter klemmte den Schwanz zwischen die Hinterbeine und kroch unter die Couch. Die drei aus dem Heim leisteten ihm Gesellschaft.

Osborne ging in die Diele und griff nach dem schnurlosen Telefon, das auf dem Ecktischchen lag. Er sprach mit dem diensttuenden Beamten im Office und kehrte dann beruhigt ins Wohnzimmer zurück.

»Der Hubschrauber steht bereit. Sobald wir das Signal geben, steigt er auf.«

»Gut. Mrs. Higgins und ihr Sohn sowie die anderen drei Bewohner des Hauses sind in Sicherheit. Die Nachbarn sind gewarnt und übernachten ohne Ausnahme bei Verwandten.«

Mac ging hinüber in die Küche und öffnete das Fenster. Augenblicklich drang fürchterlicher Gestank herein. Hastig klappte er das Fenster wieder zu.

»Das Vieh ist in der Oberstadt, vielleicht schon in der Aviemore Road. Aus welcher Richtung kommt es diesmal?«

»Von den Felsen her durch den Bach, schätze ich. Hilf mir mit der Gasflasche.«

Sie banden sich gegenseitig die Flaschen auf den Rücken, nahmen Feuerzeug und Düse in die Hand und postierten sich neben den Fenstern zur Straße hin. Die Uhr zeigte kurz vor Mitternacht. »He, Floyd!«, rief Osborne. »Jetzt, wo ich dich brauche, stellst du dich tot. Ist das die feine Art gegenüber seinem Herrn?«

Der Setter gab ein Winseln von sich, wie es inbrünstiger nicht sein konnte.

»Wir brauchen ihn«, sagte Mac. »Unter der Couch können wir sein Verhalten nicht erkennen.«

Kurzerhand packten sie die Couch und stellten sie hochkant an die Wand. Die Hunde starrten sie verwirrt an, und

Floyd schlich sich geduckt von dannen. Osborne vertrat ihm den Weg. Er schüttelte den Kopf.

»Nein. Du bleibst da. Bei Fuß, Floyd.«

Der Hund zögerte und gehorchte dann widerwillig. Die drei anderen hielten sich in seiner Nähe, als könne er ihnen Sicherheit bieten.

McMoughin spähte zum Küchenfenster hinaus.

»Du hast recht«, hauchte er. »Das Monstrum kommt von rechts.«

Osborne rief erneut das Office und machte Meldung. Sie schickten den Hubschrauber los. Er setzte rund um die Oberstadt Soldaten mit Flammenwerfern ab und flog anschließend hinaus übers Meer, um den Rückzug des Shoggoten zu beobachten.

Eine riesige, wogende und blubbernde Masse schob sich die Straße entlang. Sie benötigte die ganze Breite von einer Hauswand zur anderen. An dem Monstrum vorbei gab es kein Entkommen.

»Bist du ganz sicher, dass das mit den Flammenwerfern funktioniert?«

»Ja. Sonst würde ich seit sechsundsechzig Jahren nicht mehr leben. Ich kann dir sogar sagen, wie das ist, wenn ein Shoggote sich den Tentakel an einer solchen Flamme verbrennt. Er quiekt wie ein Schwein, das man nicht richtig getroffen hat. Los jetzt. Atemschutz auf und Attacke. Es muss nicht sein, dass der Shoggote das halbe Haus von Mrs. Higgins zerstört, ehe wir eingreifen.«

Auf Zehenspitzen schlichen sie hinab in den Flur und stellten sich hinter die Eingangstür. Sie hörten das Schmatzen, mit dem das Wesen sich vorwärtsbewegte.

Mac nickte. »Du nimmst diese Straßenseite, ich die andere.«

Sie zogen die Tür auf, huschten hinaus und entzündeten die Flammen. Voll drehten sie die Düsen auf und sprangen auf die Straße.

Der Shoggote kam zur Ruhe. Wie ein riesiger Berg aus stinkendem Schlamm lag er in der Straße. Die Atemmasken verhinderten, dass ihnen speiübel wurde und sich ihre Sinne trübten. Im Gleichschritt gingen sie vorwärts und bedrängten ihn.

Dreißig Yards trennten sie noch von dem Ungeheuer. Einer der Tentakel hob sich und schnellte probeweise nach vorn. Augenblicklich griff eine der beiden Flammen nach ihm und zwang ihn zum Rückzug. Einen zweiten Versuch wagte der Shoggote nicht. Das Schmatzen und Zucken nahm übergangslos zu. Das Wesen aus Protoplasma trat den Rückzug an. Es rutschte und schmatzte und glitschte aus der Aviemore Road hinaus und suchte sich den kürzesten Weg zum Landon, wo es sich in das Wasser warf und hastig abwärts glitt zum Strand. Aber seine Flucht war noch nicht zu Ende. Überall warteten in sicherer Deckung die Soldaten und ließen ihre Flammen zischen. Der Shoggote beschleunigte und verließ fluchtartig die Stadt, raste über den Strand und verschwand im Meer. Die Brandung schlug über ihm zusammen, und dann herrschte wieder Ruhe in Folkstone.

Mac und Phil sahen sich an.

»Es ist eine kurze Atempause, mehr nicht«, schärfte der alte Mann seinem jungen Begleiter ein. »Die eigentliche Auseinandersetzung steht uns noch bevor. Die Shoggoten sind nicht unser einziger Feind. Wir dürfen Randolph Carter nicht vergessen.«

Sie kehrten in die Wohnung zurück. Wenig später erhielten sie einen Anruf aus dem Office.

»Hier Hannigan«, meldete sich der Sergeant. »Der Hubschrauber verfolgt den Weg des Ungeheuers mit Hilfe eines

Scheinwerfers. Es bringt sich zwischen den Klippen der Steilküste in Sicherheit, etwa eine Meile westwärts. Dort scheint es tatsächlich so etwas wie einen Eingang in die Unterwelt zu geben.«

»Das Loch, in dem die Fischer und ihre Familien verschwunden sind. Danke Sergeant.«

***

McMoughin schüttelte ungläubig den Kopf. Was er sah, ließ ihn an seinem Verstand zweifeln. Ein stoffbespannter, blechklappernder Berg durchpflügte den Strand. Ab und zu fiel etwas aus dem Gebilde heraus, Brot, Obst, andere Nahrungsmittel. Vor dem riesigen Sack huschte ein dunkler Schatten entlang, ohne Turban und ohne Vermummung. In diesem Augenblick schob sich eine Wolkenbank vor den Mond und verhinderte, dass er die Gestalt genauer betrachten konnte.

Mac stöhnte leise. Ein Shoggote war das nicht, und andere Kreaturen der GROSSEN ALTEN hatten sich noch nie an der Oberfläche blicken lassen. Also handelte es sich um Randolph Carter.

Eine Weile wartete er, bis die Gestalt mit ihrer Last die vorspringenden Felsen an den Klippen erreicht hatte. Der Mond trat wieder hervor und beleuchtete die Szene. Carter zog das riesige Paket ins Wasser und riss es mit mindestens dreißig bis vierzig Knoten hinaus ins Meer. Es beschrieb einen Bogen um die Klippen herum.

McMoughin rannte los. Er hielt sich oberhalb des Strandes an der Uferstraße und verfolgte das Ding so lange, bis es aus seinem Blickfeld geriet. Hastig kehrte er zurück zum Wagen und raste in die Oberstadt hinauf und weiter zur 259. Er erreichte die Stelle mit dem abgebrannten Blockhaus und jagte den Wagen bis hart an die Klippen. Vorsichtig öffnete er das Fenster. Gestank drang keiner in seine Nase. Der Shoggote hielt sich folglich unter Wasser oder an einer anderen Stelle der Steilküste auf.

Rechts draußen auf dem Meer zog der Berg seine Bahn und näherte sich langsam dem Ufer. Eine knappe Meile westlich von Folkstone driftete er zwischen die Felsen hinein, schwankte eine Weile hin und her und verschwand dann übergangslos.

»Gut, gut«, murmelte Mac. »Habe ich mir schon gedacht, dass es nicht weit von hier entfernt ist. Offenbar besorgt Carter Nahrungsmittel für seine Arbeiter. Auch recht. Das Loch kann warten. Zunächst sollten wir uns um den Shoggoten kümmern. Ist er geflohen, oder hat er neue Befehle erhalten?«

Hastig kehrte er zum Wagen zurück, stieg ein und fuhr in die Aviemore Road. Im Eilschritt suchte er Osbornes Wohnung auf. Phil erwartete ihn bereits.

»Hannigan hat angerufen. Er wollte wissen, was nun weiter geschehen soll. Übrigens war es ziemlich fahrlässig von dir, allein hinunter zum Strand zu fahren. Du hättest wenigstens einen der Hunde mitnehmen sollen.«

»Du hast ja so recht. Ich bin ein wenig leichtsinnig und weiß nicht einmal, woran es liegt. Die Tatsache, dass Cthuga in der Nähe ist, ich aber keine Verbindung zu ihm herstellen kann, macht mich unkonzentriert.«

»Das Wesen fehlt dir. Welchen Einfluss hat es eigentlich auf dein Leben? Sechsundsechzig Jahre Kontakt zwischen zwei Welten sind nicht spurlos an dir vorübergegangen, oder?«

»Sieh mich an, Phil. Zweiundneunzig Jahre bin ich alt. Mein Geist ist frisch wie der eines Dreißigjährigen, und mein Körper verfügt über ebensolche Kräfte. Nur die Haut ist ein wenig gealtert als Folge der Hitze und des Flüssigkeitsentzugs, der bei jeder Feuerassimilierung stattfindet.«

»Feuer – was?«

»Die Feuerassimilierung ist die Art der Kontaktaufnahme zwischen Cthuga und mir. Er hüllt mich in seinen brennenden Teppich ein, bringt meinen Verstand zum Lodern und findet auf diesem Weg den geistigen Kontakt zu mir. Wir unterhalten uns in unserer beider Sprache ganz normal, aber lautlos. Wir verstehen einander, und selbst nach so langer Zeit wächst das Verstehen weiter. Die Feuerassimilierung wirkt auf meinen Körper in einer merkwürdigen Weise. Ich habe mich nie untersuchen lassen, aber die Zellen und vor allem die Zellkerne erhalten eine Stimulierung, die ihren Alterungsprozess verlangsamt oder vielleicht für die Zeit des Kontakts völlig zum Stillstand bringt. Weder Cthuga noch ich sind in der Lage, es genau zu erklären. Wir stellen es nur fest. Wie alt ich bei bester Gesundheit werden kann, wer weiß es. Eines steht fest. Der mechanischen Schaden an meinem Knie lässt sich dadurch nicht heilen.«

»Du gewinnst eine Art Unsterblichkeit dadurch!«

»Nein. So vermessen bin ich nicht, daran zu glauben. Schau Randolph Carter an. Sein Körper wurde umgewandelt. Er sieht aus wie ein Shoggote im Miniaturformat. Zäh wie Leder, mit zwei Armen und zwei Beinen in Tentakelform. Der Kopf stellt sich lediglich als Auswölbung der Körperoberseite dar, und in dieser Wölbung ruhen die noch einigermaßen menschlichen Sinnesorgane und das Gehirn. Carter hat durch diese Umwandlung eine Lebensverlängerung erhalten. Einhundertvierzig Jahre muss er bereits in diesem Zustand existieren, seit dem Jahr neunzehnhundertachtundzwanzig. Was soll ich da sagen? Zu jener Zeit gab es mich noch gar nicht. Allerdings habe ich gute Hoffnung, in diesem Zustand älter als hundert Jahre zu werden. Vielleicht hundertzwanzig, hundertfünfzig. Oder ... aber das gehört nicht hierher.«

»Sag es ruhig.«

»Vielleicht ist das, was ich an mir erlebe, ja nur eine besonders langsame Umwandlung in den Zustand, wie Randolph Carter ihn erreicht hat. Wer kann das schon sagen. Weder Cthuga noch ich wissen darauf eine Antwort.«

Mit einem Ruck wandte er sich ab und ging zum Telefon. Er setzte sich mit Sergeant Hannigan in Verbindung.

»Ja, Sergeant. Wir fangen an. Sorgen Sie dafür, dass das Militär mit den Lafetten und den Flammenwerfern Position an der 259 bezieht. Alles andere ist eine Frage der Zeit. Ganz wichtig: Alles, was aus der Luft kommt, zählt zu unseren Verbündeten. Besonders der flammende Teppich namens Cthuga. Ja, danke, Sir. Ihnen ebenso.«

Er legte auf und wandte sich zu Osborne um.

»Hiermit läuft die Aktion ›Rettet die Erde‹ offiziell an.«

***

Dreißig Yards unter ihnen tobte der Shoggote. Er wogte zwischen den schwarzen Felsen, und selbst im Licht der starken Scheinwerfer von oben ließen sich seine Umrisse nur sehr schwer von denen des Basalts unterscheiden. Unmittelbar über den beiden Männern ragten die Köpfe von ein paar Soldaten ins Leere, bizarre Kreaturen aus Kopf und Helm. Die Männer hielten sich bereit, auf ein Kommando von unten einzugreifen.

McMoughin schaukelte in seinem Seil und ließ es dann ein Stück durch die Rolle schnurren.

»Phil, geh nicht tiefer als bis zu der Felszacke direkt unter dir.«

»Ich lasse dich nicht allein dort hinunter. Ich sehe nicht zu, wie du in den Fängen des Monstrums zermalmt wirst.«

Unter den Atemmasken klangen ihre Stimmen verwaschen und undeutlich.

»Ich bin ein alter Mann, vergiss das nicht.«

»Dein Wissen ist mehr wert als meine Jugend. Kümmerst du dich um Floyd? Er ist ein treues Tier. Niemandem würde ich ihn anvertrauen außer dir.«

Die vier Hunde befanden sich gleichmäßig über das Plateau verteilt. Sobald einer von ihnen Laut gab, wussten die Männer, dass von dort eine Gefahr drohte.

»Den Teufel werde ich tun. Kümmere du dich selbst um deinen Hund.«

Das Seil rutschte noch ein Stück durch. Knapp über zwanzig Yards mochte das Ungeheuer noch entfernt sein.

McMoughin zog einen der Knallkörper aus dem Gürtel und entzündete die Lunte. Dann ließ er das kleine Paket senkrecht nach unten fallen. Der Shoggote sah nicht, was da kam. Aber er spürte den Luftzug und den merkwürdigen Geruch.

»Ha«, machte Mac. »Pech und Schwefel. Da kommt der überlegenste GROSSE ALTE nicht mit, wenn er mit den Waffen des Teufels angegriffen wird.«

Es gab einen dumpfen Laut, als das Paket auf den Körper des Shoggoten traf. Einen Augenblick später explodierte das Ding mit einem lauten Krach, und ein Funkenregen deckte das Monstrum ein. Der Shoggote machte einen Satz rückwärts und landete im Wasser zwischen den steil aufragenden Felszacken. Es gab ein schmatzendes Geräusch, und der Aufwind trieb ihnen erneut den üblen Gestank entgegen.

»Der geht lieber baden, als dass er angreift«, lachte der Alte. Doch er täuschte sich. Plötzlich schoss der plumpe Körper aus dem Wasser empor, hüpfte weit hinauf in die

Luft und schlug mit den Tentakeln nach den beiden Männern. Geistesgegenwärtig zündete McMoughin die Düse des Flammenwerfers und richtete sie nach unten. Ein glühender Flammenspeer raste gegen den Shoggoten und ließ die Tentakel zurückzucken. Das Monstrum duckte sich gegen den Felsen und versuchte, die Situation einzuschätzen. Über sich hatte es zwei Menschen mit Flammenspeeren, und ein Stück darüber andere, die jetzt mit Leuchtraketen nach ihm schossen und brennende Fackeln in die Tiefe warfen. Mehrere trafen, und der Shoggote gab ein schrilles Quieken von sich.

»Nicht zu viel auf einmal«, warnte Mac die Soldaten. »Wenn er sich in Todesgefahr wähnt, nimmt er auf nichts mehr Rücksicht.«

Der Shoggote zögerte. Er lauerte. Begriff er, dass die beiden Männer an für seine Verhältnisse dünnen Seilen mitten in der Wand hingen? Dankbare Opfer, wenn er es nur richtig anstellte. Aber solange er nicht an den Flammenspeeren vorbeikam, blieb ihm keine Möglichkeit zum Angriff. Das Monstrum duckte sich noch weiter und rührte sich nicht. Dafür wurde der Gestank intensiver, und er drang nicht nur von unten zu ihnen herauf. Auch von der linken Seite her trieben die Schwaden auf die beiden Männer zu.

»Verdammt«, schrie McMoughin. »Schaut gefälligst um die Felskante herum, was in Richtung Folkstone los ist.«

Sekunden nur vergingen, bis erste Schreie aufklangen. Der Alte quittierte es mit einem unheilvollen Knurren. »Los, hievt uns rauf!«, brüllte er.

Die Soldaten arbeiteten, und Mac sicherte die linke Seite der Felswand mit seinem Feuerstrahl ab, während Phil Osborne nach unten hielt und die Düse hin und her bewegte. Die Flammenwand hielt den Shoggoten in Schach.

»Sie sind zu zweit«, keuchte McMoughin. »Los, schneller, ihr da oben.«

Es gab einen Ruck. Die beiden Männer in ihren Seilen wurden nach oben gerissen, sanken ein Stück durch, und wieder ging es hinauf. Nur Sekunden noch bis zur rettenden Kante.

Der zweite Shoggote war da. Seine Tentakel peitschten plötzlich um die Felskante herum, zermalmten den Stein und deckten den Artgenossen drunten mit einem Regen aus scharfkantigen Splittern ein. Im nächsten Augenblick hatte Mac den Strahl seiner Waffe justiert und vertrieb die Tentakel aus seiner Nähe. Noch ein Ruck nach oben, hilfsbereite Hände griffen nach den beiden und wollten sie über die Kante ziehen.

Die beiden Shoggoten reagierten. Schwere Schläge erschütterten das Felsmassiv. Ein Teil des Randes, an dem die Soldaten standen, brach ab.

Übergangslos hingen die beiden Männer in der Luft. Jemand brüllte einen Befehl. Erneut griffen Hände nach ihnen und zerrten sie über die Kante und von ihr weg in Sicherheit. Die Soldaten rannten davon, und die Stelle, wo sie gerade noch die Seilwinde bedient hatten, bekam Risse.

Mac packte Phil und stieß ihn davon. Keine fünf Inches hinter seinem Rücken rutschte der Boden weg und stürzte hinab ins Meer. Auf einer Länge von zwanzig bis dreißig Yards fehlte dem Plateau plötzlich ein Geländestreifen von fast fünf Yards Breite.

»Der Teufel soll diese Viecher holen«, keuchte Mac. Er hinkte stärker, offensichtlich hatte er Probleme mit seinem Knie. Der Abstieg in die Tiefe und die Rückkehr hatten das Gelenk stark beansprucht.

Die beiden Hunde in der Mitte des Plateaus jaulten und winselten.

Von der Straße her vernahmen sie den Warnschrei von Sergeant Hannigan.

»Vorsicht. Die Monstren kommen herauf.«

Shoggoten waren gewandte Kletterer, was an der Unempfindlichkeit ihrer Körpermasse lag. Mit Ausnahme von Feuer vertrugen sie alles, selbst Raketenbeschuss. Sie federten Geschosse einfach ab, so dass sie erst ein Stück entfernt explodierten.

Ein riesiger Schatten schoss von unten herauf, wölbte sich in Richtung der Menschen und landete dann mit einem gewaltigen Dröhnen auf dem Plateau. Der Shoggote griff sofort an. Er hatte Verstärkung erhalten und fühlte sich jedem Angriff gewachsen.

»Du wirst dich gedulden müssen«, zischte McMoughin und drehte die Düse seines Flammenwerfers voll auf. Eine gelbe Glutbahn raste quer über das Plateau und auf die Tentakel des Ungeheuers zu.

Eine ähnliche Situation hatte Mac schon einmal vor sechsundsechzig Jahren erlebt. Damals hatte er den Shoggoten in Schach halten können, bis ihm die Flucht in den Stollen gelungen war. Diesmal kämpften sie unter anderen Vorzeichen und mit anderer Ausrüstung.

»Feuer an!«, rief er.

Zwanzig Flammenwerfer nahmen ihrer Tätigkeit auf und rückten gegen das Monstrum vor. Der Shoggote hielt irritiert inne, drehte sich im Kreis und schien auf seinen Artgenossen zu warten. Doch dieser tauchte nicht auf. Sein Instinkt sagte ihm, dass es besser war, wenn er einen anderen Weg nahm. Von links war er gekommen, jetzt würde er von rechts angreifen. Dort aber ging es zu der zerstörten Blockhütte.

»Major Rubberfield, beobachten Sie die rechte Seite des Plateaus. Dort werden sie bald mehrere Flammenwerfer benötigen.«

»In Ordnung, Mister McMoughin.«

Die beiden Männer bildeten mit den Soldaten jetzt eine geschlossene Formation und rückten gegen den Shoggoten vor. Dieser wich ihnen nach rechts aus, machte aber keine Anstalten, sich in Richtung des Abgrunds zurückzuziehen. Näher und näher kamen sie ihm, und die Flammenspeere mussten wie Nadeln in seine Haut stechen. Bebenwellen durchliefen seinen Körper, und er quiekte unaufhörlich.

Und plötzlich begriff Irvin McMoughin, was es bedeutete.

»Vorsicht!«, schrie er. »Der Shoggote opfert sich für seinen Artgenossen. Er leidet Höllenqualen, um unsere Abwehrkräfte zu binden. Major, Eine Einheit nach links hinüber. Mindestens zehn Flammenwerfer aufbauen.«

Soldaten rannten hin und her, verteilten sich neu und bauten eine zweite Phalanx auf.

»Sie handeln auf Befehl. Randolph Carter ist in der Nähe. Er muss aus dem Schacht gekrochen sein. Allein wären sie nie so intelligent.«

Phil sah Mac von der Seite an.

»Vielleicht sind sie nicht zu zweit, sondern zu dritt oder viert.«

»Mal den Teufel nicht an die Wand.«

Doch es war zu spät.

***

Benny bellte laut und hysterisch, und die anderen Hunde fielen ein. Floyd winselte herzerweichend, und McMoughin gab Osborne einen Wink.

»Zurück zur Straße, schnell.«

Sie kamen. Drei waren es. Zwei näherten sich von links, einer von rechts. Sie brachen zwischen den Bäumen und

Sträuchern hervor und rollten wie tiefschwarze Wogen heran.

»Achtung, Flammen schwenken!«, brüllte der Major. »Gleichmäßig verteilen.«

Insgesamt vier Shoggoten walzten jetzt das Plateau und vernichteten den letzten Grashalm, der noch wuchs. Ihr Gestank trieb die Soldaten zurück und erschütterte ihre Psyche. Manche von ihnen verloren die Nerven, warfen die Düsen und Gasflaschen weg und suchten ihr Heil in der Flucht.

Phil tauchte neben McMoughin auf. »Sie verlieren die Übersicht. Der Major kann sie nicht halten.«

Das Gebrüll des Offiziers ging im Schreien der Soldaten unter. Eine Abwehrkette fiel vollständig in sich zusammen, die andere bestand nur noch zur Hälfte.

»Haltet das Feuer aufrecht, sonst seid ihr verloren«, donnerte die Stimme McMoughins über die Köpfe der Männer hinweg. »Solange die Flammen stehen, sind die Shoggoten machtlos.«

Niemand schien ihn zu hören. In einer solchen Situation zeigte es sich überdeutlich, dass der Mensch ein Herdentier war. Die Fluchtbewegung wirkte ansteckend. Innerhalb einer halben Minute befanden sich beide Flanken in der Auflösung. Die Soldaten warfen ihr Gerät einfach fort und rannten davon in ihr Verderben.

Die Shoggoten griffen an. Sie änderten ihre Richtung und schnitten einem Teil der Männer den Weg zur Straße ab. Erste Tentakel peitschten durch die Luft und schlugen erbarmungslos auf alles ein, was sich bewegte. Nur dort, wo noch vereinzelt Flammenspeere wanderten, gab es Luft.

»Idioten«, keuchte Mac. »Wieso schickt man uns diese Nullen und keine Sondereinheit?«

Der Wagen tauchte vor ihnen auf. Von links schnellte sich ein Schatten heran, und McMoughin riss geistesgegenwärtig die Düse herum und sandte den Strahl in Richtung des Tentakels. Osborne sicherte nach der anderen Seite. Gleichzeitig rief er die Hunde, aber nur Floyd kam. Die anderen Tiere reagierten nicht und zeigten auch nicht an, dass sie noch lebten.

Bis zum Wagen waren es noch zwanzig Yards.

McMoughin spürte plötzlich den Luftzug in seinem Rücken und ließ sich fallen. Er drehte sich zur Seite und riss die Düse empor. Ein Quieken antwortete ihm. Im Licht der Flamme sah er, dass die Shoggoten von den Soldaten abließen und sich zu viert auf ihn und Osborne konzentrierten.

Mac ließ die Düse kreisen und sprang auf. Er hetzte in Richtung Wagen und schaffte es tatsächlich bis zur Beifahrertür. Dann streckte ihn ein Schlag gegen die Beine nieder. Mit letzter Kraft riss er seinen Körper herum und schützte sich mit der Flamme.

»Phil. Schnell.« Osborne tauchte neben ihm auf, rannte um den Wagen herum und riss die Tür auf. Er kletterte durch das Innere und öffnete die Beifahrertür über McMoughin. Rückwärts kroch der alte Mann in das Innere des Wagens, während erste Schläge auf das Dach prasselten. Floyd, der sich auf den Rücksitz gerettet hatte, bellte zornig auf.

McMoughin schlug die Tür zu. Einer der schwarzen Tentakel ringelte sich um den Wagen und warf ihn aufs Dach. Osborne wurde zur offenen Tür hinausgeschleudert und stieß einen Schrei aus.

Mac handelte wie ein Roboter. Er stemmte seine Tür auf und schwang sich hinaus, noch immer die Düse in der Hand. Er entzündete sie neu und bahnte sich einen Weg.

»Phil!«

Osborne gab keine Antwort, und Mac sah ihn undeutlich drüben auf der anderen Straßenseite im Gras liegen. Um ihn herum bildete sich eine dunkle Lache.

»Phil!« McMoughin schrie es. Ohne auf seine Umgebung zu achten, rannte er auf den Mann zu. Hinter ihm krachte erneut ein Tentakel auf den Wagen und drückte ihn zusammen. Von den Soldaten war nicht mehr viel zu sehen. Ein paar rannten drüben beim Wald, und andere rasten mit Fahrzeugen davon. Sie kümmerten sich nicht um die Zurückgebliebenen.

»Scheiße.«

Irvin McMoughin stand da und beobachtete die Bewegungen der Shoggoten. Sie näherten sich ihm weiter, kreisten ihn ein. Ihr Handeln geschah nicht instinktiv, sondern überlegt. Sie agierten nicht allein. Jemand steuerte sie.

Randolph Carter!

Mac machte ein, zwei Schritte zur Seite und grapschte nach zwei der am Boden liegenden Flammenwerfer. Aus den Düsen strömte noch Gas, er musste sie nur an seiner eigenen entzünden. Sekundenbruchteile später stachen drei Flammen in den Himmel und hielten die Shoggoten auf Distanz.

Zwischen ihnen tauchte ihr Herr und Meister auf, knapp zwei Meter groß und mit vier Tentakeln. Der unförmige Körper bewegte sich auf zweien von ihnen vorwärts, die beiden anderen benutzte er als Arme wie ein Mensch. Kleidung trug er keine, und Mac erkannte jetzt besser die Wölbung auf der Oberseite des Körpers und die kleinen, grünen Augen sowie die beiden Schlitze darunter.

»Meredith! Du willst dich mit mir messen.«

Zwei Shoggoten standen jetzt unmittelbar neben dem Wagen, und sie schlugen auf das Blech ein und verwandelten die Limousine endgültig in einen Haufen Schrott.

»Wer bist du?«, blubberte Randolph Carter. »Du kämpfst gegen uns, doch du hast etwas an dir, was mich verwirrt.«

McMoughin sah, wie die Shoggoten erstarrten und nahm aus den Augenwinkeln heraus den flammenden Kreis am Himmel wahr. Cthuga kam. Im letzten Augenblick griff er in das Geschehen ein.

»Es ist der Hauch eines GROSSEN ALTEN, den du spürst, Meredith«, antwortete er. »Der Kampf wird kurz und schmerzlos. Du hast ihm nichts entgegenzusetzen. Deine Zeit ist vorüber.«

»Du lügst, Stafford.«

»Ich bin nicht Stafford. Haben sich deine Gedanken verwirrt, Meredith? Du kämpfst gegen die GROSSEN ALTEN. Und das ist bisher noch jedem schlecht bekommen.«

Randolph Carter brüllte einen Befehl, doch die Shoggoten rührten sich nicht. Sie verweigerten den Gehorsam. Der zu einem hässlichen Klumpen mit vier Tentakeln verwandelte Körper zuckte zusammen. Carter schien etwas zu spüren, und dann fuhr er plötzlich herum und starrte zum Himmel.

Wie ein Racheengel senkte sich der feurige Teppich mit hoher Geschwindigkeit auf ihn herab. Carter rannte um sein Leben. Er raste auf die Steilkante zu und warf sich in die Tiefe. Cthuga drehte ab und näherte sich der Straße.

Hastig zog sich McMoughin zurück. Er bückte sich zu Phil, doch dieser regte sich nicht. Die Augen blickten gebrochen zu dem alten Mann empor. Phil Osborne war tot und lag in einer riesigen Blutlache.

Irvin McMoughin rannte, wie er nie mehr in den letzten Jahren gerannt war. Als er den Wald erreichte, hatte Cthuga den Kampf bereits aufgenommen. Die Shoggoten spürten, dass sie dem GROSSEN ALTEN nichts entgegenzusetzen hatten. Und sie begriffen rein instinktmäßig, dass sie sich falsch verhalten hatten. Denn sonst hätte der GROSSE ALTE sie nicht bestraft.

Der Kampf dauerte nicht lange. Die Shoggoten wehrten sich nicht, und Cthuga zerstörte ihre Körper mit seinem Feuer. Die Hitze ließ die Oberfläche der Wesen aus unheiligem Protoplasma platzen, und das Feuer des Flammenden fraß sich tief in ihre Körper hinein. In der Endphase der Zerstörung glühte der Körper grell auf und erlosch dann. Die Struktur des Shoggoten verlor sich, und gleichzeitig begann sich der Körper zu zersetzen. Aus dem zähen, tiefschwarzen Gewebe wurde dunkelgrauer Staub, den der Wind umgehend abzutragen begann.

Nacheinander starben die vier Shoggoten, und der Sieger schwebte etwa zwanzig Yards über ihnen und genoss seinen Sieg. Als auch das letzte der Monstren tot war, bewegte Cthuga sich und schwebte hinüber zu der freien Fläche des Plateaus.

Mac drehte die Düsen der drei Flammenwerfer zu und legte die Geräte am Boden ab. Dann schritt er eilig hinüber zu dem Kind.

Cthuga stellte seinen Fladenkörper steil auf und begann sich einzurollen. Wie gewohnt nahm er McMoughin in sich auf.

Die beiden ungleichen Wesen hatten sich so viel zu sagen.

***

»Es tut mir leid um deinen Freund, Mac.«

Wohlige Wärme umgab McMoughin. Er vernahm die Gedankenstimme in seinem Innern und freute sich, dass er wieder mit Cthuga vereint war. Cthuga gab ihm die Sicherheit und den Halt, den er jetzt benötigte.

»Schon gut, Cthuga«, dachte er. »Was mich so wütend macht, ist die Tatsache, dass Phils Tod absolut sinnlos war. Die Soldaten haben den Überblick verloren. Sie reagierten in panischer Angst, obwohl kein Anlass dazu bestand. Mit den Flammenwerfern hätten sie die Shoggoten bis zu deinem Eintreffen in Schach halten können. So aber ...«

»Das Wesen, das ihnen Befehle erteilt, ist es – Meredith?«

»Ja. Es ist der Mann aus Amerika, der einst Randolph Carter hieß und von den Mächten in der Tiefe zu einem Wesen wie sie umgewandelt wurde. Er ist vermutlich dafür verantwortlich, dass so viele Shoggoten den Weg an die Oberfläche gefunden haben. Genaues weiß ich nicht.«

»Du wirst ihn fragen.«

»Er hat Angst. Er wird sich mir nicht zeigen.«

»Er kann nicht weg. Zurzeit ist er hilflos, und niemand kommt, ihn zu befreien. Es waren mehr Shoggoten, als ich erwartete. Vierzehn dieser Wesen haben sich rund um die Insel verteilt.«

Mac sandte Gedanken der Betroffenheit aus.

»Wie kommt das?«

»Es liegt an Verschiebungen in der Planetenkruste. Dadurch bildeten sich im Sockel der Insel viele Risse, die tief hinabreichen. Meredith sah es als seine Aufgabe an, Menschen als Sklaven in diese Risse hinabzuschicken, um sie zu erweitern und bis tief hinab zu den Gefängnissen der GROSSEN ALTEN zu graben. Wie es aussieht, werden wir dies verhindern können. Obwohl ...«

Cthuga hielt in seinen Gedanken inne.

»Sprich weiter. Was meinst du?«

»Ein Kontakt mit einem GROSSEN ALTEN wäre nicht nur für dich reizvoll, Mac. Verstehst du das?«

»Ja. Ich verstehe es gut. Doch es wäre mit dem Tod von

vielleicht vielen tausend Menschen verbunden. Und das ist zu viel, Cthuga.«

»Du hast recht. Wir werden auf anderem Weg an unser Ziel gelangen. Es gibt noch andere Shoggoten auf diesem Planeten, und wir werden sie suchen und ihr Wirken beenden. Und danach versuchen wir, die Menschheit gegen weitere Übergriffe zu schützen.«

»Als wenn das so einfach wäre.«

»Es gibt eine neue Möglichkeit, die Risse auch unter dem Ozean zu schließen, Mac.«

»Und wie?«

»Durch Tauchen. Es geht. Ich kann meinen Körper unter Wasser bewegen wie ein Fisch. Mein Feuer erlischt nicht, selbst in großer Tiefe nicht. Ich habe es ausprobiert, Mac. Es funktioniert.«

McMoughin fiel ein Stein vom Herzen. Er sah die Zukunft jetzt wesentlich verheißungsvoller als noch vor Stunden.

»Wir unterhalten uns weiter, wenn der Tag angebrochen ist«, teilte Cthuga ihm mit. »Du musst bestimmt noch einiges tun. Ihr Menschen handelt immer nach ganz bestimmten Abfolgen.«

»Du hast ja so recht.«

Cthuga unterbrach die geistige Verbindung zu ihm und öffnete sich. Mac verspürte großen Durst wie immer, aber noch gab es keine Gelegenheit, ihn zu stillen. Als erstes eilte er zurück zu der Stelle, an der der Körper Phils lag. Er musste sich ein zweites Mal überzeugen, dass er wirklich tot war und er ihm nicht mehr helfen konnte. Mit hängenden Schultern ging er hinüber zu den Militärfahrzeugen. Er holte einen Jeep herüber und zog die üblicherweise im Kofferraum vorhandene Tarnplane hervor. Er wickelte den Leichnam darin ein und legte ihn vorsichtig auf die Rücksitzbank. Mit einer Taschenlampe bewaffnet suchte er das Gelände ab. Er fand achtzehn tote Soldaten und drei tote Hunde. Dann suchte er seinen eigenen, schrottreifen Wagen auf. Er stemmte die Hintertür auf und fand Floyd. Der Setter lag zwischen den Vorder- und den Hintersitzen und blickte ihn aus großen, traurigen Augen an. Mac untersuchte ihn.

»Komm«, sagte er. »Wie es aussieht, bist du unverletzt.«

Floyd zwängte sich aus dem Fahrzeug und beschnupperte ausgiebig die Umgebung. Er entdeckte den brennenden Teppich hoch über sich und blieb abwartend stehen. Cthuga trieb nach Norden und verschwand hinter dem Wald jenseits der Straße.

Gemeinsam gingen Mac und der Setter zum Jeep. Floyd nahm auf dem Beifahrersitz Platz und stimmte mit schrillem Jaulen seine Totenklage an. Mac streichelte ihn.

»Jetzt hast du doch noch Recht behalten, alter Junge«, sagte er leise und an Osborne gewandt. »In Zukunft werde wohl ich mich um das brave Tier kümmern.«

Er startete den Motor und fuhr Richtung Folkstone.

***

Das Boot schaukelte heftig, aber das Tau hielt, und McMoughin sprang mit einem Satz hinüber auf die Basaltfelsen. Drei mit Flammenwerfern ausgerüstete Soldaten folgten ihm. Sie balancierten über den glitschigen Untergrund und gaben McMoughin Flankenschutz.

Aber es war nicht nötig. Schon von weitem erkannte Mac die plumpe, zuckende Gestalt von Randolph Carter. Der Verwandelte war in der Nacht in die Tiefe gesprungen. Sein Körper besaß keine solche Widerstandsfähigkeit wie die aus Protoplasma erschaffenen Shoggoten. Mehrere spitze Felszacken hatten den Körper durchbohrt, und grünliches Blut sickerte noch immer aus den Wunden. Carter blubberte leise vor sich hin.

McMoughin stellte sich auf einen Block schräg über ihm und achtete darauf, dass er sich außerhalb der Reichweite seiner Tentakel befand.

»So sieht man sich wieder, Meredith«, sagte er. »Du hast einen Fehler gemacht. Du hast denen, die dir deinen neuen Körper gaben, blindlings vertraut. Obwohl du logisch zu denken vermagst wie ein Mensch, hast du übersehen, dass inzwischen zweihundert Millionen Jahre vergangen sind. Jene, die in den Tiefen hausen, können nicht dasselbe wissen wie die, die an der Oberfläche leben. Du hast den GROSSEN ALTEN gesehen, Cthuga den Flammenden. Ihn hättest du um Rat fragen sollen. Seine Existenz kann dir nicht verborgen geblieben sein. Du hast die erneute Chance verpasst, die das Schicksal dir gab. Nun wirst du nie mehr eine erhalten.«

»Stafford, du hast mich schon einmal gerettet«, blubberte es aus dem unteren der beiden Schlitze an Merediths Körper. »Tu es wieder. Ich spüre, dass ich die Möglichkeit habe, mich zurück in einen Menschen zu verwandeln. Höre mir genau zu, was du machen musst.«

»Tut mir leid. Ich werde gar nichts tun. Was ist mit den Menschen drunten im Felsenriss?«

Ein Krächzen kam aus dem bebenden Körper. Es klang wie ein Lachen.

»Sie sind längst süchtig nach dem schwarzen Saft. Ihre Körper haben sich verwandelt. Sie sind jetzt wie ich, Stafford. Du kannst es nicht mehr verhindern. Hilf mir!«

McMoughin wusste, dass er zwei Entscheidungen fällen musste, vielleicht die schwierigsten seines Lebens. Er gab den Soldaten einen Wink.

»Tötet dieses Wesen.«

Gierig griffen die Flammen nach dem Körper und fraßen ihn an. Meredith stieß ein fürchterliches Gebrüll aus, doch es erstarb bald und machte einem schrillen Singen Platz. In der Hitze begann sich der verwandelte Körper langsam aufzulösen, und die Dämpfe verbreiteten einen üblen Gestank.

Randolph Carter starb, und diesmal war sein Tod endgültig und unwiderruflich. Der Körper verschwand von den Felszacken, und der Wind nahm den Gestank mit sich fort. Nur ein paar Tropfen grünen Blutes wiesen auf das Schicksal dieser Kreatur hin, die einmal ein Mensch gewesen war.

»Zurück zum Hafen«, verlangte Irvin McMoughin und hatte es plötzlich sehr eilig.

***

»Sie stecken ganz tief in der Erde, vielleicht mehrere Kilometer. Ihre Umwandlung in Kreaturen wie Meredith ist abgeschlossen. Niemand kann sie noch retten oder wieder zu Menschen machen.«

»Was schlagen Sie vor?«

Sergeant Hannigan wirkte bleich und übermüdet. Die Ereignisse der Nacht hatten sich unauslöschlich in seine Gesichtszüge eingegraben. Er hatte sich schweren Herzens der Flucht der Soldaten angeschlossen und alle Hebel in Bewegung gesetzt, um Schlimmeres zu verhindern. Eine Eskorte vom Secret Service hatte alle überlebenden Soldaten abgeholt und Major Rubberfield in einer unauffälligen schwarzen Limousine weggebracht. Jetzt waren die Polizisten von Folkstone wieder sich selbst überlassen.

Wieder hing es an McMoughin, und er schüttelte traurig den Kopf. Er wusste, dass es sein Schicksal und sein Fluch war, solche Entscheidungen zu treffen. Nicht nur heute, auch in Zukunft. Immer wieder würde er in solche Situationen geraten, in denen das Leben eines einzelnen Menschen nichts bedeutete, da Überleben der Menschheit aber alles.

»Gehen Sie davon aus, dass es sich nicht mehr um Menschen handelt«, wiederholte er leise. »Sorgen Sie dafür, dass der Ausgang an die Oberwelt geschlossen wird.«

Sergeant Hannigan hielt sich an diese Empfehlung. Am Nachmittag erschütterten schwere Explosionen die Steilküste und ließen erneut ein Stück davon abbrechen. Die Polizisten hatten bis in eine Tiefe von dreihundert Metern Sprengladungen angebracht und gezündet. Damit zerstörten sie jede Verbindung in die Tiefe.

Zu diesem Zeitpunkt packte Irvin McMoughin bereits seine Koffer. Er trug sie hinab zu dem Wagen, den die Polizei ihm zur Verfügung gestellt hatte. Die Sachen Osbornes ließ er unberührt. Vielleicht besaß der Tote noch irgendwo Verwandte. Es war nicht seine Sache, sich darum zu kümmern.

Floyd nahm nur zögernd Abschied von der Wohnung. Der Geruch seines Herrn hing darin, und der Setter hockte vor die Tür, um auf die Rückkehr Phils zu warten. Mac kraulte ihn und brachte ihn nach unten in den Wagen. Fast gleichzeitig traf das Auto mit Mrs. Higgins und Sohn Mike ein, die Nachricht erhalten hatten, dass sie in ihr Haus zurückkehren durften. Mac winkte ihnen kurz zu, dann war er weg. Er verließ Folkstone und fuhr hinaus zum Wald, wo er Cthuga wusste. Auf dem Beifahrersitz lag die neueste Ausgabe der Times, und Mac hatte eine der Schlagzeilen rot unterstrichen.

SELTSAME ÜBERFÄLLE AN AUSTRALIENS WESTKÜSTE. FISCHER ENTFÜHRT. GRAUSAMES ENDE EINES MENSCHEN.

»Du wartest auf mich im Wagen«, sagte er zu Floyd, stieg aus und schloss die Tür. Cthuga spürte ihn. Der GROSSE ALTE tauchte auf und ließ sich in der Nähe nieder. Wieder vereinten sich die beiden ungleichen Wesen für ihren geistigen Kontakt.

»Sie sind überall«, teilte Mac dem Kind mit. »In Australien greifen sie an. Bestimmt finden wir sie auch an den Küsten Asiens und Amerikas. Und wahrscheinlich sind die Shoggoten nicht alleine. Randolph Carter war bestimmt nicht der einzige Mensch, der in die Tiefe entführt und verwandelt wurde.«

»Ich teile deine Befürchtung, dass bald einer der GROSSEN ALTEN aus seinem Gefängnis emporsteigen wird«, lautete Cthugas Antwort. »So, wie ich einst aus dem Eis emporgestiegen bin. Aber wir geben nicht auf, Mac. Die Oberfläche dieses Planeten mit allen Wesen, die darauf leben, muss geschützt werden. Wir werden den Plan der GROSSEN ALTEN durchkreuzen.«

»Ich danke dir, Cthuga. Du bist ein wirklicher Freund.«

»Ich habe viel gelernt. Über dich und die Menschen und die Erde. Ist es nicht selbstverständlich, dass ich dies in die Tat umsetze, Mac?«

Irvin McMoughin gab darauf keine Antwort. Er spürte die Wärme Cthugas, und dieser spürte die Wärme, die von ihm ausstrahlte.

»Nie habe ich meine Eltern gekannt«, vernahm er die Gedanken des jungen GROSSEN ALTEN. »Du bist für mich wie ein Vater, Mac. Deinem Beispiel werde ich folgen.«

»Auch Kinder werden einmal erwachsen und stehen dann auf eigenen Füßen, Cthuga.«

»Es liegt weit in der Zukunft. Vielleicht werde ich dann sein wie all die anderen, die von den ÄLTEREN GÖTTERN einst in die Kerker tief in der Planetenkruste verbannt wurden. Vielleicht auch nicht. Wer kann schon sagen, was die Zukunft bringt?«

Über den Autor

Einen wesentlichen Einfluss auf seine spätere Entwicklung als Schriftsteller und seine Lust am Schreiben rechnet der Autor dem unermüdlichen Fleiß seiner Mutter zu, die ihm abends vor dem Einschlafen Märchen vorlas. Dadurch entwickelte er seine Phantasie und den Umgang mit ihr. Die Lust am Schreiben kam dazu.

In den letzten Jahren seiner Schulzeit entstanden erste Geschichten und Reflexionen, in denen Arndt Themen aus dem Geschichtsunterricht verarbeitete, als Beispiel sei die Französische Revolution und das Terrorregime von Robespierre genannt. In dieser Zeit entstanden aber auch erste Storys wie »Die erste Gute Tat«. Hier zeigte sich schon die Vorliebe des Autors für fantastische Themen.

Später erfolgten Kurzgeschichten, die vom Einfluss der PERRY RHODAN-Serie auf den Autor kündeten. Kontinuierlich schrieb er immer dann, wenn er einen genialen Einfall zu haben glaubte. Es dauerte bis ins Jahr 1978, bis er seine erste professionelle Story schrieb, für die er von einer Zeitschrift Honorar erhielt. Mit diesem Ansporn wagte er sich an längere Texte. Das Jahr 1979 markiert den Beginn seiner Laufbahn als Autor. Und: Der Künstlername Arndt Ellmer wurde geboren.

In den folgenden 40 Jahren machte sich der Autor einen Namen und baute die Palette seiner Themen kontinuierlich aus. Für PERRY RHODAN schrieb er 211 Romane, für ATLAN 36. Zu den ATLAN-Miniserien steuerte er 4 Romane bei. Es erschien 1 ATLAN-Taschenbuch.

In den Planetenromanen der PR-Taschenbücher veröffentlichte er 21 Romane, bei PR-NEO 1.

Für die PR-Autorenbibliothek schrieb er das Hardcover »Im Netz der Nonggo«, für die Edition Perry Rhodan das Hardcover »Rico«.

Weitere Veröffentlichungen hatte er in der Zauberkreis-SF (13), bei »Die UFO-Akten« (2). Beiträge für die Reihen »Mitternachtsroman«, »Irrlicht« und »Gaslicht« verfasste der Autor 25.

Hinzu kamen Ausflüge in die Bereiche »Urlaubsroman« (1), »Bergroman« (1) und »Bastei-Kurzkrimi« (1).

Neben seinem Engagement für die Serien PERRY RHODAN, ATLAN und die Reihe TERRA ASTRA schrieb Arndt Ellmer auch Romane in anderen Genres wie dem Horrorsektor. Für »Vampira« lieferte er Band 18 »Das Elfenschwert«, für »Dämonenland« die Trilogie um die GROSSEN ALTEN, die jetzt als Buchausgabe auf den Markt kommt. Arndt steuerte zwei Romane für die Serie »Der Hexer« von Wolfgang Hohlbein bei, die Bände 40 und 44. Mit Hohlbein zusammen verfasste er den »Jerry Cotton« Roman 1753 »Der Hundert Dollar Killer«.

Für den »Gruselschocker« schrieb Arndt Ellmer Band 66 »Die Vampire von Paris«. Ein ursprünglich für »Vampira« vorgesehenes Manuskript erschien in derselben Reihe als Band 19 unter dem Pseudonym Steve Salomo.

Für die deutsche Ausgabe »Die Spinne« verfasste Arndt drei Kurzgeschichten, die als Trilogie in den Comicheften erschienen.

Im Jahr 2019 zog der Autor um, vom Schwarzwald vor die Tore Hamburgs. Wie es bei einem so umfassenden Umzug mit mehr als 200 Kisten nicht anders geht, fanden auch die alten Unterlagen aus den 70er-Jahren eine neue Heimat. Nach und nach wanderten sie durch die Hände des Autors und seiner Gattin, so dass irgendwann der Gedanke aufkam, daraus eine Sammlung bisher unveröffentlichter Frühwerke zu gestalten.

Und so kommt es. Es wird ein Buch geben mit Geschichten, die bisher nicht professionell veröffentlicht wurden, kurze und lange, ein paar Romanfragmente und andere Texte einschließlich dem Rollenspiel »Insel der Nebelhexe«.

»Die erste Gute Tat« wird den Anfang machen (geschrieben 1974). »Bis zum dritten Tag« ist der Titel der Abschlussgeschichte (geschrieben 2020).

Das ist nicht tot, was ewig liegt …

Der Versuch eines Nachwortes

Wir schreiben das Jahr 1989.

Die Berliner Mauer ist gefallen. Die Welt des jugendlichen Torsten wird schlagartig viel größer. Und der erste Besuch im »Westen« endet für den Vierzehnjährigen mit einem Besuch am Bahnhofkiosk und mit dem Kauf seiner ersten Heftromane. John Sinclair und Perry Rhodan. Diese Hefte sind so anders als alles andere, was er bisher gelesen hat. So komplett fernab der sozialistisch angehauchten Utopien, die Torsten aus der Stadtbibliothek kennt. Noch ahnt niemand, dass durch diese Hefte ein Feuer in dem Jungen angefacht wird, eine brennende Leidenschaft für die Phantastik, die ihn über Jahre hinweg begleiten wird.

Zwei Jahre später nennt der Jugendliche bereits eine beeindruckende Heftromansammlung sein Eigen. Zwischen schon antiquarischen Gespenster-Krimis und Vampir-Horror-Romanen tummeln sich auch neue Heftchen wie das Dämonenland. Und irgendwann hält er es dann in den Händen – das Heft mit der Nummer 52, Arndt Ellmers »Im Bann der Großen Alten«. Für Torsten wird die Welt nochmal ein Stück weit größer. Er sucht gezielt nach Geschichten über die Großen Alten, beschäftigt sich mit Cthulhu, Nyarlathotep und Yog-Sothoth, liest Hohlbein, schwenkt dann über zu Lovecraft, Derleth und Smith und … dann auch wieder Ellmer.

Noch einmal ein paar Jahre später steht Torsten bereits mit beiden Beinen fest im Berufsleben. Doch immer wieder lässt er sich gerne entführen – in die phantastische Welt von Perry Rhodan genauso wie in die Traumlande Lovecrafts. Auf dem Garching Con 1996 trifft er auf einem »Meet & Great« erstmals auf den Autor Arndt Ellmer – und er stellt ihm die Frage, die ihn schon lange auf der Zunge liegt: »Sagen Sie mal, Herr Ellmer, Ihre Perry-Abenteuer sind ja ganz nett, aber wann schreiben Sie eigentlich mal wieder was über die Großen Alten?«

Die Buhrufe der anderen Perry-Fans ignoriert er, denn er hat den Anflug eines Schmunzelns im Gesicht des Autors gesehen. Doch die Antwort gefällt dem jungen Mann überhaupt nicht. Dass die Verlage kein Interesse an neuen Geschichten über die Großen Alten haben, ist ihm einfach unverständlich.

Noch einmal Jahre später gründet der erwachsene Torsten einen Verlag für Phantastik, nimmt mit »Metamorphosen« ein cthulhoides Kurzgeschichtenprojekt an und überlegt, es zu einer eigenen Reihe in seinem Verlag auszubauen, denn sein Hunger auf Geschichten über die Großen Alten ist nach wie vor immens.

Für den zweiten Band der Reihe nimmt er all seinen Mut zusammen und schreibt Arndt Ellmer eine E-Mail. Er schildert darin ihr Treffen auf den Garching Con '96 und endet mit den Worten: »Damals sagtest du mir, es gäbe aktuell keine Verlage, die sich für diese Art Geschichten interessieren. Die Situation hat sich geändert. Heute gibt es einen Verlag: meinen. Hättest du Lust, mir eine Geschichte zum Thema ›Fundstücke des Grauens‹ einzuschicken?«

Torsten macht sich nicht viele Hoffnungen – zu oft hat er in den letzten Jahren als Kleinverleger bereits bekanntere

Autoren angeschrieben und um eine Geschichte für eine Anthologie gebeten. Zu oft wurde ihm in der Vergangenheit abgesagt. Doch diesmal ist es anders. Nach wenigen Tagen kommt eine Antwort zurück – und sie enthält nur ein einziges Wort: »JA!!!«

Im Oktober 2011 kommt der zweite Band der Reihe »Auf den Spuren H. P. Lovecrafts« heraus – und »Die Klabauterkatze« ist nicht nur der Titel der Anthologie, sondern zugleich auch der Titel der Geschichte von Arndt Ellmer.

Zu der Präsentation auf dem Buchmesse-Con stehen sich die beide am Verlagsstand erneut gegenüber. Auf der einen Seite der Leser, Fan und Verleger Torsten – auf der anderen der Autor Arndt. Und der Verleger äußert zum ersten Mal seinen Wunsch: »Was hältst du davon, wenn wir beide zusammen deine Großen-Alten-Trilogie aus dem Dämonenland neu auflegen?«

Arndt Ellmer ist skeptisch, verspricht aber, die Option im Hinterkopf zu behalten.

Erneut vergehen die Jahre. Ab und an bringt der Verleger sich und die Idee mal wieder in Erinnerung zurück. Ohne Erfolg.

Zunächst jedenfalls.

***

Ja, liebe Leser, dass es nicht dabei geblieben ist, können Sie sich sicherlich vorstellen, denn schließlich halten Sie dieses Buch in den Händen. Dieses Buch, welches Arndt Ellmers Große-Alten-Trilogie aus Dämonenland 52, 86 und 120 enthält.

Ich kann Ihnen versichern, ich habe mich im ersten Lesedurchlauf wieder wie der fünfzehnjährige Jugendliche gefühlt, der dank dieser Romane zum ersten Mal mit den Cthulhu-Mythos zu tun hatte.

Und ich glaube, Sie stimmen mir zu, dass die Romane trotz ihres Alters – sie sind immerhin fast dreißig Jahre alt – nichts von ihrem Charme verloren haben.

Wenn es Ihnen gefallen hat, dann schreiben Sie uns ruhig eine EMail. Denn wir würden gerne noch mehr Texte – kurz und auch lange – von Arndt herausbringen. Und wie Sie bereits lesen durften – auch er hat Lust dazu.
Und denken Sie immer daran:

Das ist nicht tot, was ewig liegt,
bis dass die Zeit den Tod besiegt.

Torsten Low
Verleger
Juli 2020

Titelgeschichte von Perry-Rhodan-Autor Arndt Ellmer

Die Klabauterkatze

und andere Fundstücke des Grauens

Mit »Metamorphosen« ist es den Geschichtenwebern gelungen, den Lovecraftschen Kosmos um einige Facetten zu bereichern. Dennoch lauern noch viele Geheimnisse der Großen Alten verborgen und warten darauf, erweckt zu werden. 15 Autoren haben sich gefunden, um erneut »Auf den Spuren H.P. Lovecrafts« zu wandeln.

Auf dem Weg zu einem abgelegenen Dorf leistet einem Heiler eine Katze Gesellschaft. Kann ein so liebes Tier Tod und Verderben über die Menschen bringen?
Archäologen graben sich durch uralte Ruinen und finden einen bizarren Spiegel. Zu welchen blutigen Ritualen diente er einst den Maya?
Ein Student entdeckt im Schreibtisch seines Professors ein blasphemisches Buch. Sind tatsächlich mordende Monster auf der Suche danach?

Das Grauen ist nicht von dieser Welt. Aber es lauert hier ... und es will gefunden werden!

420 Seiten Taschenbuch
ISBN 978-3-940036-09-4
Preis 14,90 Euro

»Die Klabauterkatze« ist im Verlag Torsten Low erschienen und über den Verlag, den Buchhandel und amazon erhältlich.

Lasst euch doch BRDigen!
Zombies in Deutschland! Das Ende der Zivilgesellschaft!

Frischfleisch

Ein kannibalistischer Gerichtsmediziner aus dem norddeutschen Wakendorf II geht auf einem zurückgezogenen Resthof seiner Leidenschaft nach und wird zum allerersten Untoten. Von dort aus greift das Phänomen um sich und überrollt Deutschland. Lediglich Tim Fabian, ein Journalist und Professor Dr. Robert Jäger, ein Ethnologe, kämpfen gegen das Unmögliche, warnen die Bevölkerung, die gezielt im Unklaren gelassen wird und schmieden einen Plan, der sie zurück nach Wakendorf II bringt. Dort nehmen sie den Kampf gegen die Untoten auf.

Vincent Voss erweckt in »Frischfleisch – Nullpersonen« Untote in Deutschland zum Leben, legt die Zivilgesellschaft in Schutt und Asche und zeigt wie Politik und Medien versagen. Zu jeder Zeit hat der Leser das Gefühl, es könne wirklich so passieren.
Direkt in der Nachbarschaft.
Jetzt! Hier!

Leseempfehlung: ab 18 Jahre

410 Seiten Softcover
ISBN 978-3-940036-38-4
Preis 14,90 Euro

»Frischfleisch« ist im Verlag Torsten Low erschienen und über den Verlag, den Buchhandel und amazon erhältlich.

Der Kannibalenschocker von Cecille Ravencraft

Cecille Ravencrafts

Im Zentrum der Spirale

Thomas, ein junger Mann auf der Flucht, findet unverhofft Unterschlupf bei einem sympathischen Pärchen: Den Moerfields.
Wie Hänsel ohne Gretel lässt er sich in ein Pfefferkuchenhaus der besonderen Art locken und wie Hänsel wird er nach Strich und Faden mit dem besten Essen verwöhnt.
Die einsamen Moerfields sehnen sich nach einem Sohn und setzen ihre Hoffnungen auf Thomas – und sie lassen sich nur ungern enttäuschen ...

Leseempfehlung: ab 18 Jahre

420 Seiten Taschenbuch
ISBN 978-3-940036-06-3
Preis 14,70 Euro

»Im Zentrum der Spirale« ist im Verlag Torsten Low erschienen und über den Verlag, den Buchhandel und amazon erhältlich.

Die Kannibalen von Sharpurbie sind zurück ...

Cecille Ravencrafts

Die Moerfields

Deutschland in seiner dunkelsten Zeit:
Die kleine Hanka wünscht sich nichts sehnlicher, als eine Erhabene zu werden. Doch sie tauscht ein behagliches Leben gegen eines voller Leid und Entbehrungen.
»Schläge sind das Streicheln der Dämonen«, erklärt ihre Ziehmutter. Dieses Credo hat sich auch ihr späterer Ehemann Georg zu Herzen genommen. Aufgrund seines unstillbaren Verlangens ist das Ehepaar gezwungen, in die USA auszuwandern.
Doch auch dort ist Hanka kein schönes Leben in der Nähe der großen Spirale in Sharpurbie vergönnt.
Aber das riesige Land ist voll von Menschen, die ihr Herz und Fleisch am rechten Fleck tragen ...

Leseempfehlung: ab 18 Jahre

410 Seiten Taschenbuch
ISBN 978-3-940036-51-3
Preis 14,90 Euro

»Die Moerfields« ist im Verlag Torsten Low erschienen und über den Verlag, den Buchhandel und amazon erhältlich.